Contents

Contents

Introduction

Who Should Use This Book?

The materials in this book are designed to provide practice in reading and language arts for children who read in English, Spanish, or both languages. Selections and follow-up exercises provide practice with essential reading comprehension skills for all readers. Activities that focus on comprehension, vocabulary, and higher-order thinking skills are similar in both English and Spanish. The focus of instruction on structural elements and phonics differs in these languages, so activities for these skills are language specific. The way you use these books will vary depending on the instructional setting in your classroom.

In Bilingual Classrooms, students may be reading in either Spanish or English. Regardless of the language of instruction, all students in your class will be able to read selections on the same topics written in the same genre and emphasizing the same grade-level skills in reading and language arts. Selections and activities may be used for individual practice, partner and small group work, and even for whole-class instruction, as all students have access to the same content.

In Spanish Immersion and Dual-Language Classrooms, students may be reading in both English and Spanish. Whether they read in one or two languages, students receive reading instruction in their second language. In this case, you may wish to use the passage in students' native language for prereading activities, or to help clarify meaning after students read the selection in their second language. You may also switch between using selections in English and in Spanish according to the instructional design of your program.

In Mainstream English Classrooms, you may have a scattering of Spanish-speaking students. As these students come up to speed in oral English and English literacy, you can provide on-level reading experiences in Spanish with the selections in *Spanish/English Read and Understand Nonfiction.* This also helps students feel that they are involved in the same learning activities as their fluent-English-speaking peers.

No matter what your classroom configuration, practice with the full range of reading comprehension skills is essential. *Spanish/English Read and Understand Nonfiction* allows you to provide such practice in directed lessons with small or large groups, as independent practice, and for homework assignments. As an additional benefit, Spanish-speaking parents will be better able to support their children with homework assignments in their mother tongue.

Selections

Skill Pages

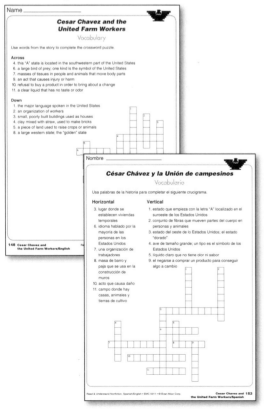

Spanish/English Read and Understand Nonfiction contains 29 two-page selections that address these topics:

- biographies
- life science
- other cultures
- physical science
- arts & crafts

The difficulty level of these passages spans high-third grade through high-sixth grade, allowing you to accommodate the range of instructional levels present in most intermediate classrooms.

Stories contain specific vocabulary that should be introduced prior to reading the selection. Preview each selection to determine the vocabulary your students may need to learn.

Each selection is followed by three pages of exercises that provide targeted practice in these key skills:

- comprehension
- vocabulary
- a related language arts activity

Tasmanian Devils

The Tasmanian devil has strong forelegs with five toes on each paw. The weaker hind paws have four toes. Bumpy pads on their paws help them climb trees.

After the sun sets in Tasmania, the night animals wake up. They don't have to set their alarm clocks. The screams of the Tasmanian devils tell them it's time to eat. When the nocturnal animals leave their daytime hideaways, they try to stay away from these unpleasant neighbors.

Tasmanian devils are always hungry. They can make a meal out of almost anything. If there is something to eat nearby, they'll find it. Their eyes see well at night, and they are talented food sniffers.

These scavengers are one of nature's important garbage collectors. Their favorite food is rotten meat. They feed on dead birds and animals. Their sharp teeth crush the toughest foods. They even swallow bones. The poisons and germs they eat don't seem to bother them. Their eating habits stop bacteria and disease from spreading to other animals. They keep the Earth clean.

Tasmanian devils don't worry about good table manners. They scream with their mouths full. Chewing isn't in style. These carnivorous animals gulp down chunks of meat as fast as they can. They don't share, and they can eat ten times their weight in food at each meal.

Tasmanian devils have head-to-toe tempers. Their ears turn red when they are angry. They stomp their feet and turn from side to side to show off their teeth. That's not all. They scream and click their teeth, too. If their tantrums don't scare enemies away, they give off smelly fluids from both ends of their bodies.

What happens when two Tasmanian devils meet? At first, they try to scare off each other. If one decides not to fight, there are two ways to escape. One animal can let the other animal take a victory bite, or it can sprawl out on the ground on its belly. If neither animal gives up, they fight until one dies.

Tasmanian devils are black or brown with white patches or stripes. They aren't much bigger than a house cat when they are full-grown. Like the kangaroo, they are marsupials. The mother has a pouch for the babies.

Tasmanian devils are very tiny when they are born. After birth, the ¼-inch-long (0.6 centimeter) babies have to find their way to the mother's pouch. Mom feeds only the first four who climb into the pouch.

Like other mammals, the babies drink their mother's milk. They stay in the pouch for three months. The mother opens her pouch to clean the babies. When the babies have grown a few inches, they move to a nest of grass and leaves. They still take milk from the mother. After another three months, it's time to explore the world. They hang on to Mom's fur coat, and she takes them along to hunt for food.

When they are old enough to be on their own, the young leave home quickly. Like all Tasmanian devils, Mom has a bad temper and a big appetite. When she's hungry, she'll eat anything! That's one reason Tasmanian devils are solitary, living by themselves in holes, hollow logs, and caves.

Read & Understand Nonfiction, Spanish/English • EMC 5311 • © Evan-Moor Corp.

Questions About *Tasmanian Devils*

1. When do Tasmanian devils look for food?

   _____

   _____

2. What is the function of the bumpy pads on a Tasmanian devil's paws?

   _____

   _____

3. In what ways are Tasmanian devils useful?

   _____

   _____

   _____

4. Tell six ways that Tasmanian devils show they are angry.

   _____

   _____

   _____

   _____

   _____

5. Using your own words, describe the traits of the Tasmanian devil.

   _____

   _____

   _____

6. Use a globe or an atlas to find the island of Tasmania, the home of the Tasmanian devils. This island is part of the country that lies to the north. What is the name of this country?

   _____

Name _____

Tasmanian Devils

Categories

Next to each word listed below, write the names of two animals that the word describes.
Example: mammal—cats, horses

carnivorous   _____   _____

nocturnal   _____   _____

scavenger   _____   _____

marsupial   _____   _____

Word Meanings

Look in the story for the words below. Read each sentence in which they appear to figure out their meaning. Circle the letter that is next to the best definition of each word.

1. **scavenger**
   a. feeding on dead matter
   b. not meat-eating
   c. always hungry

2. **mammals**
   a. coldblooded animals
   b. animals that have a bad odor
   c. warmblooded animals that drink milk from their mothers

3. **marsupials**
   a. animals that eat only meat
   b. animals whose young are carried in their mother's pouch
   c. animals that are quick to attack others

4. **solitary**
   a. living in a group
   b. having more than one mate
   c. living with no one else

Name _____

Tasmanian Devils

Think About It

1. Tasmanian devils used to live on the continent of Australia, too. The farmers and ranchers didn't like them. They hunted and trapped these animals until there weren't any more of them. Write your opinion to answer the following two questions.

   a. Why do you think the ranchers and farmers didn't like the Tasmanian devils?

   _____

   _____

   b. Why do you think the people in Tasmania stopped hunting and trapping all the Tasmanian devils?

   _____

   _____

2. Tasmanian devils are solitary animals—they live by themselves. How does this help them survive?

   _____

   _____

3. Name another species (kind) of solitary animal.

   _____

   _____

4. Name two species of animals that live in family groups.

   _____

   _____

Los diablos de Tasmania

El diablo de Tasmania tiene unas fuertes patas delanteras con cinco dedos en cada pata. Las patas traseras más débiles tienen cuatro dedos. Las patas acolchonadas les ayudan a subirse a los árboles.

Cuando el sol empieza a ocultarse en Tasmania, los animales nocturnos despiertan. No necesitan un reloj despertador. Los gritos de los diablos de Tasmania les anuncian que es hora de comer. Cuando los animales nocturnos dejan sus escondites diurnos, tratan de mantenerse alejados de esos vecinos tan desagradables.

Los diablos de Tasmania siempre tienen hambre. Pueden convertir cualquier cosa en una comida. Si hay algo a su alrededor que puedan comer, de seguro lo encuentran. Pueden ver muy bien en la oscuridad y son unos excelentes rastreadores de comida.

Este animal carroñero es uno de los más importantes recogedores de desperdicio con que la naturaleza puede contar. Su alimento favorito es la carroña. Les gusta alimentarse de aves y animales muertos. Sus dientes filosos pueden moler hasta las comidas más difíciles. Pueden tragar hasta huesos. Los venenos y los gérmenes que comen no parecen molestarles. Sus hábitos alimenticios evitan que la bacteria y las enfermedades se pasen a otros animales. Así mantienen la tierra limpia.

Los diablos de Tasmania no se preocupan de mostrar buenas maneras al comer. Gritan con sus hocicos llenos de comida. No acostumbran masticar la comida. Estos animales carnívoros se tragan de golpe pedazos grandes de carne lo más rápido que pueden. No comparten la comida y pueden comer seis veces su peso en comida de una sola vez.

Los diablos de Tasmania tienen un temperamento fuerte de pies a cabeza. Sus orejas se ponen rojas cuando se enojan. Pisotean con fuerza y giran de un lado a otro para mostrar sus dientes. Eso no es todo. También gritan y chasquean los dientes. Y si esos berrinches no asustan al enemigo, dejan escapar un líquido apestoso por ambos extremos de su cuerpo.

¿Qué pasa cuando dos diablos de Tasmania se encuentran? Primero tratan de asustarse el uno al otro. Si uno de ellos decide no pelear, hay dos maneras de escaparse. Uno de los animales puede dejar que el otro le dé una mordida de victoria o puede extenderse en el suelo con el estómago hacia el suelo. Si ninguno quiere darse por vencido, entonces pelean hasta que uno de los dos muera.

Los diablos de Tasmania son negros o cafés con rayas o parches blancos. No son más grandes que un gato doméstico cuando llegan a ser adultos. Son marsupiales como los canguros. La madre tiene un bolsillo para cargar a sus bebés.

Los diablos de Tasmania son muy pequeños cuando acaban de nacer. Cuando nacen, los bebés de 0.6 centímetros (¼ de pulgada) tienen que encontrar el camino al bolsillo de la madre. La mamá alimenta sólo a los primeros cuatro que llegan al bolsillo.

Como otros mamíferos, los bebés toman la leche de su madre. Se quedan en el bolsillo materno durante tres meses.

La madre abre el bolsillo para limpiar a los bebés. Cuando los bebés ya han crecido unas pulgadas, se mudan a un nido hecho de hierbas y hojas. Todavía se alimentan de la leche materna. Después de tres meses más, ya es tiempo de explorar el mundo a su alrededor. Se cuelgan del pelo de la madre y ella los lleva a buscar comida.

Cuando ya están lo suficientemente crecidos para estar solos, los jóvenes abandonan el hogar sin demora. Como todos los diablos de Tasmania, la madre tiene un temperamento fuerte y un gran apetito. ¡Cuando tiene hambre, come cualquier cosa! Por ese motivo, los diablos de Tasmania son solitarios—viven solos en hoyos, troncos huecos y cuevas.

Nombre _____

Preguntas acerca de
Los diablos de Tasmania

1. ¿Cuando salen los diablos de Tasmania a buscar comida?

   _____

   _____

2. ¿Por qué los diablos de Tasmania tienen sus patas acolchonadas?

   _____

   _____

3. ¿De qué maneras son útiles los diablos de Tasmania?

   _____

   _____

   _____

4. Escribe seis maneras en las que los diablos de Tasmania demuestran que están enojados.

   _____

   _____

   _____

   _____

5. Describe con tus propias palabras las características del diablo de Tasmania.

   _____

   _____

   _____

6. Usa un globo terráqueo o un atlas para encontrar la Isla de Tasmania, el hogar de los diablos de Tasmania. La isla es parte de un país que está hacia el norte. ¿Cuál es el nombre de ese país?

   _____

Los diablos de Tasmania

Categorías

A un lado de cada palabra de la siguiente lista, escribe los nombres de dos animales que pertencen a la categoría que describe la palabra.
Ejemplo: mamífero—gatos, caballos

carnívoros _____   _____

nocturnos _____   _____

carroñeros _____   _____

marsupiales _____   _____

Significado de palabras

Busca las siguientes palabras numeradas en la historia. Lee la oración en la cual aparece cada palabra para determinar su significado. Usa el contexto para determinar el significado. Encierra en un círculo la letra que está junto a la definición más apropiada.

1. **carroñero**
   a. que se alimenta de materia descompuesta
   b. que come vegetales
   c. que siempre está hambriento

2. **mamíferos**
   a. animales de sangre fría
   b. animales que despiden un mal olor
   c. animales que se alimentan de leche materna

3. **marsupiales**
   a. animales que se alimentan sólo de carne
   b. animales que cargan a sus bebés en un bolsillo
   c. animales que atacan a otros rápidamente

4. **solitarios**
   a. que viven en una manada
   b. que tienen más de una pareja
   c. que viven sin compañía alguna

Nombre _____

Los diablos de Tasmania
Piénsalo

1. Los diablos de Tasmania antes vivían también en el continente de Australia. A los granjeros y a los rancheros no les gustaban. Los cazaron y los atraparon hasta que ya no hubo ni uno solo. Escribe tu opinión para contestar las siguientes preguntas.

   a. ¿Por qué crees que a los granjeros y a los rancheros no les gustaban los diablos de Tasmania?

   _____

   _____

   b. ¿Por qué crees que la gente de Tasmania dejó de cazar y atrapar a los diablos de Tasmania?

   _____

   _____

2. Los diablos de Tasmania son animales solitarios—viven solos. ¿Cómo les ayuda esto a sobrevivir?

   _____

   _____

3. Nombra otras dos especies de animales que son solitarios.

   _____

   _____

4. Nombra otra especie de animal que vive en grupos de familias.

   _____

   _____

Read & Understand Nonfiction, Spanish/English • EMC 5311 • © Evan-Moor Corp.

Japanese Celebrations

Children in Japan enjoy many festivals and special days throughout the year. Some of these festivals have been celebrated for hundreds of years, and many are just for children. Children also take part in activities during family and community holidays. Every month of the year in Japan, from New Year's Day through December, there are times to celebrate.

Children's Day

Children's Day, November 15, is a festival that honors three-, five-, and seven-year-old children. On this day, the family visits a religious shrine to pray for the children's good health and happiness. The children are given bags of holiday candy. They are told that eating the candy will bring them good luck and a long life. The family celebrates the holiday with parties and presents for the children.

Boy's Day

Today, all children in Japan are honored on Boy's Day, but many traditions for this holiday are just for the boys in the family. On May 5, at the beginning of the day, the family takes a special bath to wash away bad luck. Iris leaves are placed in the water to bring strength and bravery. A display with banners, toy weapons and armor, or figures of warriors wearing armor is set out for everyone to admire. Fathers often give their displays to their sons. Some of the weapons and the armor are very old. A brightly colored carp kite for each boy in the family is flown from a pole in front of the house. The oldest boy's kite is placed at the top of the pole, and his kite is the largest. The carp is a strong, courageous fish that swims upstream against the currents. It's hoped that the boys in the family will be strong and courageous like the carp.

Hina Matsuri

Hina Matsuri, the doll festival, is celebrated every year on the third day of the third month. On this day, girls display a special set of dolls called *hina* [hee' na]. Grandmothers and mothers often give their sets of dolls to the young daughters in the family. Many collections are very old and valuable. There are figures of the emperor and empress, ladies-in-waiting, the minister of state, court musicians, and courtiers, all dressed in traditional clothing. The older dolls have painted porcelain faces and glass eyes. Some of the newer dolls, however, are made of plastic.

The dolls are displayed on a tiered stand covered with a red cloth. Special furniture and replicas of food are placed with the dolls. Girls visit with each other and admire the doll collections. They share rice cakes and tea.

After the holiday, the dolls are carefully stored away for the following year.

The Gion Festival

In 869 in Kyoto, there was an epidemic and many people became ill. The emperor prayed to the gods for his people's health. He sent an offering of weapons to the Gion Shrine. When his prayers were answered and people were no longer suffering from the disease, the grateful emperor organized a big parade to celebrate the first Gion Festival.

Today, huge decorated boxes called *hokos* are paraded through the streets. Some of the boxes are hundreds of years old. They weigh many tons and can be as tall as a four-story building. The boxes are set on huge wheels about eight feet in diameter. After the parade, the hokos are taken apart and carefully stored for the next festival.

Each year before the festival, a boy is selected for a special role. First, he is dressed up like a priest and his face is painted white. Then, he inspects the hokos while they are put back together. Someone walks with him and holds an umbrella over his head to shade him from the sun.

Page Boy

Right before the parade, the boy takes his place of honor on top of a hoko. There he has a bird's-eye view of the celebration while the hoko is pulled along the parade route.

Happy New Year

During the New Year celebration on January 1, everyone in the family celebrates a birthday. Each person is one year older on that day. It doesn't matter when the person's day of birth really is. A child born on May 2 and one born on October 10 will both celebrate their first birthday on January 1.

Greeting cards and family visits are other important traditions for the New Year. Girls play a game similar to badminton, and boys fly kites and spin tops. Children buy strips of paper with fortunes written on them and tie them like blossoms on bare winter trees. They hope this will bring them good luck in the new year.

Tanabata

During Tanabata, the Festival of the Stars, Japanese children put up bamboo trees. They write poems and hang them from the trees. Schools, and even the family doorway, are decorated with poems.

The Sapporo Snow Festival

The whole family enjoys the Sapporo Snow Festival. During the winter months, people come to Sapporo in northern Japan to enjoy winter sports. On the second Thursday of each winter month, teams of artists carve enormous ice and snow sculptures. Some of the sculptures are more than 60 feet (18 m) tall.

Name _____

Questions About
Japanese Celebrations

1. Why do you think Boy's Day is no longer just for boys?

_____

_____

2. Why did the emperor organize a parade to celebrate the first Gion Festival?

_____

_____

3. When do people in Japan celebrate their birthdays?

_____

4. Which Japanese festival would you like to attend? Why?

_____

_____

_____

5. Write the letter of each activity next to the holiday where it belongs.

   a. Carp kites are flown.
   b. Huge decorated boxes are paraded through the streets.
   c. Special dolls are displayed.
   d. Everyone celebrates a birthday.
   e. Iris leaves are placed in the bath water.
   f. A boy dresses like a priest and inspects the hokos.
   g. Children write poems and hang them from bamboo trees.
   h. Special furniture and replicas of food are placed with the dolls.
   i. Children are given bags of candy.

New Year _____ Gion Festival _____ Boy's Day _____

Children's Day _____ Hina Matsuri _____ Tanabata _____

Name _____

Japanese Celebrations
Vocabulary

1. Write three words used in the story that mean "special day."

   _____

2. What are the titles of the dolls displayed on Hina Matsuri?

   _____

   _____

3. Where do families go to pray on Children's Day?

   _____

4. What is another word for the snow and ice figures carved for the Sapporo Snow Festival?

   _____

5. Write the letter of each word by its definition. Use the clues in the story to help you decide what the words mean.

   a. badminton   _____ very brave

   b. diameter   _____ the name of a species of fish

   c. carp   _____ a disease affecting a lot of people

   d. current   _____ customs that are repeated year after year

   e. collection   _____ persons who serve royalty

   f. epidemic   _____ very fancy; with great detail

   g. courtiers   _____ a game

   h. elaborate   _____ the flow of water in a stream or river

   i. traditions   _____ a group of objects

   j. courageous   _____ a straight line that passes through the center of a circle

 Read & Understand Nonfiction, Spanish/English • EMC 5311 • © Evan-Moor Corp.

Name _____

Japanese Celebrations

Description

Find the words in the story that describe the things mentioned below.

1. _____ , _____ fish

2. _____ _____ carp kite

3. _____ _____ faces

4. _____ _____ boxes

5 _____ _____ trees

6. _____ _____ and _____ sculptures

Choose interesting adjectives of your own to describe the things below. Add a comma, if necessary.

1. _____ _____ tower

2. _____ _____ meadow

3. _____ _____ car

4. _____ _____ sweater

5. _____ _____ vase

Celebraciones japonesas

En Japón, los niños disfrutan de muchos festivales y días especiales durante el año. Algunos de estos festivales se han celebrado por cientos de años, y muchos de ellos son sólo para niños. Los niños también participan en actividades de fiestas familiares y días de fiesta de la comunidad. Cada mes, desde año nuevo hasta diciembre, hay ocasiones para celebrar.

Día de Los niños

El 15 de noviembre, el Día de los niños, es un festival para honorar a los niños de tres, cinco y siete años de edad. Este día, la familia visita capillas religiosas para rezar por la salud y la alegría de los niños. A los niños les regalan bolsas con dulces. Les dicen que el comer esos dulces les traerá buena suerte y vivirán mucho tiempo. La familia celebra esta festividad con fiestas y regalos para los niños.

Día del niño

Hoy en día a los niños y niñas en Japón se les rinden honores en el Día del niño, pero muchas de las tradiciones de esta festividad son sólo para los varones de la familia. El 5 de mayo, al empezar el día, la familia se da un baño especial para deshacerse de la mala suerte. Se colocan hojas de lirio en el agua para atraer la fuerza y la valentía. Se arregla una exhibición con letreros, armas de juguete y armaduras, o figuras de guerreros vestidos con armaduras para que la gente los vea. Los papás les regalan las exhibiciones que fueron suyos a sus hijos. Algunas de estas armas y armaduras son muy antiguas. Por cada niño que vive en la casa, se coloca un enorme cometa en forma de pez carpa de colores brillantes en un poste en frente de la casa. El cometa del mayor de los hijos se pone hasta arriba del poste, y su cometa es el más grande. El pez carpa es un pez fuerte y valiente que nada contra la corriente. Se espera que los niños de la familia sean fuertes y valientes como el pez carpa.

Jina Matsuri

Jina Matsuri, el festival de las muñecas, se celebra el tercer día del tercer mes de cada año. Este día, las niñas exhiben collecciones de muñecas llamadas *jina.* Las abuelas y las madres les dan sus muñecas a las niñas de la familia. Muchas de estas muñecas son muy antiguas y valiosas. Hay figuras del emperador y la emperatriz, las damas de compañía, el ministro de estado, los músicos de la corte y los caballeros, todos vestidos en sus coloridos trajes tradicionales. Las muñecas más antiguas tienen cara de porcelana pintada y ojos de vidrio. Las muñecas más nuevas están hechas de plástico.

Las muñecas se exhiben en un pedestal con estantes cubierto con una tela roja. Muebles especiales y réplicas de comida se colocan junto a las muñecas. Las niñas se visitan y admiran sus colecciones de muñecas. También comparten galletas de arroz y té.

Después de la festividad, las muñecas se guardan cuidadosamente para el año siguiente.

El festival de Gion

En el año de 869, en Kyoto, hubo una epidemia y mucha gente se enfermó. El emperador oró a los dioses por la salud de su gente. Envió como ofrenda unas armas a la capilla de Gion. Cuando sus oraciones fueron escuchadas y la gente ya no sufría más de esta enfermedad, el emperador, agradecido, organizó un gran desfile para celebrar el primer festival de Gion.

Actualmente, unas enormes cajas decoradas llamadas *jokos* son paseadas por toda la ciudad. Pesan muchas toneladas y pueden ser tan altas como un edificio de cuatro pisos. Se les ponen unas llantas enormes de hasta ocho pies (aproximadamente 17 metros) de diámetro. Después del desfile, los jokos se desarman y se guardan para el año siguiente.

Cada año, antes del festival, se selecciona un niño para representar un papel especial. Primero, se le viste como un sacerdote y se pinta su cara de blanco. Entonces él inspecciona los jokos mientras se vuelven a armar. Alguien camina junto a él y sostiene una sombrilla para protegerlo del sol.

Inmediatamente antes del desfile, el niño toma su lugar de honor encima de un joko.

Niño paje

Desde allí observa con mucha atención cómo el joko es jalado en dirección al desfile.

Feliz año nuevo

Durante la celebración de año nuevo el primero de enero, todos en la familia celebran su cumpleaños. Cada persona es un año mayor ese día. No importa cuál es la fecha real de su cumpleaños. Un niño nacido el 2 de mayo y uno nacido el 10 de octubre celebran sus cumpleaños el primero de enero.

Las tarjetas y visitas familiares son tradiciones importantes del año nuevo. Las niñas juegan un juego similar al bádminton y los niños elevan cometas y juegan con trompos. Los niños compran tiras de papel con la suerte escrita en ellas. Las atan en árboles secos de invierno como si fueran flores. Esperan que eso les traiga buena suerte en el año nuevo.

Tanabata

Durante Tanabata, o la fiesta de las estrellas, los niños de Japón plantan árboles de bambú. Escriben poemas y los cuelgan de los árboles. Las escuelas y hasta las entradas de las casas son decoradas con poemas.

El festival de la nieve de Sapporo

Toda la familia disfruta del Festival de la nieve de Sapporo. Durante los meses de invierno, la gente llega a Sapporo, en el norte de Japón, para disfrutar de los deportes de invierno. El segundo jueves de cada mes de invierno, grupos de artistas crean esculturas de hielo y nieve. Algunas de estas esculturas llegan a medir hasta 18 metros (aproximadamente 60 pies de altura).

Nombre _____

Preguntas acerca de
Celebraciones japonesas

1. ¿Por qué crees que el Día de los niños ya no es sólo para varones?

   _____

   _____

2. ¿Por qué organizó el emperador un desfile para celebrar el primer Festival de Gion?

   _____

   _____

3. ¿Cuándo celebra su cumpleaños la gente en Japón?

   _____

4. ¿A qué festival de Japón te gustaría ir? ¿Por qué?

   _____

   _____

   _____

5. Escribe la letra de cada actividad a un lado del festival al que le corresponde.

   a. Se elevan cometas en forma de carpa.
   b. Enormes cajas decoradas son paseadas en las calles.
   c. Se exhiben muñecas especiales.
   d. Todos celebran su cumpleaños.
   e. Se ponen hojas de lirio en la bañera caliente.
   f. Un niño se viste como sacerdote e inspecciona los jokos.
   g. Los niños escriben poemas y los cuelgan de árboles de bambú.
   h. Muebles especiales y réplicas de comida se colocan junto a las muñecas.
   i. A los niños se les dan bolsas con dulces.

Año nuevo _____   Festival de Gion _____   Día del niño _____

Día de los niños _____   Jina Matsuri _____   Tanabata _____

Nombre _____

Celebraciones japonesas
Vocabulario

1. Escribe tres palabras que se usan en la historia y que significan "festival".

   _____

2. ¿Cuáles son los títulos que se ponen en las muñecas que se exhiben en Jina Matsuri?

   _____

   _____

3. ¿A dónde van a rezar las familias en el Día de los niños?

   _____

4. ¿Cuál es otra palabra para las figuras de nieve y hielo que se hacen para el Festival de la nieve de Sapporo?

   _____

5. Escribe la letra de cada palabra junto a su definición. Usa las pistas de la historia para ayudarte a entender lo que significa cada palabra.

   a. bádminton   _____ muy bravo

   b. diámetro   _____ nombre de un tipo de pez

   c. carpa   _____ una enfermedad que afecta a mucha gente

   d. corriente   _____ costumbres que se repiten año tras año

   e. colección   _____ persona que sirve a los reyes

   f. epidemia   _____ llamativo, con mucho detalle

   g. caballero   _____ un juego

   h. decorado   _____ flujo de agua en un arroyo o un río

   i. tradiciones   _____ grupo de objetos de una misma clase

   j. valiente   _____ línea recta que pasa a través del centro del círculo

Nombre _____

Celebraciones japonesas

Descripción

Encuentra las palabras de la historia que describen las cosas que se mencionan abajo.

1. trajes _____ y _____

2. cometa de pez carpa _____ y _____

3. caras _____

4. _____ cajas _____

5. árboles _____

6. esculturas _____

Escribe adjetivos interesantes para las palabras que están abajo.

1. torre _____ y _____

2. pradera _____ y _____

3. automóvil _____ y _____

4. suéter _____ y _____

5. florero _____ y _____

 Read & Understand Nonfiction, Spanish/English • EMC 5311 • © Evan-Moor Corp.

Martin Luther King, Jr., was born to an Alabama minister and his wife in 1929. Although his childhood was pretty typical overall, Martin did endure injustices because of the color of his skin. He could not go to "white" schools or drink out of "white" drinking fountains. One day, his white neighbors asked Martin to stop playing with their son. Once, when Martin was shopping with his mother, a white woman struck him on the cheek and called him a bad name. On another shopping trip, a shoe salesman refused service to Martin's father. His father had refused to sit in the "black section."

Martin Luther King, Jr., had cause to be angry. Yet Martin didn't think anger would solve the problems of injustice. He thought the answers could be found in love.

When Martin had finished his schooling, he became the pastor of a church in Montgomery, Alabama. He had enjoyed comfortable freedoms in the northern colleges he had attended. Now he felt called to help the people in the South experience those same freedoms.

Just how Martin could change things in the South was not clear. Then, in December of 1955, he saw a possible path. On December 1, an African-American woman named Rosa Parks was arrested for refusing to give up her bus seat to a white passenger. Mistreatment of blacks on Montgomery city buses was common. Drivers called them bad names. They drove away from bus stops before black passengers could board. More than once, black citizens were arrested when they refused to offer their seats to white people.

This time something was different. Rosa Parks called the National Association for the Advancement of Colored People (NAACP) and asked for help. Ms. Park's case would go to court. News of the case spread quickly in the city of Montgomery. People gathered at Martin's church and formed a plan.

Montgomery blacks would refuse to ride the bus that Monday. They would take cars or taxis to work. Or they would walk. Or they would stay home. Thousands of fliers were printed and passed out. The boycott worked! The buses in Montgomery were nearly empty on the morning of December 5, 1955.

Black leaders decided to continue the boycott until blacks were treated fairly on the buses. They elected Martin president of the group that would oversee the plan. The boycott lasted an entire year. At last, on December 20, 1956, the buses of Montgomery, Alabama, became integrated. Martin Luther King, Jr., was no longer a single individual who felt a calling to right wrongs. He was now the leader of a massive movement for civil rights.

Martin organized marches to show government officials that people were ready to outlaw segregation. Hundreds of thousands of people joined Martin's marches. His August 28, 1963, March on Washington drew a crowd of 250,000. In front of the Lincoln Memorial, many famous people spoke about the need for civil rights. Martin Luther King, Jr., was the day's final speaker. His "I have a dream" speech expressed hope for a day when people of all races would live in harmony. The speech was met with thunderous applause and continues to be quoted around the world today.

Finally, on July 2, 1964, the United States Congress passed another Civil Rights Act. This one would not be dismissed by the Supreme Court. Martin Luther King, Jr., earned the Nobel Prize for Peace that year. He had proven that nonviolent reform was possible.

It was not always easy for Martin to persuade his followers or himself that injustices must be repaid with love. Martin and his family received hundreds of threatening phone calls. His house was bombed. His brother's house was bombed. Fellow pastors' houses were bombed. Churches were bombed. Southern states used old laws to arrest thousands of protesters. Marchers were attacked by police dogs and blasted by fire hoses. Some people were injured, and others were killed. Some black leaders wanted to fight violence with violence. Martin stood behind his belief in the power of love.

Still, it was a bullet that killed Martin on April 4, 1968. The man who refused to turn to hate or anger was killed by violence. Yet his dream lives on. Citizens of the whole world continue to work toward a day when all people can live in peace and civil justice. Martin Luther King, Jr., can be thanked for defining the dream.

Name_____

Questions About *We Shall Overcome*

1. "We Shall Overcome" was the theme song of the civil rights movement. Why do you think this song was chosen?

   _____

   _____

2. Why do you think Martin Luther King, Jr., chose to effect change through love rather than through anger and hate?

   _____

   _____

3. Martin was killed before he could put his last idea into action. His last idea was to work for the rights of poor Americans of all races. Do you think we would have less poverty in the United States today if Martin had lived longer? Why or why not?

   _____

   _____

   _____

4. Martin was arrested many times during his lifetime for breaking unjust laws. Why do you think he chose to do things that would result in his going to jail?

   _____

   _____

   _____

5. What can people do if they feel a law is unjust?

   _____

   _____

   _____

Name_____

We Shall Overcome
Vocabulary

Read the definitions of these words. Then select the correct word to complete each sentence below.

abolish	to get rid of
crusaders	people who work for reform
prohibited	legally not allowed
discrimination	the unfair treatment experienced by members of a group
civil rights	the rights or liberties of the citizens of a nation
civil disobedience	refusal to obey the laws or demands of government as a means of changing those laws
boycott	to have no dealings with a product or business
movement	an organized effort to bring about change

1. Do you think the civil rights _____ would have succeeded without Martin Luther King, Jr.?

2. Suffragettes were _____ for women's voting rights.

3. If we all _____ that gas station, perhaps they will lower their prices.

4. Tough laws are needed to _____ the pollution of our lakes and rivers.

5. The sign says that fishing in this stream is _____.

6. Police officers must not abuse the _____ of those they arrest.

7. Businesses that engage in _____ in hiring can be taken to court.

8. In some nondemocratic countries, the government does not tolerate

_____.

Read & Understand Nonfiction, Spanish/English • EMC 5311 • © Evan-Moor Corp.

Name_____

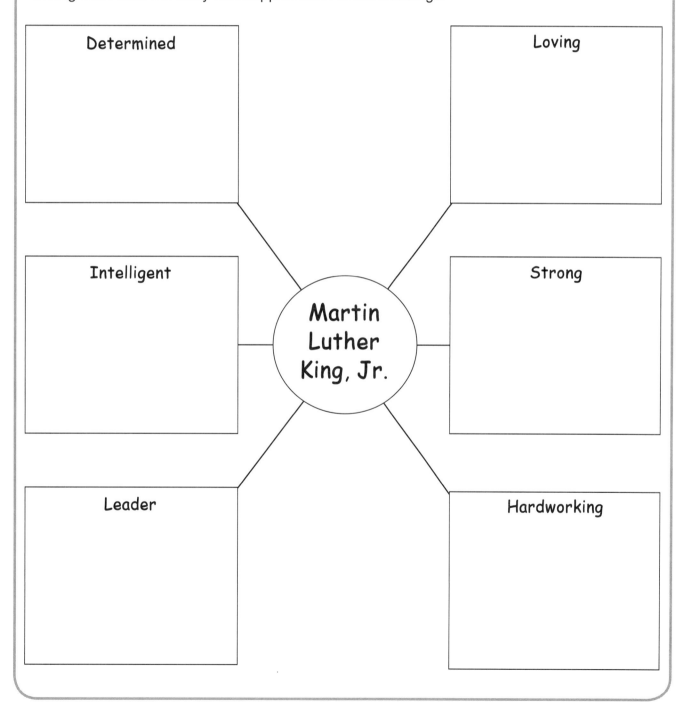

We Shall Overcome

Judge Me by My Character

Martin Luther King, Jr.'s, dream was that one day, people would be judged by their character rather than by their skin color.

How is Martin's character described in the story? Complete the character map below by writing facts from the story that support each of the headings.

Determined

Loving

Intelligent

Martin Luther King, Jr.

Strong

Leader

Hardworking

Martin Luther King, Jr., nació en 1929, hijo de un ministro de Alabama y su esposa. Aunque en general tuvo una infancia típica, Martin se enfrentó a muchas injusticias por el color de su piel. No podía ir a escuelas para "blancos" o beber de fuentes de agua para "blancos". Un día sus vecinos blancos le prohibieron a Martin que jugara con su hijo. En otra ocasión, cuando Martin andaba de compras con su mamá, una mujer lo golpeó en la mejilla y le dijo una mala palabra. En otra ocasión que andaba de compras, un vendedor de calzado se negó a atender al padre de Martin. Su padre se había negado a sentarse en la "sección para negros".

Martin Luther King, Jr., tenía motivos por estar enojado. Aún así, él pensaba que el enojo no resolvería los problemas de injusticia. Pensaba que la respuesta estaba en el amor.

Cuando Martin terminó sus estudios, se convirtió en pastor de una iglesia en Montgomery, Alabama. Ya había disfrutado de ciertas libertades en las universidades del norte a las que había asistido. Ahora sentía que su destino era ayudar a la gente del sur para que ellos también experimentaran esas libertades.

No era claro cómo Martin podría cambiar las cosas en el sur. Después, en diciembre de 1955, se le presentó la oportunidad. El primero de diciembre una mujer afroamericana llamada Rosa Parks fue arrestada al negarse a dar su asiento a un pasajero blanco en un autobús. El maltrato hacia las personas de la raza negra en los autobuses de la ciudad de Montgomery era muy común. Los conductores les decían malas palabras. Se alejaban de las paradas de autobuses antes de que los pasajeros negros pudieran subirse. Más de una vez, ciudadanos negros fueron arrestados por negarse a ofrecer sus asientos a pasajeros blancos.

Esta vez era diferente. Rosa Parks llamó a la Asociación Nacional para el Avance de la Gente de Color (NAACP) y pidió ayuda. El caso de la señorita Parks iría a la corte. La noticia sobre el caso se difundió inmediatamente en la ciudad de Montgomery. La gente se reunió en la iglesia de Martin e idearon un plan.

El siguiente lunes, los habitantes de color de la ciudad de Montgomery se negaron a subirse a los camiones. Tomaron automóviles o taxis para ir a trabajar. Caminaron o simplemente se quedaron en casa. Se repartieron miles de panfletos. ¡El boicot funcionó! La mañana del 5 de diciembre, los autobuses de la ciudad de Montgomery estaban casi vacíos.

Los líderes negros decidieron continuar el boicot hasta que los negros fueran tratados de manera justa en los autobuses. Eligieron a Martin como presidente del grupo que estaría encargado del plan. El boicot duró un año entero. Al final, el 20 de diciembre de 1956, los autobuses de Montgomery, Alabama, fueron integrados para pasajeros blancos y negros. Martin Luther King, Jr., ya no era un solo individuo que escuchó la llamada para luchar contra la injusticia. Ahora era el líder de un movimiento masivo por la defensa de los derechos civiles.

Martin organizó desfiles para demostrar a los oficiales de gobierno que la gente estaba lista para abolir la segregación. Cientos de miles de personas se unieron a los desfiles de Martin. El 28 de agosto de 1963, el Desfile de Washington incluyó un grupo de 250,000 personas. Frente al Lincoln Memorial, muchas personalidades famosas hablaron sobre la necesidad de defender los derechos civiles. Martin Luther King, Jr., fue el último en hablar. En su discurso "Yo tengo un sueño", expresó la esperanza de que un día la gente de todas las razas viviría en harmonía. El discurso fue recibido con estruendos aplausos y todavía en la actualidad se recuerda por todo el mundo.

Finalmente, el 2 de julio de 1964, el Congreso de los Estados Unidos aprobó otro estatuto de derechos civiles. Éste no podría ser rechazado por la Corte Suprema. Ese año, Martin Luther King, Jr., ganó el premio Nobel de la Paz. Había demostrado que la reforma sin violencia sí era posible.

No siempre era fácil convencer a sus seguidores o a sí mismo de que las injusticias deben ser pagadas con amor. Martin y su familia recibieron cientos de llamadas telefónicas amenazantes. Su casa fue bombardeada. La casa de su hermano fue bombardeada. También las casas de sus compañeros pastores fueron bombardeadas. Fueron bombardeadas algunas iglesias. Los estados del Sur usaron leyes viejas para arrestar a miles de protestantes. Aquellos que desfilaban eran atacados con perros policías y con mangueras de agua. Hubo gente lastimada y muchas personas murieron. Algunos líderes negros querían responder a la violencia con violencia. Martin se sostuvo en sus creencias sobre el poder del amor.

Aún así, fue una bala la que le dio muerte a Martin el 4 de abril de 1968. El hombre que se negó a aceptar el odio y la violencia murió en un acto de violencia. Pero su sueño aún sigue vivo. Los ciudadanos del mundo entero continúan trabajando para que un día la gente pueda vivir en paz y con justicia civil. Debemos agradecerle a Martin Luther King, Jr., por haber definido este sueño.

Nombre _____

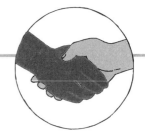

Preguntas acerca de
Venceremos

1. La canción "Venceremos" era el tema del movimiento por la defensa de los derechos civiles. ¿Por qué crees que fue escogida esta canción?

   _____

   _____

2. ¿Por qué crees que Martin Luther King, Jr., escogió promover el cambio a través del amor y no a través del odio y la violencia?

   _____

   _____

3. Martin fue asesinado antes de que pudiera lograr su último objetivo. Él quería defender los derechos de los trabajadores americanos pobres de todas las razas. ¿Crees que habría menos pobreza en los Estados Unidos si Martin hubiera vivido más tiempo? ¿Por qué?

   _____

   _____

   _____

4. Martin fue arrestado muchas veces en su vida por desobedecer leyes injustas. ¿Por qué crees que eligió hacer cosas que tendrían como resultado ir a la carcel?

   _____

   _____

   _____

5. ¿Qué pueden hacer las personas si sienten que una ley es injusta?

   _____

   _____

   _____

Read & Understand Nonfiction, Spanish/English • EMC 5311 • © Evan-Moor Corp.

Nombre _____

Venceremos
Vocabulario

Lee las definiciones de las siguientes palabras relacionadas a la historia. Después selecciona la palabra correcta para completar cada una de las oraciones que siguen.

abolir   terminar con

defensores   personas que trabajan a favor de un ideal y del cambio

prohibido   que no se permite

discriminación   el trato injusto hacia los miembros de un grupo

derechos civiles   los derechos y libertades de los ciudadanos de una nación

desobediencia civil   el negarse a obedecer las leyes o las exigencias de un gobierno como medida para pedir el cambio de dichas leyes

boicot   dejar de patrocinar o comprar en algún negocio para retirar el apoyo

movimiento   esfuerzo organizado para lograr un cambio

1. ¿Crees que el _____ de derechos civiles hubiera triunfado sin Martin Luther King, Jr.?

2. Los _____ del sufragio lucharon por el derecho de la mujer al voto.

3. Si todos organizáramos un _____ en contra de las estaciones de gasolina, tal vez bajarían sus precios.

4. Se necesitan leyes estrictas para _____ la contaminación de los lagos y ríos.

5. El letrero dice que está _____ pescar en este arroyo.

6. La policía debe respetar los _____ de aquellas personas que son arrestadas.

7. Los negocios que practican la _____ al contratar personal pueden ser llamadas a la corte.

8. En algunos países que no practican la democracia, el gobierno no tolera la

_____.

Nombre _____

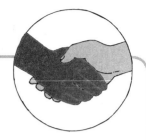

Venceremos

Júzgame por mi carácter

Martin Luther King, Jr., soñaba con que algún día la gente sería juzgada por su carácter y no por el color de su piel.

¿Cómo era el carácter de Martin de acuerdo a la historia? Completa el siguiente mapa escribiendo rasgos de su carácter de acuerdo a cada título.

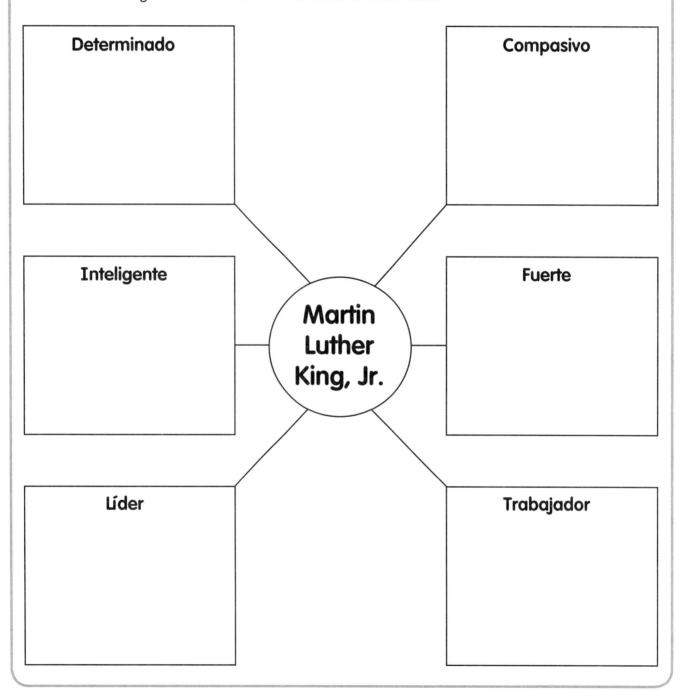

Determinado

Compasivo

Inteligente

Fuerte

Martin Luther King, Jr.

Líder

Trabajador

Read & Understand Nonfiction, Spanish/English • EMC 5311 • © Evan-Moor Corp.

Hooray for Weeds!

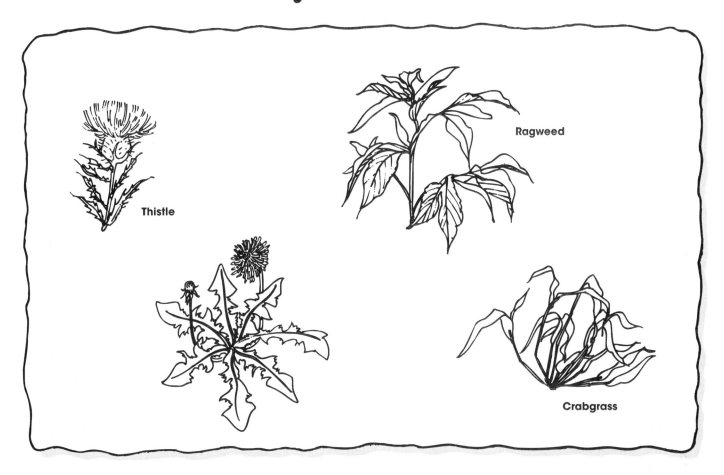

Thistle

Ragweed

Crabgrass

Weeds are the uninvited guests of the plant world. They sprout up in gardens, forests, meadows, and pastures. They put down their roots in places where other plants can't grow. Gardeners don't like to see weeds, but weeds are important in many ways.

Like other green plants, weeds capture the energy of the sun and turn it into food. Muskrats enjoy nutritious vitamins and minerals when they eat cattails. Gophers and mice chew the tasty roots of many weeds. Some weeds produce seeds or berries that are valuable food sources for insects, birds, and other animals. When they absorb water, roots pull in minerals and vitamins from the soil. Animals that eat the roots or other parts of weeds add needed minerals and vitamins to their diets.

Humans can enjoy eating some kinds of weeds, too. Chickweed is not welcome in lawns and gardens, but it is a nutritious plant. Its leaves can be gathered and cooked like spinach.

Both man and beast can eat all parts of the common dandelion. The plant is rich in vitamins A and C, as well as important minerals. The yellow flowers can be picked before the buds open and then roasted. Tea can be made from the boiled roots. The leaves can be picked in the spring and boiled. The result is a green leafy vegetable that tastes a little like spinach. Rodents feed on dandelion roots, bees gather pollen and nectar from the flowers, and horses eat the leaves.

Weeds can be a source of important calcium. When an animal dies, its bones deposit calcium in the soil. Weed roots absorb the calcium. The plant you eat today might contain calcium that was in the skull of a saber-toothed tiger! Decaying weeds put calcium back into the soil. When the soil is washed into a stream or an ocean, algae and other microscopic water plants absorb the calcium. Fish eat these plants. When people and animals eat these fish, they add needed calcium to their diets.

Weeds also help the soil. They loosen the soil with their roots so that it's easier for insects and animals to dig in the soil. When weeds die, bacteria and fungi in the soil break up the decaying weeds to form more soil.

The roots of weeds hold rich topsoil in place so that it doesn't wash away in heavy rains and wind. By holding the soil in place and preventing erosion, weeds keep streams and rivers from clogging with mud and chemicals. Fish and animals in the rivers and streams die when they don't have clean water. If the streams are choked with sediment, they can flood fields and cause damage to food crops. Hydroelectric power plants can't operate if the rivers are filled with sediment.

But the benefits of the humble weed don't stop here. A patch of prickly weeds like the wild rose can shelter rabbits, birds, and other small animals. Hawks and large predators can't get through the maze of stickers to find their prey. Giant weeds act as shields and slow strong winds. When fires destroy forests and grassland, rain and wind blow away the good topsoil. If enough fast-growing weeds sprout up, they will hold the soil in place during winter storms.

Weeds are an important part of the plant and animal kingdom. The world is a better place to live because of their work. The next time you see a dandelion, cattail, poison ivy, or soapweed plant, say thanks for a job well done.

Weeds provide food for wild animals. Here, a vole nibbles on dandelion roots.

Read & Understand Nonfiction, Spanish/English • EMC 5311 • © Evan-Moor Corp.

Name _____

Questions About *Hooray for Weeds!*

A. Write these words in the blanks to complete the sentences.

| tea | chickweed | nutritious | topsoil | vitamins |
| prickly | dandelion | fires | minerals | calcium |

1. Weeds absorb nutritious _____ and _____ from the soil.

2. Many animals that eat weeds are healthier because weeds are _____.

3. Decaying weeds put _____ back into the soil.

4. Weeds help hold _____ in place.

5. _____ can be made from the roots of the _____ plant.

6. Both dandelion and _____ leaves taste a bit like spinach.

7. _____ weeds serve as shelter for small animals.

8. Fast-growing weeds can hold the soil in place after forest _____.

B. Answer these questions.

1. What are two ways in which weeds help fish?

_____

_____

2. Why do you think gardeners don't appreciate the benefits of weeds?

_____

_____

3. How do weeds prevent wind and rain from eroding topsoil?

_____

_____

Hooray for Weeds!
Vocabulary

A. Write the number of each word by its definition. Use the clues in the story to help you decide what the words mean.

1. uninvited   _____ an animal that hunts other animals for food

2. sprout   _____ a mineral in foods that is needed for bone growth

3. nutritious   _____ sweet juice from a flower

4. absorb   _____ land where animals graze

5. nectar   _____ to drink in or soak up

6. calcium   _____ confusing network of passageways

7. decay   _____ to begin to grow

8. pasture   _____ to rot; to break down and decompose

9. maze   _____ not wanted or asked for

10. predator   _____ healthful; providing needed vitamins and minerals

B. Write a sentence using each of the following words. The words in the story and the definitions following the words will help you understand what the words mean. The first sentence has been written for you.

1. **erosion**—the wearing away of topsoil by wind and rain
2. **irrigation**—a watering system to bring water to crops
3. **burrowing**—digging underground tunnels
4. **sediment**—soil and matter left by water, ice, and wind
5. **generated**—produced or supplied energy for

1. _Years of erosion caused the formation of the Grand Canyon._

2. _____

3. _____

4. _____

5. _____

Name _____

Hooray for Weeds!

Fact and Opinion

Facts are statements that are true. **Opinions** are ideas or feelings that people believe.

1. Here is an opinion given in the story:

> Weeds are an important part of the plant and animal kingdom. The world is a better place to live because of their work.

Many facts in the story support the opinion by showing ways in which weeds are important.

List 10 facts that tell ways in which weeds help plants, animals, people, and the Earth.

_____

_____

_____

_____

_____

_____

_____

_____

_____

_____

2. The story says that gardeners don't like to see weeds. Write an opinion that a gardener might have about uninvited weeds in his or her garden. Then write a fact about weeds that would support this opinion.

_____

_____

_____

¡Viva la maleza!

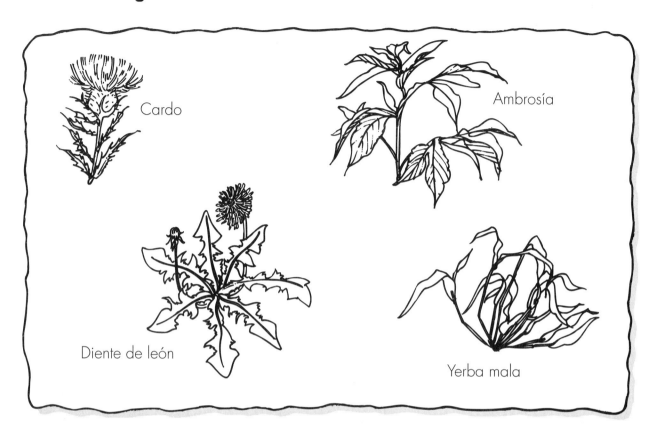

Cardo

Ambrosía

Diente de león

Yerba mala

La maleza es un invitado no deseado en el mundo de las plantas. Nace en jardines, selvas, praderas y pastizales. Pone sus semillas en lugares donde otras plantas no pueden crecer. A los jardineros no les gusta ver la maleza, pero ésta es importante por varias razones.

Como otras plantas verdes, la maleza atrapa la energía del sol y la convierte en alimento. Las ratas almizcleras disfrutan de vitaminas y minerales cuando comen espadañas. Los topos y los ratones mastican las raíces sabrosas de la maleza. Algunas malezas producen semillas o bayas que son ricas fuentes de alimento para insectos, aves y otros animales. Cuando absorben agua, las raíces absorben los minerales y las vitaminas de la tierra. Los animales que comen las raíces u otras partes de la maleza agregan minerales y vitaminas a su dieta.

Los seres humanos también pueden disfrutar comiendo algunos tipos de maleza. El capiquí no es bienvenido en los céspedes y los jardines, pero es una planta muy nutritiva. Sus hojas pueden juntarse y cocinarse como las espinacas.

Los seres humanos y los animales pueden comer todas las partes del diente de león común. Esta planta es muy rica en vitaminas A y C, así como en importantes minerales. Antes de que los botones se abran, pueden recogerse sus flores amarillas y tostarse. Las raíces pueden hervirse en agua para hacer un té. Las hojas pueden recogerse en la primavera y hervirse. El resultado son unas hojas vegetales cuyo sabor se parece a la espinaca. Los roedores se alimentan de la raíz del diente de león, las abejas recogen el pólen y el néctar de las flores y los caballos se comen las hojas.

La maleza es una fuente importante de calcio. Cuando un animal muere, el calcio de sus huesos es depositado en la tierra. Las raíces de la maleza absorben el calcio. ¡La planta que comes hoy puede contener calcio del cráneo de un tigre prehistórico! La maleza seca devuelve el calcio a la tierra. Cuando la lluvia hace que la tierra se combine con las corrientes de los ríos o del océano, las algas y otras plantas de agua microscópicas absorben el calcio. Los peces se comen estas plantas. Cuando la gente y los animales se comen esos pescados, agregan calcio a su dieta.

La maleza también ayuda al suelo. Remueve la tierra para que sea más fácil para los insectos escarbarla. Cuando la maleza se seca, las bacterias y los hongos en la tierra descomponen la maleza para formar más tierra.

Las raíces de la maleza mantienen la capa de la superficie del suelo en su lugar para que la lluvia y el viento no se la lleven. Al mantener la tierra en su lugar y prevenir la erosión, la maleza evita que los ríos y el cauce del agua se tapen con lodo y químicos. Los peces y los animales de los ríos y los arroyos se morirían si no tuvieran agua limpia.

Si los ríos se tapan con el sedimento, pueden inundar los campos de cultivo y causarles daños a las cosechas. Las plantas de energía hidroeléctrica no podrían funcionar si los ríos se llenaran de sedimento.

Pero ésos no son los únicos beneficios de la maleza. Un sembradío de maleza espinosa como la rosa salvaje puede cobijar conejos, aves y otros animales pequeños. Los halcones y predadores grandes no pueden pasar a través del laberinto de espinas para encontrar su presa. La maleza crecida sirve como protección contra los vientos fuertes. Cuando el fuego destruye la selva y los pastizales, la lluvia y el viento hacen volar la capa de la superficie del suelo. Si la maleza crece rápido, mantendrá la capa del suelo en su lugar durante las tormentas de invierno.

La maleza es un elemento muy importante de los reinos vegetal y animal. El mundo natural es mejor debido al trabajo que desempeña la maleza. La próxima vez que veas un diente de león, una espadaña, una planta de hiedra venenosa o una planta de yuca glauca, agradéceles el excelente trabajo que hacen.

La maleza les proporciona alimentación a los animales silvestres. En este dibujo, un ratón de campo muerde unas raíces de diente de león.

Nombre _____

Preguntas acerca de
¡Viva la maleza!

A. Escribe estas palabras en los espacios en blanco para completar las oraciones.

té   capiquí   vitaminas   nutritivo   diente de león
calcio   espinosa   minerales   incendio   capa de la superficie del suelo

1. La maleza absorbe _____ y _____ del suelo.

2. Muchos animales que comen maleza son más saludables porque la maleza es

   _____.

3. La maleza seca regresa el _____ al suelo.

4. La maleza ayuda a mantener la _____ en su lugar.

5. Puede hacerse un _____ de las raíces del _____.

6. El diente de león y las hojas del _____ tienen un sabor parecido
   a las espinacas.

7. La maleza _____ sirve como protección para los animales pequeños.

8. La maleza que crece rápido ayuda a mantener la capa del suelo en su lugar

   después de un _____ forestal.

B. Contesta las siguientes preguntas.

1. ¿Cuáles son dos maneras en las que la maleza ayuda a los peces?

   _____

   _____

2. ¿Por qué crees que los jardineros no aprecian los beneficios de la maleza?

   _____

   _____

3. ¿Cómo ayuda la maleza a evitar que el viento y la lluvia erosionen la capa
   de la superficie del suelo?

   _____

   _____

Read & Understand Nonfiction, Spanish/English • EMC 5311 • © Evan-Moor Corp.

Nombre _____

¡Viva la maleza!
Vocabulario

A. Escribe el número que le corresponde a cada palabra de acuerdo a su definición.

1. invitado   _____ un animal que persigue a otro para alimentarse
2. brotar   _____ un mineral en la comida que es necesario para el crecimiento de los huesos
3. nutritivo   _____ jugo dulce de una flor
4. absorber   _____ tierra donde los animales pastan
5. néctar   _____ beber o tomar
6. calcio   _____ red o senderos complicados
7. descompone   _____ empezar a crecer
8. pastizal   _____ que se desbarata
9. laberinto   _____ que se solicita o se desea
10. predador   _____ bueno para la salud; que tiene vitaminas y minerales

B. Escribe una oración con cada una de las siguientes palabras. Las definiciones que les siguen a las palabras te ayudarán a entender lo que éstas significa.

1. **erosión**—el desgaste de la capa de la superficie del suelo causado por la lluvia y el viento

2. **irrigación**—sistema de riego para regar con agua las cosechas

3. **hacer una madriguera**—cavar un túnel por debajo del suelo

4. **sedimento**—tierra y materia que dejan el agua, el hielo y el viento

5. **generado**—producido

1. *Los años de erosión causaron la formación del Gran Cañón del Colorado.* _____

2. _____

3. _____

4. _____

5. _____

¡Viva la maleza!

Hechos y opiniones

Los **hechos** son frases que son verdaderas. Las **opiniones** son ideas o sentimientos que la gente tiene.

1. Ésta es una opinión que aparece en la historia:

   La maleza es un elemento muy importante de los reinos animal y vegetal.
   El mundo natural es mejor debido al trabajo que desempeña la maleza.

   Muchos hechos en la historia apoyan esta opinión al describir maneras que demuestran que la maleza es importante.

   Haz una lista de 10 hechos que describen las formas en las que la maleza ayuda a las plantas, animales, gente y a la tierra.

   _____

   _____

   _____

   _____

   _____

   _____

   _____

   _____

   _____

2. La historia dice que a los jardineros no les gusta la maleza. Escribe una opinión que pueda tener un jardinero acerca de estos invitados no deseados en el jardín. Después escribe un hecho que apoye esta opinión.

   _____

   _____

   _____

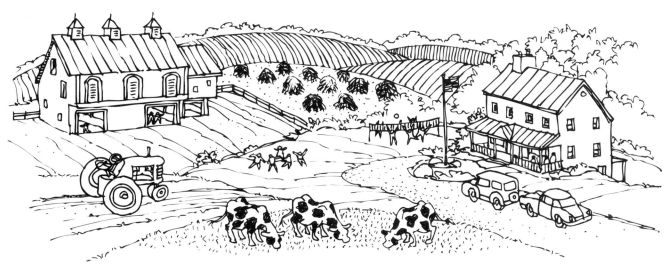

As a child, I adored summer Sunday afternoons. Precisely at twelve o'clock, church let out with the loud ringing of the huge bell. In a flash, my cousins and I burst out the nearest door and into each other's cars in a wild and disorderly fashion. We were off to Grandma and Grandpa's farmhouse!

The first order of business was to devour a large, loud, and long noontime meal. Then we slammed our way out Grandma's back door. The fun was about to begin. We chased barn cats, splashed in the water trough, and threw each other into haystacks. We explored every nook and cranny of Grandpa's old barn. Newest-addition cousins sat in a playpen beside the volleyball net where the adults gathered. Sometimes we snatched up our cousins so they could ride in wheelbarrows or kiss the cows. They learned the rules of kick-the-can and king-of-the-hill before they could speak.

On lucky Sunday afternoons, Grandpa would join us in the field behind the barn. We took turns riding on Old John Deere all around the farm. The cows mooed their complaints when we entered their domain. We just laughed and reached out to pet them on the nose. Sometimes we even did real work—planting seed or gathering eggs. The chickens hated Sundays as much as the cows did. Grandpa always assured them we were good and gentle helpers.

Eventually the sun began to set. The adults stopped their fast-paced volleyball game, groaning about bug bites, sore muscles, and hunger. Adults and kids alike clamored back into the mosquito-free house. Supper was a makeshift affair featuring dinner leftovers. The adults then retired to the living room, collapsing on couches and rocking chairs. We kids headed for the cellar to battle with cue-stick swords in between games of eight ball.

Sometimes I stayed upstairs. I silently found a corner on the floor of the adult world and listened. The talk was always of ethics. Is it ever okay to lie? Do all people have a conscience?

Never resolved, the issues were sooner or later shelved for further discussion. The men then moved their party to the cellar. When the door squeaked open at the top of the stairs, children left the pool table. It was our elders' turn to play.

For a while then, we explored the basement. There were flowers drying in the cramped quarters behind the massive furnace. There was a tall, rickety old metal box that Grandpa showered in after his shifts on the B&O Railroad (Baltimore & Ohio). There was a fruit cellar full of fresh-fruit bins. Vegetables Grandma had canned filled the tall shelves.

Eventually, one of us was caught forgetting to shut the fruit cellar door. Besides, we were making too much noise and bumping into cue sticks at crucial moments. Then we would all be booted upstairs.

Once there, the womenfolk offered us a choice. We could play outdoors or move into the "porch." The porch was a huge, fully enclosed room. In any self-respecting California ranch home, it would have been called the "recreation room."

Deciding our next move always turned into a debate for us kids. Firefly catching and midnight tag were the main outdoor attractions. Games involving the hundreds of buttons from Grandma's button box were an indoor option. We usually selected some mix of indoor and outdoor fun. As a result, the porch door slammed frequently and bugs were let into the house. The adults were quick to comment on both events.

Slowly, a few at a time, aunts and uncles surrendered to the threat of another Monday morning arriving too soon. Cousins were coaxed into cars with bribes of Grandma Ruth's cookies. Children's games fell apart, and adult talk slowed with each disappearing brood. My family was always the last to leave, and I was the most reluctant to say good-bye to another Indiana Sunday.

Name_____

Questions About *Indiana Sundays*

1. The main purpose of this biographical narrative is to _____.

    a. relate facts about farming techniques

    b. describe emotions and experiences the author had as a child

    c. persuade readers to live in the country

    d. paint a picture of an imaginary world

2. What is a "newest-addition cousin"?

_____

3. Did the author enjoy her childhood visits to her grandparents' farm?
   Find two statements from the story to justify your answer.

_____

_____

_____

4. What does the phrase *". . .aunts and uncles surrendered to the threat of another Monday morning arriving too soon"* mean?

_____

5. Place the following events in "Indiana Sundays" in chronological order. The first one has been completed for you.

    _____ A large lunch is enjoyed by the family.

    _____ The sun begins to set, and everyone moves indoors.

    _____ The men ask the children to leave the basement.

    ___1___ Church ends, and the entire family heads to the grandparents' farm.

    _____ Children play on the farm as the adults play volleyball.

    _____ Families begin to leave one by one.

    _____ Kids play games with Grandma's buttons.

Indiana Sundays

Adjectives

Adjectives are words that describe people, places, and things.

1. Find the adjectives in the story that describe the words below. Write them next to each word. The first adjective has been found for you.

_____loud_____ sound   _____ metal box

_____ room   _____ bell

_____ noontime meal

2. Use your own **adjectives** to describe the words below:

_____ farm   _____ game

_____ tractor   _____ cookies

_____ cows

Word Meaning

Write the number of each word on the line in front of its meaning.

1. makeshift   _____ extremely important

2. massive   _____ standards of right and wrong

3. ethics   _____ a substitute or temporary solution

4. crucial   _____ moved with great noise and confusion

5. disorderly   _____ surrounded on all sides; closed up

6. devour   _____ large and bulky

7. enclosed   _____ in an unruly manner

8. clamored   _____ withdrew from activity

9. retired   _____ to eat greedily

Name_____

Indiana Sundays
Personal Images

The author's thoughts are filled with words and images that describe her feelings about summer Sunday afternoons spent at her grandparents' farm.

Fill the other thought bubble with words and images that describe your feelings about things your family does on Sundays. Make the head look like you.

Author

soft hay

itchy mosquito bites

laughter and running

Grandma's chewy cookies

smooth warm eggs

moist, velvety cow noses

feeling loved and secure

sticky peach juice on my face

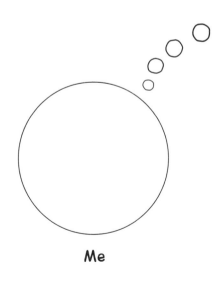

Me

Domingos en Indiana

De niña, yo adoraba los domingos por las tardes de verano. A las doce en punto, la enorme campana de la iglesia dejaba escapar un fuerte sonido. Rápidamente, mis primos y yo salíamos por la puerta más cercana hacia el interior de los autos de una manera salvaje y desordenada. ¡Íbamos a la granja de los abuelos!

Lo primero que debíamos hacer era devorar un almuerzo grande, pesado y fuerte. Despúes nos escapábamos por la puerta trasera de la casa de la abuela. La diversión estaba por empezar. Perseguíamos a los gatos del granero, nos dábamos un chapuzón en el bebedero y nos tirábamos sobre la paja. Explorábamos cada esquina y cada rincón del viejo granero del abuelo. Los primos más pequeños se sentaban junto a la red de volibol donde los adultos se reunían. A veces nos llevábamos a nuestros primos pequeños para que montaran en carretillas o besaran a las vacas. Así aprendieron las reglas de "Patea la lata" o "El rey de la colina" aún antes de que aprendieran a hablar.

Los domingos por la tarde, el abuelo nos dejaba acompañarlo al campo, detrás del granero. Tomábamos turnos para manejar el viejo tractor John Deere por toda la granja. Las vacas mujían molestas cuando entrábamos en sus dominios. Nosotros reíamos y nos estirábamos para acariciarles la nariz. A veces hasta trabajábamos de verdad—plantábamos semillas o juntábamos huevos. Los pollos odiaban los domingos tanto como las vacas. El abuelo siempre les aseguraba que nosostros éramos unos ayudantes buenos y gentiles.

Por fin, el sol empezaba a ocultarse. Los adultos paraban de jugar volibol y se quejaban de las picadas de los mosquitos, de lo adoloridos que tenían los músculos y de lo hambrientos que estaban. Los niños y los adultos, al igual, se apresuraban hacia la casa para librarse de los mosquitos. La cena era un acontecimiento improvisado que incluía principalmente las sobras del almuerzo. Los adultos después se retiraban a la sala, dejándose caer en sillones y sillas mecedoras. Nosotros los niños nos dirigíamos al sótano a pelear con los palos de billar como si fueran espadas, entre juegos de billares.

Read & Understand Nonfiction, Spanish/English • EMC 5311 • © Evan-Moor Corp.

A veces me quedaba en el piso de arriba. Buscaba una esquina en el mundo de los adultos y escuchaba. La conversación era siempre sobre ética. ¿Es bueno mentir algunas veces? ¿Tendrán conciencia todas las personas?

Sin poderlos resolver, los adultos almacenaban los problemas para discutirlos más tarde. Entonces, los hombres continuaban la fiesta en el sótano. Cuando la puerta rechinaba arriba de las escaleras, los niños dejaban la mesa de billar. Les tocaba jugar a los adultos.

Por un rato, entonces, explorábamos el sótano. Había algunas flores secas en los espacios estrechos detrás de la enorme estufa. Había una caja destartalada de metal que el abuelo usaba como ducha para bañarse después de su turno en el ferrocarril Baltimore & Ohio. Había un almacén de frutas lleno de frascos con frutas frescas. Las latas de vegetales de la abuela llenaban las repisas.

Por fin, uno de nosotros era sorprendido después de haber olvidado cerrar la puerta del almacén de frutas. Después de todo, hacíamos mucho ruido con los palos de billar en los momentos más cruciales. Entonces nos corrían a todos y nos mandaban arriba.

Una vez ahí, las mujeres nos daban a escoger. Podíamos jugar afuera o irnos al porche. El porche era una habitación grande y cerrada. En cualquier casa de California de estilo "rancho," éste sería el "el cuarto de la familia".

Para nosotros los niños, decidir a qué jugar se convertía en un debate. Atrapar luciérnagas y jugar a perseguirnos en la noche eran los entretenimientos más populares. Los juegos que incluían los centenares de botones de la abuela eran una opción para jugar adentro. Generalmente seleccionábamos una mezcla de juegos para jugar adentro y afuera. Como resultado, la puerta del porche se cerraba y abría constantemente y los insectos se metían a la casa. Los adultos inmediatamente nos lo dejaban saber.

Despacio, unos cuantos a la vez, los tíos y las tías se dejaban vencer por la amenaza de otro lunes por la mañana que llegaría muy pronto. Convencían a los primos a subirse a los autos, ofreciéndoles galletas de la abuela Ruth. Los juegos de los niños eran desbandados y la conversación de los adultos era más suave con cada familia que se iba. Mi familia siempre era la última en irse y yo era la que más se resistía a decir adiós a otro domingo en Indiana.

Nombre _____

Preguntas acerca de
Domingos en Indiana

1. El propósito principal de esta narrativa biográfica es de _____.

   a. relatar hechos acerca de las técnicas para sembrar

   b. describir emociones y experiencias que la autora tuvo cuando era niña

   c. convencer a los lectores a vivir en el campo

   d. describir un mundo imaginario

2. ¿Qué da a entender la autora cuando dice que "decidir a qué jugar se convertía en un debate"?

   _____

3. ¿Disfrutaba la autora las visitas a la granja de sus abuelos? Encuentra dos oraciones que justifiquen tu respuesta.

   _____

   _____

   _____

4. ¿Qué significa la oración *los tíos y las tías se dejaban vencer por la amenaza de otro lunes por la mañana que llegaría muy pronto"*?

   _____

5. Coloca los siguientes eventos de "Domingos en Indiana" en orden cronológico. El primero ya está completado.

   _____ La familia disfrutaba del almuerzo.

   _____ El sol empieza a ocultarse y la familia se va adentro.

   _____ Los adultos les piden a los niños que se vayan al sótano.

   __1__ La misa termina y la familia entera se dirige a la granja de los abuelos.

   _____ Los niños juegan en la granja mientras los adultos juegan volibol.

   _____ Las familias empiezan a irse una por una.

   _____ Los niños juegan con los botones de la abuela.

Nombre _____

Domingos en Indiana
Adjetivos

Los **adjetivos** son palabras que describen a las personas, los lugares y los objetos.

1. Encuentra en la historia los adjetivos que describen a las siguientes palabras. Escríbelas a una lado de cada palabra. El primer adjetivo ya ha sido encontrado para ti.

sonido ___fuerte___   caja _____

habitación _____   campana _____

almuerzo _____

2. Usa tus propios **adjetivos** para describir las siguientes palabras:

granja _____   tractor _____

vacas _____   juego _____

galletas _____

Vocabulario

Escribe el número que le corresponde a cada palabra de acuerdo a su significado.

1. improvisado   _____ extremadamente importante

2. voluminoso   _____ relacionado con lo bueno y lo malo

3. ética   _____ solución temporal

4. cruciales   _____ moverse con desorden y confusión

5. desordenada   _____ rodeado o limitado por todos lados

6. devorar   _____ muy grande; enorme

7. cerrado   _____ sin obedecer reglas

8. apresurarse   _____ alejarse de algo

9. retirar   _____ comer desesperadamente

Nombre _____

Domingos en Indiana
Imágenes personales

Los pensamientos de la autora están llenos de imágenes y palabras que describen sus sentimientos acerca de las tardes de verano que pasaba en casa de sus abuelos.

Llena la otra burbuja con palabras e imágenes que describen tus sentimientos acerca de las cosas que tu familia hace los domingos. Dibuja una cabeza similar a la tuya.

La autora

paja suave

piquetes de mosquito

risas y carreras

galletas de la abuela

huevos tibios y suaves

las narices húmedas de las vacas

sentirse protegido y querido

jugo de durazno pegajoso en mi cara

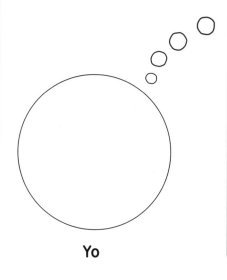

Yo

Marian Anderson

Marian Anderson was the first African American to sing a major role at the Metropolitan Opera House in New York City. She began her singing career when she joined the junior choir at her church at the age of six. After a few years, she was singing in both the junior and senior choirs. Visitors who came to the church enjoyed Marian's singing. They often invited her and the choir to sing in other churches or for special community occasions. Marian's parents knew she had a special gift for music, but they couldn't afford to pay for lessons.

Her father died when she was young, and Marian, her sister, and her mother moved to her grandparents' house. Marian's mother

Marian Anderson, 1897–1993

worked hard cleaning houses and washing clothes to support the girls. At first, when Marian earned money by singing, she gave the money to her mother. Later, she was able to use some of the money for music lessons.

Music was Anderson's favorite subject in school. When she was in high school, she joined the Philadelphia Choral Society. Because she was becoming well known, she often sang in other cities. She had to miss classes at school when she was out of town, but her teachers helped her make up her work.

Anderson knew she would have to study music and take singing lessons if she wanted to keep singing. A voice teacher agreed to give her music lessons without charge. With the teacher's help, Anderson learned new ways to control her voice when she sang.

While Marian was growing up, many public facilities were segregated. When Marian was invited to Georgia to sing, she and her mother had to ride in the section of the train that was set aside for African Americans. They weren't allowed to eat in the dining car. When Marian sang in New York and other cities, she had to stay in hotels for African Americans. These hotels were often far from the places where she was singing.

Many businesses and schools discriminated against African Americans. Anderson wanted to enroll in a Philadelphia music school after high school so she could learn more about music. When she went to the school for an application, she was told she couldn't attend the school because she was African American.

But Marian didn't give up the idea of a singing career because she couldn't attend the music school. She continued to take private lessons with voice teachers. Her church raised money so she could study with a famous teacher. He helped her improve her singing, and she began to earn more money from her concerts. She won a competition to sing with the New York Philharmonic Orchestra. Marian worked hard to learn foreign languages so she could sing songs written in other languages. She went to Europe to study music and languages. She was invited to sing in Norway, Sweden, and Finland. Many famous European composers and musicians came to her successful concerts. On her second trip to Europe, she stayed for two years and sang in many different countries.

Even though Marian had become famous, she was still not allowed to stay in some hotels or eat in many restaurants in the United States. Once, Marian was scheduled to sing in Constitution Hall in Washington, D.C., the nation's capital, but the concert was canceled because African Americans were not allowed to perform there. Other auditoriums refused to allow her to sing, too.

Many people were angry to learn that one of this country's greatest singers couldn't sing in the nation's capital. Finally, the government of the United States invited Anderson to sing on the steps of the Lincoln Memorial in Washington, D.C., on Easter Sunday. More than 75,000 people, black and white, sat together and listened to her concert. Later in her career, Anderson sang at the White House.

In 1955, Anderson became the first African-American artist to have a major operatic role at the Metropolitan Opera House in New York City. After her Metropolitan success, she performed in many more countries around the world. Her voice and her courage were admired everywhere.

The United States government sent Anderson to sing and meet people all over the world. She was appointed to be a member of the American delegation to the United Nations. She retired from her singing career in 1965. Up until her death in 1993, Marian Anderson continued to receive recognition for her music and for her work with people all over the world.

Read & Understand Nonfiction, Spanish/English • EMC 5311 • © Evan-Moor Corp.

Questions About
Marian Anderson

1. Why do you think a voice teacher agreed to give Marian lessons without charge?

   _____

2. Why wasn't Marian allowed to fill out an application for a music school?

   _____

3. Why was it difficult for Marian to sing away from home in the United States?

   _____

   _____

4. Why did Anderson take her first trip to Europe?

   _____

   _____

5. Why was Anderson's concert at Constitution Hall canceled?

   _____

6. Why was Anderson's performance in an opera at the Metropolitan Opera House in New York City important?

   _____

7. Do you agree or disagree with the following statement?

   Marian Anderson was a very brave person.

   Give details from the story to support your opinion.

   _____

   _____

   _____

   _____

Name _____

Marian Anderson
Vocabulary

Choose the best word to complete each sentence.

| retired | appointed | career | discriminated | enroll | foreign |
| composer | competition | recognition | segregated | application | languages |

1. To apply for a school or a job, you need to fill out an _____.

2. If you want to study to be a doctor, you must _____ in a medical school.

3. Marian Anderson wanted to study singing so that she could have a musical
   _____.

4. Marian traveled to many _____ countries to perform concerts.

5. When Anderson was 68, she _____ from her singing career.

6. An opera singer must sing songs in many _____.

7. Marian received _____ for her music.

8. Anderson was _____ to be a member of the American delegation to the United Nations.

9. When Marian was singing in the United States, many hotels and restaurants were _____.

10. Even though Constitution Hall in Washington, D.C., _____ against African-American performers, Anderson was able to sing a concert in the nation's capital.

11. Marian won a _____ to sing with the New York Philharmonic Orchestra.

12. A _____ is a person who writes music.

Name _____

Marian Anderson

In the biography about Marian Anderson, the events are in chronological order, except for the first sentence. **Chronological order** means the events are listed in the order in which they happened.

1. Number the events in Marian Anderson's life in chronological order. Number each set separately. You may need to reread parts of the story.

Set A

_____ Marian's father died.

_____ She sang in both the junior and senior choirs.

_____ She began her career when she was six years old.

_____ Marian Anderson was born in 1897.

Set B

_____ She gave concerts in Norway, Sweden, and Finland.

_____ Her church raised money so she could study with a famous voice teacher.

_____ Marian didn't give up the idea of a singing career because she couldn't attend music school.

_____ Anderson went to Europe to study music and languages.

Set C

_____ Marian was appointed to be a member of the American delegation to the United Nations.

_____ Anderson's concert at Constitution Hall was canceled.

_____ Anderson retired from her singing career in 1965.

_____ Anderson was the first African American to sing a major role at the Metropolitan Opera House in New York City.

2. Select three events in Marian Anderson's singing career that you think were important. Write them in chronological order on the lines below.

_____

_____

_____

_____

Marian Anderson

arian Anderson fue la primera persona afroamericana que cantó en un papel mayor en la Ópera Metropolitana de la ciudad de Nueva York. Empezó su carrera como cantante cuando se unió al coro de novatos de su iglesia a la edad de seis años. Después de unos años, cantaba en el coro de novatos y en el de avanzados. Los visitantes que iban a la iglesia disfrutaban oyendo cantar a Marian. Frecuentemente invitaban a Marian y al resto del coro a cantar en otras iglesias o en eventos especiales de la comunidad. Los padres de Marian sabían que ella tenía un talento especial para la música, pero no podían pagarle clases especiales.

Marian Anderson, 1897–1993

Su padre murió cuando Marian era muy joven. Marian y su hermana, junto con su madre, se mudaron a la casa de sus abuelos. La madre de Marian trabajó muy duro limpiando casas y lavando ropa para poder mantener a sus hijas. Al principio, cuando Marian empezó a ganar dinero cantando, se lo daba a su madre. Después pudo usar parte del dinero para pagarse lecciones de música.

Música era la asignatura favorita de Marian. Cuando asistía a la escuela superior o preparatoria, se unió a la Sociedad de Coros de Filadelfia. Como ya era más conocida, con frecuencia cantaba en otras ciudades. Tenía que faltar a la escuela y perder clases cuando estaba fuera de la ciudad, pero sus maestros la ayudaban a que recuperara sus tareas escolares.

Anderson sabía que debía estudiar música y tomar lecciones de canto si quería seguir cantando. Una maestra de vocalización ofreció darle lecciones de música sin cobrarle. Con la ayuda de la maestra, Anderson aprendió nuevas técnicas para controlar su voz cuando cantaba.

Durante esta época, en muchos lugares públicos se practicaba la segregación. Cuando Marian era invitada a Georgia a cantar, ella y su madre tenían que viajar en la sección del tren que estaba destinada para afroamericanos. No les era permitido comer en el comedor del tren. Cuando Marian cantaba en Nueva York y en otras ciudades, tenía que quedarse en hoteles destinados sólo para afroamericanos. Estos hoteles frecuentemente estaban lejos de donde ella iba a cantar.

 Read & Understand Nonfiction, Spanish/English • EMC 5311 • © Evan-Moor Corp.

Muchos negocios y escuelas discriminaban en contra de los afroamericanos. Anderson quería inscribirse en una escuela de música de Filadelfia para poder aprender más sobre música. Cuando fue a la escuela a pedir una solicitud, le dijeron que no podía asistir a esa escuela porque era afroamericana.

Pero Marian no abandonó la idea de su carrera musical por no poder asistir a esa escuela. Continuó tomando lecciones privadas con maestros de vocalización. Su iglesia reunió dinero para que ella pudiera estudiar con un maestro famoso. Él la ayudó a cantar y ella empezó a ganar más dinero dando conciertos. Ganó una competencia para cantar con la Orquesta Filarmónica de Nueva York. Marian se esforzó mucho por aprender otros idiomas y poder cantar canciones escritas en otros idiomas. Fue a Europa a estudiar música e idiomas. Fue invitada a cantar en Noruega, Suecia y Finlandia. Muchos compositores y músicos europeos famosos asistieron a sus conciertos. Cuando viajó por segunda vez a Europa, se quedó allá por dos años y cantó en distintos países.

Aunque Marian ya era famosa, todavía no le era permitido quedarse en ciertos hoteles o comer en muchos restaurantes de los Estados Unidos. En una ocasión Marian fue contratada para cantar en el "Constitution Hall" de Washington, D.C., la capital de la nación, pero su concierto fue cancelado porque a los afroamericanos no les estaba permitido presentarse ahí. Otros auditorios también se negaron a dejarla cantar.

Mucha gente estaba enojada al saber que una de las mejores cantantes del país no podía cantar en la capital de la nación. Finalmente, el gobierno de los Estados Unidos invitó a Anderson a cantar en la escalinata del Lincoln Memorial en Washington, D.C., un domingo de Pascua. Más de 75,000 personas de distintas razas se sentaron juntas y escucharon el concierto. Después, a lo largo de su carrera, Anderson cantó en la Casa Blanca.

En 1955, Anderson se convirtió en la primera artista afroamericana que tuvo un papel mayor de ópera en la Ópera Metropolitana de la ciudad de Nueva York. Después de su triunfo en la Ópera Metropolitana, se presentó en varios países alrededor del mundo. Su voz y su valentía eran admirados en todas partes.

El gobierno de los Estados Unidos envió a Anderson a cantar y a conocer a gente alrededor del mundo. Fue nombrada miembro de la delegación estadounidense a las Naciones Unidas. Se retiró de su carrera de cantante en 1965. Hasta el día de su muerte en 1993, Marian Anderson continuó recibiendo reconocimientos por su música y su trabajo con gente de todo el mundo.

Nombre _____

Preguntas acerca de *Marian Anderson*

1. ¿Por qué crees que una maestra de vocalización decidió darle clases a Marian sin cobrárselas?

   _____

2. ¿Por qué no se le permitió a Marian llenar una solicitud para la escuela de música?

   _____

3. ¿Por qué era difícil para Marian cantar lejos de su hogar en los Estados Unidos?

   _____

   _____

4. ¿Por qué decidió Anderson viajar a Europa la primera vez?

   _____

   _____

5. ¿Por qué se canceló el concierto de Anderson en el "Constitution Hall"?

   _____

6. ¿Por qué fue importante la primera presentación en una ópera en la Casa Metropolitana de la Ópera en la ciudad de Nueva York?

   _____

7. ¿Estás de acuerdo o no con la siguiente afirmación?

   > Marian Anderson fue una persona muy valiente.

   Incluye detalles de la historia para que apoyar tus ideas.

   _____

   _____

   _____

   _____

Nombre _____

Marian Anderson

Vocabulario

Escoge la palabra que mejor completa cada oración.

retiró	compositor	nombrada	carrera	competencia	reconocimientos
idiomas	segregados	inscribirte	solicitud	extranjero	discriminaba

1. Para aplicar para ingresar a una escuela o para pedir empleo, debes llenar una

   _____.

2. Si quieres estudiar para ser doctor, debes _____ en una escuela de medicina.

3. Marian Anderson quería estudiar canto para tener una _____ musical.

4. Marian viajó al _____ a visitar otros países y dar conciertos.

5. Cuando Anderson tenía 68 años de edad, se _____ de su carrera musical.

6. Una cantante de ópera debe cantar canciones en otros _____.

7. Marian recibió muchos _____ por su música.

8. Anderson fue _____ miembro de la delegación estadounidense de las Naciones Unidas.

9. Cuando Marian cantaba en los Estados Unidos, muchos hoteles y restaurantes

   estaban _____.

10. Aún cuando el "Constitution Hall" en Washington, D.C., _____ en contra de los intérpretes afroamericanos, Anderson tuvo una oportunidad en la capital de la nación.

11. Marian ganó una _____ para cantar con la Orquesta Filarmónica de la ciudad de Nueva York.

12. Un _____ es una persona que escribe música.

Nombre _____

Marian Anderson

En la biografía de Marian Anderson, los eventos están en orden cronológico, excepto por la primer oración. **Orden cronológico** significa que los eventos están enlistados en el orden en el que sucedieron.

1. Numera los eventos de la vida de Marian Anderson. Numera cada grupo en forma separada. Tal vez necesites volver a leer algunas partes de la historia.

Grupo A

_____ El padre de Marian murió.

_____ Ella cantó en los coros de novatos y avanzados.

_____ Empezó su carrera cuando tenía seis años de edad.

_____ Marian Anderson nació en 1897.

Grupo B

_____ Dio conciertos en Noruega, Suecia y Finlandia.

_____ Su iglesia juntó dinero para que ella pudiera estudiar con un famoso maestro de vocalización.

_____ Marian no abandonó la idea de cantar profesionalmente aunque no fuera aceptada en la escuela de música.

_____ Anderson fue a Europa a estudiar música e idiomas.

Grupo C

_____ Marian fue nombrada miembro de la delegación americana a las Naciones Unidas.

_____ El concierto de Anderson en el "Constitution Hall" fue cancelado.

_____ Anderson se retiró de su carrera de cantante en 1965.

_____ Anderson fue la primer persona afroamericana en cantar en un papel importante en la Ópera Metropolitana en la ciudad de Nueva York.

2. Selecciona tres eventos en la carrera de cantante de Marian Anderson que consideres importantes. Escríbelos en orden cronológico en los renglones de abajo.

_____

_____

_____

_____

Read & Understand Nonfiction, Spanish/English • EMC 5311 • © Evan-Moor Corp.

Gold, Gold, Gold!

Bend it, twist it, pound it, or roll it out! Gold is the softest metal and the easiest one to shape. A thin wire, 62 miles (99.8 kilometers) long, can be formed from 1.02 ounces (28.9 grams) of gold. Gold can be pressed into sheets that are as thin as a piece of paper.

Even though gold can be molded into different shapes, it doesn't dissolve or change when it's in water or in most other liquids. It doesn't melt until it reaches 1,947¼°F, and it boils only when it reaches a very hot 2,808¼°F.

Specks and small pieces of gold are found in river and stream beds. Prospectors separate the gold from the gravel. The simplest way to do this is to pan the gold. Gravel is scooped up in a circular dish. The prospector swirls it around and washes it with water. The lighter gravel washes away, leaving the gold behind. Sluice boxes and machines are also used to separate gold and gravel.

Gold is also found in the oceans. There are nine billion metric tons of it in the world's salty seas. It costs more money to mine the gold out of the sea than the gold is worth. For that reason, it will stay in the oceans until someone finds new, inexpensive ways to collect it.

Large deposits of gold are under the ground. Deposits of silver are often found with the gold. One of the biggest gold nuggets ever discovered is named Welcome Stranger. It weighs about 156 pounds (71 kilograms). It didn't come from a mine. It was found on the ground near Victoria, Australia, in 1869.

Even though gold is found in many places around the world, it is rare. There isn't very much of it. Today, more gold is mined in South Africa than in any other country. It supplies about 6,000,000 metric tons every year. South Africa, the United States, the former Soviet

Republics, Australia, Canada, China, and Brazil produce most of the world's gold.

From 1934 to 1975, it was illegal for a person in the United States to own large amounts of gold. Only small objects and jewelry made from this precious metal were allowed. Even though people can own gold today, not many people carry it in their pockets in place of money. It's very heavy. One cubic inch of gold weighs about a pound (0.45 kilogram).

Gold has many uses. Long ago, many coins were pressed from gold. For thousands of years, people have worn gold jewelry. Gold labeled "24 karat" is pure gold. Because this is too soft, most gold for jewelry is mixed with other metals. Some jewelry sold today has a gold coating or a wash that covers a harder metal. In the United States, gold school rings are one of the most popular kinds of jewelry.

Gold can be used in electronic parts because heat or water doesn't ruin it. It conducts electricity very well. Circuit boards and very small chips can be made with gold.

Gold reflects sunlight. The *Apollo* spacecraft was coated with gold to protect it from solar heat. The astronauts had a film of gold over their faceplates so the sun wouldn't injure their eyes. The windows on office buildings can be covered with see-through sheets of gold that help keep the building cool.

Many decorations are made with gold. Signs with gold letters are seen on office doors and windows. Gold letters can also be found in books.

Gold is used in some medical treatments for cancer, arthritis, and eye surgery. Gold is very useful because it doesn't change its form the way many other metals do when mixed with body fluids. Dentists used to make fillings for teeth from gold. Because gold is valuable, older gold fillings are often replaced, and the gold is recycled.

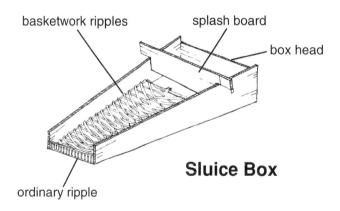

basketwork ripples splash board box head

ordinary ripple

Sluice Box

Name _____

Questions About
Gold, Gold, Gold!

1. Name three reasons why gold is used in so many different ways.

   _____

   _____

   _____

2. Why don't people mine the gold that is in the ocean?

   _____

3. Name two ways gold has been used in the space program.

   _____

   _____

4. Would you buy jewelry that is labeled "24-karat gold"? Why or why not?

   _____

   _____

5. What country produces more gold each year than any other?

   _____

6. Describe how people pan for gold.

   _____

   _____

   _____

   _____

   _____

Gold, Gold, Gold!
Homophones

Words that sound the same but have different meanings are called **homophones**.

A. Find a homophone for each of the following words in the story "Gold, Gold, Gold!"
Write the homophone and its definition as used in the story.

1. role—the part an actor has in a play

   _____

2. peace—calm

   _____

3. sea—a large salty body of water

   _____

4. knew—had knowledge

   _____

5. knot—looping of a cord

   _____

6. carrot—a root vegetable

   _____

7. sew—stitch with needle and thread

   _____

B. *Mine* is a homophone with more than one meaning. It means "ownership; something that belongs to me." It also means "an underground hole where people search for gold, coal, or precious metals." Write a sentence using the words *gold mine*. Write another sentence using the word *mine* to show ownership.

1. _____

   _____

2. _____

   _____

Name _____

Gold, Gold, Gold!
Find the Good Luck Mine

Melissa found directions to the Good Luck Mine. She decided that a map would be easier to follow. Follow the directions to help Melissa draw the map in the box below, starting at the **X**.

• Use a ruler to draw the lines. Use this scale:

  ½ inch = ¼ mile   1 inch = ½ mile   2 inches = 1 mile

• At each landmark, mark a • and also label the landmark.

Walk ¼ mile north from the old oak tree to Rocky Peak. Turn west. Continue one mile to Stony Ridge. Turn south. Walk one mile to Boulder Creek. Turn to the east and walk one mile to Pebble Road. Travel ½ mile north to Gravel Gulch. Turn to the west. Walk ½ mile to Granite Mountain. You'll see the entrance to the Good Luck Mine.

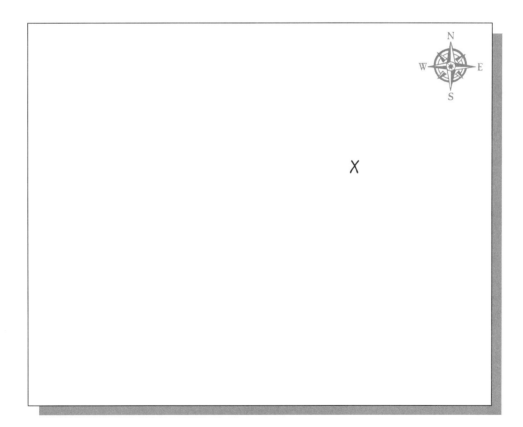

Now underline all the words for rocks that are in the directions. Circle two words that mean "small rocks."

Bonus:
On another paper, write a story about what you found when you explored the mine.

¡Oro, oro, oro!

¡Dóblalo, tuércelo, golpéalo o amásalo! El oro es el metal más blando y el más fácil de moldear. De 28.9 gramos (1.02 onzas) de oro puede formarse un alambre delgado, de 99.8 kilómetros (62 millas) de largo. También puede formarse en hojas tan delgadas como el papel.

Aún cuando el oro puede moldearse en diferentes formas, no se disuelve o cambia cuando está en el agua o en muchos otros líquidos. No se derrite hasta que alcanza 1,947 °F e hierve sólo cuando alcanza una temperatura de 2,808 °F.

Partículas y pequeños pedazos de oro pueden encontrarse en ríos y cauces. Los buscadores de oro separan el oro de la grava. La forma más fácil de hacerlo es lavarlo en una bandeja. La grava se saca del agua en una bandeja redonda. El buscador agita la bandeja y lava el contenido con agua. La grava más ligera se va con el agua mientras el oro se queda. Cajas con conductos y máquinas también se usan para separar el oro de la grava.

El oro también puede encontrarse en el mar. Hay nueve mil millones de toneladas métricas en los mares salados. Cuesta más dinero extraer el oro del mar de lo que vale el oro mismo. Por ese motivo, se quedará en el océano hasta que alguien encuentre formas nuevas y más económicas de extraerlo.

Hay grandes depósitos de oro bajo la tierra. Con frecuencia también se encuentran depósitos de plata junto al oro. Una de las más grandes pepitas de oro descubierta fue nombrada "Bienvenido, Forastero". Pesa 71 kilogramos (156 libras). No fue encontrada en una mina, sino en el suelo, cerca de Victoria, Australia, en 1869.

Aún cuando el oro se encuentra en muchos lugares alrededor del mundo, es muy raro. No hay gran cantidad de oro. Hoy en día, se extrae más oro de Sudáfrica que de ningún otro país. Provee cerca de 6,000,000 de toneladas métricas cada año. Sudáfrica, los Estados Unidos, las antiguas Repúblicas Soviéticas, Australia, Canadá, China y Brasil producen la mayor parte del oro que se utiliza en el mundo.

De 1934 a 1975, era ilegal que una persona en los Estados Unidos fuera dueño de grandes cantidades de oro. Sólo se permitían objetos pequeños y joyería hecha de este precioso metal. Aun cuando hoy en día la gente puede poseer oro, no lo carga en los bolsillos en lugar de dinero. Es muy pesado. Una pulgada cúbica pesa alrededor de 0.45 kilogramos (una libra).

El oro tiene muchos usos. Hace mucho tiempo muchas monedas eran hechas de oro. Hace miles de años que la gente usa joyería. El oro de "24 kilates" es oro puro. Por ser tan suave, la mayor parte del oro de joyería se mezcla con otros metales. Una parte de la joyería que se vende hoy en día tiene una capa o baño de oro que cubre un metal más duro. En los Estados Unidos, los anillos de oro escolares son uno de los tipos de joyería más populares.

El oro puede utilizarse en piezas electrónicas porque el calor o el agua no lo echa a perder. Es un buen conductor de electricidad. Los circuitos pequeños pueden fabricarse de oro.

El oro refleja la luz del sol. La nave espacial Apolo estaba cubierta de oro para protegerla del calor del sol. Los astronautas tenían una lámina de oro sobre las cubiertas de sus cascos protectores de la cara para que el sol no les lastimara sus ojos. Las ventanas de los edificios de oficinas pueden cubrirse de hojas de oro transparentes que ayudan a mantener el edificio fresco.

Muchos artículos decorativos se han hecho de oro. Anuncios con letras de oro pueden verse en puertas de oficinas y ventanas. Algunos libros también tienen letras de oro.

El oro se usa en tratamientos médicos para cáncer, artritis y cirugía de los ojos. El oro es muy útil porque, a diferencia de otros metales, no cambia de forma al mezclarse con los fluídos del cuerpo. Los dentistas lo usan para rellenos para dientes. Porque el oro es muy valioso, con frecuencia los rellenos de oro viejos son reemplazados y el oro es reciclado.

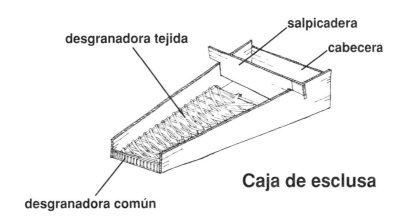

desgranadora tejida

salpicadera

cabecera

desgranadora común

Caja de esclusa

Nombre _____

Preguntas acerca de
¡Oro, oro, oro!

1. Nombra tres razones por las que el oro se usa de tantas maneras diferentes.

_____

_____

_____

2. ¿Por qué la gente no extrae el oro que está en el océano?

_____

3. Nombra dos maneras en las que el oro se ha utilizado en programas espaciales.

_____

_____

4. ¿Comprarías joyería que tenga escrito "24 kilates"? ¿Por qué sí o por qué no?

_____

_____

5. ¿Qué país produce más oro cada año que ningún otro?

_____

6. Describe cómo se separa el oro de la grava.

_____

_____

_____

_____

   Read & Understand Nonfiction, Spanish/English • EMC 5311 • © Evan-Moor Corp.

¡Oro, oro, oro!
Significado de las palabras

A. Las palabras pueden tener más de un significado. Las siguientes palabras que aparecen en la historia tienen más de una definición. Escribe junto a cada definición la palabra que le corresponda. Hay dos definiciones para cada palabra. Puedes usar un diccionario si necesitas buscar las definiciones.

1. cuesta
2. capa
3. hojas
4. suelo
5. joyería

_____ conjunto de piezas valiosas que se usan como adorno

_____ lo que cubre una cosa

_____ lugar donde se venden joyas

_____ piso natural o artificial

_____ subida, cima

_____ precio a pagar

_____ prenda de vestir sin mangas

_____ acostumbro

_____ láminas planas y delgadas

_____ partes de las plantas y vegetales

B. En otra hoja de papel, escribe una oración con cada una de las palabras de la lista anterior. Al lado de cada oración, escribe la definición que le corresponde a la palabra en esa oración.

Nombre _____

¡Oro, oro, oro!
Encuentra la Mina de la buena suerte

Melissa halló las instrucciones para llegar a la Mina de la buena suerte. Ella decidió que sería más fácil seguir un mapa. Sigue las instrucciones para ayudar a Melissa a dibujar el mapa en la caja que está abajo. Empieza en la **X**.

- Usa una regla para dibujar las líneas. Usa esta escala:

  ½ pulgada = ¼ de milla   1 pulgada = ½ milla   2 pulgadas = 1 milla

- Marca cada señal con un • y escribe el nombre del lugar.

Camina ¼ de milla del viejo árbol de roble a Punta de roca. Dobla al oeste. Continúa una milla a la Cresta rocosa. Dobla hacia el sur. Camina una milla al Río de la cantera. Da vuelta hacia el este y camina una milla hacia el Valle de grava. Viaja ½ milla hacia el norte hasta la Senda del pedregal. Da vuelta hacia el oeste. Camina ½ milla a la Montaña de granito. Verás la entrada a la Mina de la buena suerte.

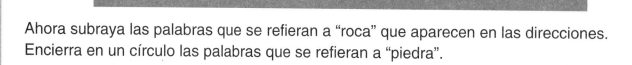

Ahora subraya las palabras que se refieran a "roca" que aparecen en las direcciones. Encierra en un círculo las palabras que se refieran a "piedra".

Actividad adicional:

En otra hoja de papel, escribe una historia acerca de lo que encontraste cuando exploraste la mina.

The Story of Matthew Brady and His Camera

Matthew Brady, 1823–1896

Matthew Brady was fascinated with the new camera portraits of people that were being taken in France in the late 1830s. These pictures were called daguerreotypes (də ger · ə tīps). While he worked at other jobs, Brady studied chemistry and learned everything he could from people who knew how to take these pictures.

Up to that time, people had to hire artists to paint their pictures. Often, the artist improved the way a person looked so he would receive more money for the portrait. Pictures made with a camera were more accurate.

In 1844, Brady opened a photographic studio in New York City and began to use this new photography process. It was very difficult to make a daguerreotype. First, Brady prepared a box with a silver surface and exposed it to iodine vapors. Next, he placed the silver box inside another box. In 5 to 30 minutes, the surface, or plate, turned yellow. The box had to be placed in the camera at just the right time. The person being photographed had to sit without moving for up to 30 minutes. If the picture turned out too light or too dark, it had to be taken again.

There was no way to tell what the photograph would look like until the yellow plate was in the darkroom. There, under dim candlelight, the plate was placed in a box and exposed to heated mercury. When the image appeared, it was fixed with a solution of salt. These pictures were very delicate. Even rubbing with a soft cloth could rub away the picture. The picture was protected in a glass-covered box. Gradually, with better chemicals and methods, people didn't have to sit so long. A photograph could be taken in 15 seconds.

Many famous people came to Brady for their pictures. His studios photographed all the presidents from John Quincy Adams to William McKinley. A portrait of Abraham Lincoln is one of Brady's most well-known pictures. Singers, people in the theater, and famous writers came to Brady to have their portraits taken. King Edward VII of England took time for a portrait at Brady's when he stopped in New York on his way to Canada.

Matthew opened a second gallery in Washington, D.C., and began photographing famous people in the nation's capital. As his two studios expanded, he had to hire assistants to help with the work. More assistants were needed as Matthew's eyesight, always poor, grew worse.

In 1851, Matthew took 45 daguerreotypes to the World's Fair in England. He won a silver medal for his collection. In the United States, he won more prizes for his work.

In 1860, when the American Civil War began, Brady thought it was important to take pictures to preserve the war for history. Because the pictures had to be developed right after they were taken, Brady carted his equipment, darkroom, and helpers to battlefields and army camps. During the Battle of Bull Run, his wagon was destroyed when the Union Army had to retreat. Brady made his way back to Washington, D.C., on foot.

Matthew continued to take photographs of the battles that took place near Washington, D.C. His pictures were published in books. At that time, people didn't want to be reminded about the war, and very few people bought the books.

Because Matthew spent so much time photographing the generals and the war, his studios began to lose money. To save his photography business, he tried to sell his collection of photographs to the government. In 1871, Congress agreed to buy 2,000 portraits, but they didn't set aside money for the purchase. Because Matthew could not pay his debts, sheriff's deputies came to take over his New York studio. Fortunately, he was able to take out many loads of photographs before the lawmen arrived.

The government finally gave Brady $25,000 for many of his pictures, and he was able to continue his work in Washington, D.C. He finished his presidential collection by photographing the presidents that were still living. In 1881, Brady closed his last studio.

The government did not take care of the plates they had purchased, so Matthew's collection was damaged and in need of restoration. When the government refused to pay to save his photographs, many priceless, historical pictures were ruined.

Today, when we see the copies of the Brady photos that survived, we know what Abraham Lincoln and many other famous people really looked like. We can see scenes from the Civil War because Matthew Brady, his camera, and his photographic assistants were there.

Name _____

Questions About
The Story of Matthew Brady and His Camera

1. How did people get pictures of themselves before there were cameras?

   _____

2. Why were the first daguerreotypes not well suited for taking pictures of people?

   _____

   _____

3. Why do you think famous people wanted to be photographed by Matthew Brady?

   _____

   _____

4. Why did Matthew decide to photograph the Civil War?

   _____

   _____

5. Why didn't people want to buy Brady's books with pictures of the Civil War?

   _____

   _____

6. Why were many of Brady's pictures ruined?

   _____

   _____

7. Why was Brady's work with the camera important?

   _____

   _____

Name _____

The Story of Matthew Brady and His Camera
Vocabulary

A. Write each word below next to its definition.

accurate	vapors	adjustments	portrait	studio
gallery	retreat	engravings	priceless	daguerreotypes

1. gaseous forms of chemicals _____

2. a likeness of a person _____

3. worth more than any money that could be paid for it _____

4. without errors _____

5. changes _____

6. designs formed on wood or metal plates _____

7. pictures made by one of the earliest photographic methods _____

8. withdraw to escape from a battle _____

9. the workroom of an artist or a photographer _____

10. a place to see a display of pictures, artwork, and sculptures _____

B. Antonyms are words with opposite meanings. Write each word below next to its antonym.

bright	excellent	popular	won	sell
started	advance	damage	few	

1. restore _____

2. retreat _____

3. disliked _____

4. dim _____

5. purchase _____

6. defeated _____

7. poor _____

8. stopped _____

9. many _____

  Read & Understand Nonfiction, Spanish/English • EMC 5311 • © Evan-Moor Corp.

The Story of Matthew Brady and His Camera

Sequence Steps and Events

A. Brady took the following steps to make a daguerreotype. Fill in the missing steps.

Before taking the picture:

1. Prepare a box with a silver surface.

2. _____

3. Place the silver box inside another box.

4. _____

5. Place the box in the camera.

After taking the picture:

6. Put the picture in a box.

7. _____

8. Fix the picture with a solution of salt.

9. _____

B. Six dates are given in the story. List each date and write a brief statement about the events that happened at that time.

_____   _____

_____   _____

_____   _____

_____   _____

_____   _____

_____   _____

La historia de Matthew Brady y su cámara

Matthew Brady, 1823–1896

Matthew Brady sentía fascinación por las fotografías de personas que se tomaban con la nueva cámara en Francia en los años de 1830. Estas fotografías se llamaban daguerrotipos. Mientras hacía otros trabajos, Brady estudiaba química y aprendía todo lo que podía de personas que sabían tomar esas fotografías.

Hasta entonces, la gente tenía que contratar artistas para pintar sus retratos. Con frecuencia el artista mejoraba la apariencia de la persona para cobrarle más dinero por el retrato. Las fotografías tomadas con cámara eran más exactas.

En 1844, Brady abrió un estudio de fotografía en Nueva York y empezó a usar este nuevo proceso de fotografía. Era muy difícil tomar un daguerrotipo. Primero, Brady preparó una caja con una superficie de plata y la expuso a vapores de yodo. Después, colocó la caja de plata dentro de otra caja. Después de 5 a 30 minutos, la superficie, o la placa, se ponía amarilla. La caja tenía que ponerse en la cámara al momento exacto. La persona que estaba siendo fotografiada tenía que mantenerse quieta por hasta 30 minutos. Si la fotografía salía muy clara o muy oscura, había que tomarla de nuevo.

No había manera de saber cómo saldría la fotografía hasta que la placa amarilla fuera llevada al cuarto oscuro. Allí, en la luz tenue de las velas, la placa era colocada en una caja y expuesta a mercurio caliente. Cuando la imagen aparecía, era retocada con una solución de sal. Estas fotografías eran muy delicadas. Hasta el frotarlas con una tela suave podía hacer que la imágen desapareciera. La fotografía era protegida en una caja de cristal. Poco a poco, con químicos de mejor calidad y con nuevos métodos, la gente no tenía que mantenerse quieta durante tanto tiempo. Podía tomarse una fotografía en apenas 15 segundos.

Muchas personas famosas acudieron a Brady para que las fotografiara. En sus estudios fueron fotografiados todos los presidentes, desde John Quincy Adams hasta William McKinley. Un retrato de Abraham Lincoln es una de las fotografías más conocidas de Brady. Cantantes, personalidades de teatro y escritores famosos acudieron a Brady para que tomara sus fotografías. Cuando el Rey Eduardo VII de Inglaterra viajó a Canadá, pasó por Nueva York y dedicó tiempo para que Brady lo fotografiara.

Matthew abrió una segunda galería en Washington, D.C., y empezó a fotografiar a personalidades famosas en la capital de la nación. Al expander sus dos estudios, tuvo que contratar a asistentes para que lo ayudaran. Cuando la vista de Matthew, la cual nunca fue muy buena, empeoró, tuvo que contratar a aun más asistentes.

En 1851, Matthew llevó 45 daguerrotipos a la Feria Mundial en Inglaterra. Allí ganó una medalla por su colección. En los Estados Unidos ganó más premios por su trabajo.

En 1860, a principios de la guerra civil estadounidense, Brady pensó que era importante tomar fotografías de la guerra y así preservar las memorias para la historia. Como las fotografías tenían que ser reveladas inmediatamente después de ser tomadas, Brady cargaba su equipo y el cuarto oscuro y llevaba a sus ayudantes a los campos de batalla y campamentos. Durante la batalla de Bull Run (Manassas, Virginia), su vagón fue destruído cuando el Ejército de la Unión tuvo que retirarse. Brady regresó a pie a Washington, D.C.

Matthew continuó tomando fotografías de las batallas que tuvieron lugar cerca de Washington, D.C. Sus fotografías fueron publicadas en libros. En esa época, la gente no quería recordar la guerra y muy poca gente compró sus libros.

Como Matthew pasó tanto tiempo fotografiando a los generales y la guerra, sus estudios fotográficos empezaron a perder dinero. Para salvar su negocio de la fotografía trató de venderle su collección de fotografías al gobierno. En 1871, el Congreso aceptó adquirir 2,000 fotografías, pero no apartó suficiente dinero para la compra. Como Matthew no pudo pagar sus deudas, el asistente del alguacil vino a tomar posesión de su estudio en Nueva York. Afortunadamente, Matthew tuvo la oportunidad de sacar muchas de las fotografías antes de que los policías llegaran.

Finalmente el gobierno le dio a Brady $25,000 por muchas de sus fotografías. Eso le permitió continuar su trabajo en Washington, D.C. Terminó su colección presidencial fotografiando a los presidentes que todavía seguían vivos. En 1881, Brady cerró su último estudio.

El gobierno no cuidó las placas que había comprado, así que la colección de Matthew se dañó y fue necesario restaurarla. Cuando el gobierno se negó a pagar para salvar sus fotografías, muchas fotografías históricas y de gran valor se arruinaron.

Hoy en día, cuando vemos copias de las fotografías de Brady que sobrevivieron, sabemos cómo eran realmente Abraham Lincoln y muchas otras personas famosos. Hoy podemos apreciar escenas de la Guerra Civil porque Matthew Brady, su cámara y sus asistentes estuvieron allí.

Nombre _____

Preguntas acerca de
La historia de Matthew Brady y su cámara

1. ¿Cómo se retrataba a la gente antes de que hubiera cámaras?

   _____

2. ¿Por qué los primeros daguerrotipos no eran muy apropiados para tomar retratos de la gente?

   _____

   _____

3. ¿Por qué crees que la gente famosa quería ser retratada por Matthew Brady?

   _____

   _____

4. ¿Por qué crees que Matthew decidió fotografiar la guerra civil?

   _____

   _____

5. ¿Por qué la gente no quiso comprar libros de Brady con ilustraciones de la guerra civil?

   _____

   _____

6. ¿Por qué se arruinaron muchas de las fotografías de Brady?

   _____

   _____

7. ¿Por qué fue tan importante el trabajo que realizó Brady con su cámara?

   _____

   _____

Nombre _____

La historia de Matthew Brady y su cámara
Vocabulario

A. Escribe cada palabra junto a su definición.

exacto	galería	vapor	retirarse	ajustes
grabados	retrato	expander	estudio	daguerrotipos

1. forma gaseosa de químicos _____

2. reproducción de una persona _____

3. aumentar _____

4. sin errores _____

5. cambios _____

6. diseños formados en madera o en placas de metal _____

7. fotografías tomadas utilizando uno de los métodos más antiguos _____

8. irse para escapar de una batalla _____

9. el lugar de trabajo de un artista o un fotógrafo _____

10. lugar en el que se exponen fotografías, trabajos artísticos y esculturas _____

B. Los antónimos son palabras con significados opuestos. Escribe cada palabra de la lista de abajo, junto a su antónimo.

brillante	continuar	excelente	avanzar	popular
dañar	ganar	pocos	vender	

1. restaurar _____

2. retirarse _____

3. desagradable _____

4. oscuro _____

5. comprar _____

6. perder _____

7. pobre _____

8. detenerse _____

9. muchos _____

La historia de Matthew Brady y su cámara

Secuencia de eventos

A. Brady siguió estos pasos para tomar un daguerrotipo. Completa los pasos que faltan.

Antes de tomar una fotografía:

1. Preparar una caja con una superficie plateada.

2. _____

3. Colocar la caja plateada dentro de otra caja.

4. _____

5. Colocar la caja en la cámara.

Después de tomar la fotografía:

6. Colocar la fotografía en una caja.

7. _____

8. Retocar la fotografía con una solución salina.

9. _____

B. En la historia se mencionan seis fechas. Haz una lista de estas fechas y explica brevemente qué evento sucedió en cada fecha.

_____   _____

_____   _____

_____   _____

_____   _____

_____   _____

Freedom Celebration

The Civil War had been over for two months. President Abraham Lincoln had signed the Emancipation Proclamation two and a half years earlier. Slavery was supposed to have ended, but word traveled slowly. On June 19, 1865, the blacks of Galveston, Texas, were still slaves.

Then, at a big house called Ashton Villa, Union army Major Gordon Granger read a paper called "General Order #3" to the people of Galveston. The order read:

General Order #3

The people of Texas are informed that, in accordance with a proclamation from the Executive of the United States, all slaves are free. This involves an absolute equality of personal rights and rights of property between former masters and slaves, and the connection heretofore existing between them becomes that between employer and hired labor. The freedmen are advised to remain quietly at their present homes and work for wages. They are informed that they will not be allowed to collect at military posts and that they will not be supported in idleness either there or elsewhere.

Many people didn't understand all the words in General Order #3. But four words were understood by all: *all slaves are free!*

It was as if Galveston had been turned upside down. People burst into joyful freedom songs. One person would start the song, and others would make up verses. Milk buckets were left half-filled as former slaves walked (or ran) away. People leapt and laughed, ate and danced, prayed and sang. Some gathered to assure each other, yes, it was true. They were free! All over Galveston, former slaves celebrated freedom that day.

People today still choose June 19th as a day to celebrate freedom. In the beginning, "Juneteenth" celebrations were held mainly in Galveston and areas nearby. Then these people moved away from Texas, spreading across the United States and the world. Juneteenth spread, too. Americans in other countries remember the holiday. In places as far away as Japan and Spain, Juneteenth is honored with speeches, festivals, and prayer.

There are lots of stories about how "June 19th" was shortened to *Juneteenth.* Most of these stories involve a little girl who was unable to say *nineteenth.* No one is really sure what the real story is.

For many Americans, Juneteenth is a favorite holiday. In cities such as Houston, Texas, and San Jose, California, events begin days or weeks earlier. Then, on the morning of June 19th, parades start up with the whine of fire engines and the music of marching bands. The day is packed with prayer services, picnics, games, and concerts. There are heaping tables of food, especially barbecue and red soda pop. These are old Juneteenth favorites. There may also be speeches, plays, poetry readings, and sporting events.

There have been years when people were not very interested in Juneteenth. This happened during World War II, probably because most people were thinking about the war. There have been times when African Americans faced so much racial prejudice that it seemed there was little to celebrate. But Juneteenth *is* still celebrated, because freedom demands a celebration.

Questions About *Freedom Celebration*

1. Why was General Order #3 important?

_____

_____

2. How did the former slaves of Galveston react when they heard the reading of General Order #3?

_____

_____

3. Where were the first Juneteenth celebrations held?

_____

_____

4. How did the tradition of celebrating Juneteenth spread?

_____

_____

5. Describe three ways that people celebrate Juneteenth today.

_____

_____

_____

6. What do you think the author meant by the words *freedom demands celebration*?

_____

_____

Freedom Celebration

Vocabulary

A. The words below are formed from the root word *celebrate*. Use these words to complete the sentences.

celebration   celebrating   celebrated   celebrants   celebrity

1. Andrew is _____ the team's big win with a pizza party.

2. The famous author, Michael Nguyen, is visiting our library tomorrow. Everyone is excited about meeting such a big _____.

3. The town of Pine Grove holds a big _____ every year on Juneteenth.

4. The _____, people involved in the celebration, will line the street to watch the parade.

5. Lynn and Claudia are going to an art gallery to meet the _____ artist, Maya Soto.

B. Write definitions for the words below as they are used in the sentences above. You may use a dictionary if you need to.

1. celebration _____

_____

2. celebrating _____

_____

3. celebrants _____

_____

4. celebrated _____

_____

5. celebrity _____

_____

Freedom Celebration
Think About It

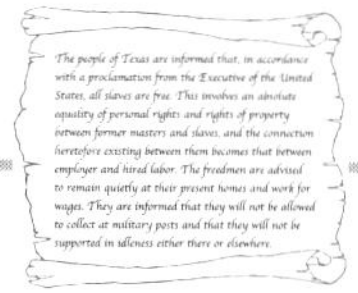

In "Freedom Celebration," the author describes how Major Gordon Granger of the Union Army read "General Order #3" to the people of Galveston, Texas, to inform them that all the slaves were free. Today, the means of communicating this kind of information would be very different.

1. Imagine that you have been given the task of telling people about an event such as the one you have just read. What important news would you announce? How would you let people know? What means of communication would you use to inform them?

_____

_____

_____

_____

_____

_____

_____

_____

_____

2. How do you think people would feel when they heard the news? Why?

_____

_____

_____

_____

_____

La Guerra Civil se había terminado hacía ya dos meses. El Presidente Abraham Lincoln había firmado el tratado de emancipación hacía dos años y medio. Se suponía que la esclavitud ya debía haberse terminado, pero la noticia viajaba lentamente. El 19 de junio de 1865, los afroamericanos de Galveston, Texas, todavía eran esclavos.

Entonces, en una casa grande llamada la Villa de Ashton el Mayor del Ejército de la Unión Gordon Granger leyó un documento llamado "Orden general #3" a la gente de Galveston. La orden decía:

Orden general #3

Se informa a la gente de Texas que, de acuerdo con una proclamación del Ejecutivo de los Estados Unidos, todos los esclavos están libres. Esto implica una absoluta igualdad de derechos personales y derechos de propiedad entre los que antes fueron dueños y esclavos y la conexión que existe entre ellos de aquí en adelante se convierte en aquella de un empleador y un empleado contratado. A los hombres liberados se les recomienda que permanezcan tranquilamente en sus presentes hogares y trabajen por un salario. Se les informa que no se les permitirá cobrar en puestos militares y que no serán mantenidos sin hacer nada ni allí ni en ninguna otra parte.

Mucha gente no entendió todo el mensaje de la Orden general #3, pero las cinco palabras que todos entendieron fueron: ¡Todos los esclavos están libres!

Parecía que Galveston hubiera sido puesto de cabeza. La gente comenzó a cantar canciones muy alegres que hablaban de libertad. Una persona comenzaba la canción y otras inventaban versos. Los esclavos caminaron (o corrieron), abandonando su trabajo y dejando cubetas con leche a la mitad. Las personas saltaron con alegría, comieron y bailaron, rezaron y cantaron. Algunos se reunieron para asegurarse el uno al otro de que sí, era verdad. ¡Eran libres! En todo Galveston, los esclavos celebraron su libertad ese día.

Hoy en día, la gente todavía celebra la libertad cada 19 de junio. Al principio, las celebraciones del "diezdejunio" se llevaban a cabo principalmente en Galveston y áreas cercanas. Después, mucha gente se mudó fuera de Texas y esparció la costumbre a través de los Estados Unidos y del mundo. El "diezdejunio" también se mudó. Los americanos en otros países recordaban esa fecha. En lugares tan lejanos como Japón y España, la gente celebraba el "diezdejunio" con pláticas, festivales y rezos.

Hoy en día hay muchas historias sobre cómo el 19 de junio se convirtió en "diezdejunio." La mayoría de estas historias hablan de una niña que no podía pronunciar "diecinueve." Nadie está seguro de cuál es la historia verdadera.

Para muchos americanos, el "diezdejunio" es su día festivo favorito. En ciudades como Houston, Texas, y San José, California, las celebraciones empiezan días o semanas antes. Entonces, en la mañana del 19 de junio los desfiles comienzan con el sonido de las sirenas de los bomberos y la música de las bandas. El día también está lleno de misas, pícnics, juegos y conciertos. Hay mesas llenas de comida, especialmente carne asada y refresco de frutas rojas. Éstos son los platillos favoritos de la celebración del "diezdejunio". También hay pláticas, obras de teatro, lectura de poemas y eventos deportivos.

Ha habido años en los que la gente no estuvo muy interesada en el "diezdejunio". Esto sucedió principalmente durante la segunda guerra mundial, probablemente porque la mayoría de la gente estaba preocupada por la guerra. Ha habido ocasiones en las que los afroamericanos tuvieron que enfrentar tanto racismo que parecía que había poco por celebrar. Pero el "diezdejunio" todavía se celebra, porque la libertad merece celebrarse.

Nombre _____

Preguntas acerca de
Celebración de la libertad

1. ¿Por qué era tan importante la Orden general #3?

   _____

   _____

2. ¿Cómo reaccionaron los esclavos de Galveston cuando escucharon la lectura de la
   Orden general #3?

   _____

   _____

3. ¿Dónde se celebró el "diezdejunio" por primera vez?

   _____

   _____

4. ¿Cómo se dio a conocer la tradición del "diezdejunio"?

   _____

   _____

5. Describe tres formas en las que la gente celebra el "diezdejunio" hoy en día.

   _____

   _____

   _____

6. ¿Qué crees que quiere decir el autor con las palabras "la libertad merece celebrarse"?

   _____

   _____

Nombre _____

Celebración de la libertad
Vocabulario

A. Las siguientes palabras son derivadas de la palabra *celebrar*. Usa estas palabras para completar las siguientes oraciones.

celebración   celebra   celebró   celebraron   celebridad

1. Andrew _____ el triunfo de su equipo con una fiesta sorpresa.

2. El autor famoso Michael Nguyen va a visitar la biblioteca mañana. La gente está contenta de tener la oportunidad de conocer a una _____.

3. La ciudad de Pine Grove _____ el "diezdejunio" cada año.

4. La gente esperaba en la calle para observar el desfile de _____ del "diezdejunio".

5. Lynn y Claudia _____ la presentación de la nueva exposición de la artista, Maya Soto.

B. Escribe las definiciones para las siguientes palabras de acuerdo a como se usan en las oraciones anteriores. Puedes consultar tu diccionario si lo necesitas.

1. celebración _____

_____

2. celebra _____

_____

3. celebró _____

_____

4. celebraron _____

_____

5. celebridad _____

_____

Nombre _____

Celebración de la libertad
Piénsalo

En la historia que leíste, el autor describe cómo el Mayor del Ejército de la Unión Gordon Granger leyó el documento "Orden general #3" a la gente de Galveston para informarle a la gente de Texas que todos los esclavos eran libres.

Hoy en día, la forma de comunicar ese tipo de información a la gente sería muy diferente.

1. Imagínate que tú estás encargado de informar a la gente de un suceso como el que acabas de leer. ¿Qué noticia importante anunciarías? ¿Cómo le informarías a la gente? ¿Qué medio usarías para informar?

_____

_____

_____

_____

_____

_____

_____

_____

_____

2. ¿Cómo crees que se sentiría la gente al enterarse de la noticia? ¿Por qué?

_____

_____

_____

_____

 Read & Understand Nonfiction, Spanish/English • EMC 5311 • © Evan-Moor Corp.

Memory Books

Your best friend has moved to another city. Your grandparents or someone in your family lives far away. A friend or family member is sick. How do you keep in touch? A memory book is a great way to let people know you are thinking about them. You can fill your book with photographs, artwork, funny stories, or a summary of what's going on at home or at school. It will be a treasure for someone to read over and over.

To put together a six-panel book, you need a piece of paper that measures 36" by 8" (90 x 20 cm). Any sturdy paper or brown wrapping paper will fold into an accordion book. You need to measure and cut the paper to the right size.

1. collect supplies _____

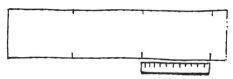

2. measure _____

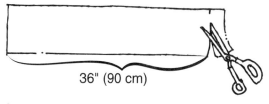

36" (90 cm)

3. _____

Next, measure to divide the book into six sections. Each section will be 6" (15 cm) wide. Mark the pages at 6", 12", 18", 24", and 30" (15, 30.5, 45.5, 61, and 77 cm). Mark along both the top and bottom of the book so that you can fold evenly on the lines.

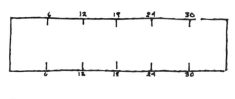

4. _____

Carefully fold at each mark. Fold the paper like an accordion. Fold the first page to the right and the second page to the left. The folding pattern is right, left, right, left, right, left.

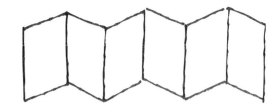

5. _____

Use a hole punch to make two holes in the center (near the outside edge) of the first and the last page.

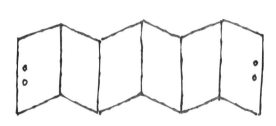

6. _____

String a piece of yarn, or a narrow piece of package ribbon, through the holes on the first page. The loose ends of the yarn will hang down the first page. Gently wrap the yarn around the book and through the two holes on the back page. Thread the yarn through the front holes and tie a bow. Your book is finished. Well, it's almost finished.

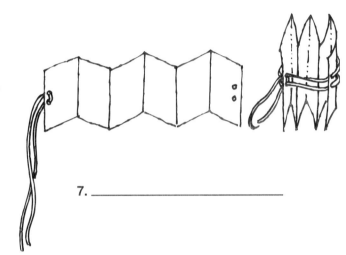

7. _____

The rest is up to you. It's time to create your masterpiece. First, choose a subject. Write the title and the author's name (that's you) on the cover. You might write about your soccer team, a field trip, or a family trip to a state park. Family members like to see pictures of themselves and read about family get-togethers.

You have six pages to decorate. You can draw, paint, or put together a collage. You can decorate the outside cover of your book, too.

Your book can be mailed in a special mailing envelope.

If you had fun making this book, you can make memory books for birthday and holiday gifts for your family. The students in your class could work together to make holiday books for people in rest homes. Memory books create a lot of smiles.

Name _____

Questions About **Memory Books**

1. Use an action word (verb) to label all of the pictures in the directions for making the memory book. The first two pictures have been labeled for you.

2. List all the supplies you need to make a memory book up to the point of decorating it.

   _____   _____

   _____   _____

   _____   _____

3. What supplies would *you* use to decorate your memory book?

   _____

   _____

   _____

4. Number the steps for making a memory book in order.

   _____   Punch two holes in the first and last pages.

   _____   String yarn through the holes.

   _____   Measure and cut the paper.

   _____   Fill the pages with art and writing.

   _____   Gather all your supplies.

   _____   Accordion-fold the paper.

Name _____

Memory Books
Verbs and Adverbs

1. When you follow directions, a lot of **action verbs** tell you what to do.
   The action verbs are underlined in the following phrases:

   <u>string</u> a piece of yarn   <u>wrap</u> the yarn   <u>thread</u> the yarn

   Find five more action verbs in the story that tell you what to do. Write them on the lines.

   _____   _____

   _____   _____

   _____

2. Other verbs in the story show a **state of being** or are **helpers** added to an action verb.
   The following underlined words are examples from the story:

   family member <u>is</u> sick   <u>could</u> work

   Find three words in the story that help action verbs. Write each word and its action
   verb partner on the lines.

   _____   _____

   _____

3. **Adverbs** are words that tell how an action is done. Some adverbs end with the
   letters **ly**. Find the following adverbs in the story. Write the verb that each describes.

   gently _____   _____ evenly

   carefully _____

   Write a sentence of your own using each of these adverbs. Underline the action word
   in your sentence.

   _____

   _____

   _____

Read & Understand Nonfiction, Spanish/English • EMC 5311 • © Evan-Moor Corp.

Name _____

Memory Books
Syllables

Here are 15 words from the story. Count and write the number of syllables in each word.

memory _____	holiday _____	measure _____
narrow _____	decorate _____	panel _____
masterpiece _____	summary _____	collage _____
treasure _____	accordion _____	envelope _____
photograph _____	create _____	author _____

Word Meaning

Find words in the list above that match these definitions. Write each word by its definition.

a. a work of art made with objects and pieces of various materials _____

b. a part or a section _____

c. a shortened account of a story or an event _____

d. a great work of art or music _____

e. to bring into being _____

Now find all 15 words listed above in the word search.

```
H N Z T L B A Z R F N T E E N D P
A O K M A N M E A S U R E M T S R
C A L C Z L E T L K Z B A N C E D
C T P I B J M A S T E R P I E C E
O U A D D C O L L A G E H D H G O
R S U M M A R Y X D E C O R A T E
D W T G N J Y P H J B W T N N Z N
I S O P L C R E A T E L O A P H V
O L W C T P S T X N H J G D S W E
N A R R O W H T Z O E L R D T M L
V X T R E A S U R E L L A B J D O
U R M D P A U Q V L Y T P B N N P
K V M O Z T A K C A U T H O R E E
```

Libros de recuerdos

Tu mejor amigo o amiga se ha mudado a otra ciudad. Tus abuelos o alguien de tu familia vive muy lejos. Un miembro de la familia o un amigo cercano está enfermo. ¿Cómo te mantienes en contacto con ellos? Un libro de recuerdos es una excelente manera de decirle a tus seres queridos que estás pensando en ellos. Puedes poner en tu libro fotografías, dibujos, historias simpáticas o un relato de lo que has hecho en tu casa o en la escuela. Será un tesoro para que la persona que quieres lo lea una y otra vez.

Para armar un libro de seis paneles necesitas un pedazo de papel que mida 90 x 20 cm (36" por 8"). Puedes usar una hoja de papel grueso o papel para envolver de color café que se pueda doblar en forma de acordeón. Mide el papel y córtalo a la medida correcta.

1. **reúne los materiales** _____

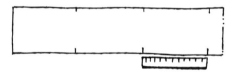

2. **mide** _____

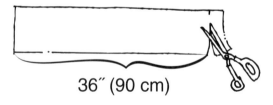

36″ (90 cm)

3. _____

Luego, mide y divide el libro en seis secciones. Cada sección debe medir 15 cm (6") de grueso. Pon una marca en 15, 30.5, 45.5, 61 y 77 cm (6", 12", 18", 24" y 30"). Pon las marcas en la parte superior y en la parte inferior del libro para que puedas doblarlas correctamente en las líneas.

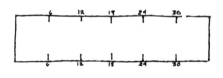

4. _____

Read & Understand English/Spanish • EMC 5311 • © Evan-Moor Corp.

Dobla cuidadosamente en cada marca.
Dobla el papel en forma de acordeón. Dobla
la primer página a la derecha y la segunda
página a la izquierda. El patrón a seguir
es derecha, izquierda, derecha, izquierda,
derecha, izquierda.

5. _____

Usa una perforadora para hacer dos
agujeros en el centro (cerca de la orilla
exterior) de la primera y la última página.

6. _____

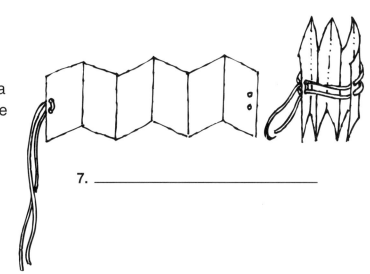

Introduce un pedazo de estambre o de
listón delgado a través de los agujeros de la
primer hoja. Los cabos sueltos del estambre
colgarán de la primera hoja. Suavemente,
introduce el estambre a través de los
dos hoyos de la última hoja y envuélvelo
alrededor del libro. Enhebra el estambre a
través de los agujeros del frente y haz un
moño. Tu libro ya está completo. Bueno,
casi completo.

7. _____

El resto depende de ti. Es hora de crear tu obra maestra. Primero, escoge un tema. Escribe
el título y el nombre del autor (ése eres tú) en la cubierta. Puedes escribir acerca de tu equipo
de fútbol, un paseo con tu clase o un viaje que hiciste con tu familia a un parque estatal. A los
miembros de la familia les gustan ver fotografías y leer acerca de reuniones familiares.

Tienes seis páginas para decorar. Puedes dibujar, pintar o hacer un collage. También puedes
decorar la cubierta de tu libro.

Puedes enviar tu libro en un sobre especial.

Si te divertiste haciendo este libro, puedes hacer libros de recuerdos como regalos de
cumpleaños y días de fiesta para tu familia. Los estudiantes de tu clase podrían trabajar juntos
para hacer libros de celebraciones para la gente que se encuentra internada en hospitales.
Los libros de recuerdos pueden hacer sonreír a mucha gente.

Nombre _____

Preguntas acerca de
Libros de recuerdos

1. En las paginas 100 y 101, escribe un verbo para nombrar las acciones en los dibujos con las instrucciones para armar el libro de recuerdos. Los dos primeros dibujos ya están hechos para ti.

2. Haz una lista de los materiales que necesitas para armar un libro de recuerdos sin incluir los materiales para decorarlo.

   _____   _____

   _____   _____

   _____

3. ¿Qué materiales usarías para decorar *tu* libro de recuerdos?

   _____

   _____

   _____

4. Numera los pasos para hacer un libro de recuerdos en el orden que se deben seguir.

   _____ Perfora dos agujeros en la primera y la última página.

   _____ Introduce el estambre a través de los agujeros.

   _____ Mide y corta el papel.

   _____ Llena las páginas con arte y mensajes escritos.

   _____ Reúne todos los materiales.

   _____ Dobla el papel en forma de acordeón.

Read & Understand Nonfiction, Spanish/English • EMC 5311 • © Evan-Moor Corp.

Nombre _____

Libros de recuerdos

Verbos y Adverbios

1. Cuando sigues instrucciones, **los verbos** te dicen **qué debes hacer**.
   Los verbos están subrayados en las siguientes frases:

   <u>introduce</u> un pedazo de estambre   <u>envuelve</u> el estambre   <u>enhebra</u> el estambre

   Encuentra cinco verbos más en la historia que te indican qué hacer. Escríbelos en las líneas.

   _____   _____

   _____   _____

   _____

2. Otros verbos en la historia describen **lo que sucede** o son **auxiliares** que se agregan a un verbo. Las siguientes palabras subrayadas son ejemplos de la historia.

   un miembro de la familia <u>está</u> enfermo   <u>podrían</u> trabajar

   Encuentra tres palabras en la historia que son auxiliares de verbos. Escribe cada palabra con el verbo con el que va en las líneas.

   _____   _____

   _____

3. Los **adverbios** son palabras que dicen **cómo se efectúa la acción**. Algunos adverbios tienen la terminación **-mente**. Encuentra los siguientes adverbios en la historia. Escribe el verbo que cada uno describe.

   suavemente _____   cuidadosamente _____

   correctamente _____

   Escribe una oración usando cada uno de estos adverbios. Subraya el verbo de tu oración.

   _____

   _____

   _____

   _____

Nombre _____

Libros de recuerdos

Sílabas

Aquí hay 15 palabras de la historia. Cuenta y escribe el número de sílabas que tiene cada una.

recuerdo _____   delgado _____   maestra _____

tesoro _____   fotografía _____   fiesta _____

decorar _____   relato _____   acordeón _____

crear _____   medida _____   paneles _____

collage _____   sobre _____   autor _____

Significado de palabras

Encuentra las palabras de la lista de arriba que correspondan a las siguientes definiciones. Escribe cada palabra junto a su definición.

a. adornar para hacer lucir mejor _____

b. partes o secciones _____

c. una celebración _____

d. el tamaño de un objeto _____

e. imagen tomada con una cámara _____

Ahora, encuentra en el siguiente cuadro las 15 palabras que están en la lista de arriba.

```
M I R C R D B C V I L M M T P L M C P Y
E T T F X E C X M Ñ O A A E E R F R H P
D I P I G C L P A E A E V S Z B Z E W T
I I A E R O J A K O G S U O L C B A P V
D O N S L R E A T B D T P R L O M R T I
A O E T O A M N O O Y R K O P L D B S O
O W T A P R S C M E A A P D E L G A D O
A B P O V E N C P I H Y W K X A Z N Q Ñ
I U Y B R E C U E R D O P W I G K H X V
A F T O E R M A C O R D E Ó N E V I U M
U O E O B E A C I F O T O G R A F I A X
U F A I R B P L S D E R T R S I K N X Z
E Y I P X V S O B R E M F P A N E L E S
```

Read & Understand Nonfiction, Spanish/English • EMC 5311 • © Evan-Moor Corp.

Photo © Courtesy LPGA

Eight-year-old Nancy Lopez was bored with trailing her parents around the golf course. It was 1965, and Nancy's mother, Marina, had been told by a doctor to exercise regularly. So each day Marina and Nancy's father, Domingo, played golf at Cahoon Park in Roswell, New Mexico. Nancy went along.

Finally, Nancy asked her parents if she could play, too. Domingo handed her one of Marina's clubs. He gave her a few quick pointers, but there was little time for a real lesson. Another group of golfers was playing behind them.

Whack! Whack! Whack! Off she went, knocking the ball across the grass. She labored to keep up with her parents. Every day they played. Before many months passed, Nancy learned to send the ball rocketing down the course.

Domingo taught her the strokes she needed. Her mother's adult-sized clubs were too big. But Nancy loved golf, and her game got better and better.

Domingo and Marina did all they could to help Nancy's game. They realized that the course at Cahoon Park had no sand traps. (These are large sandy spots that make golf courses more challenging.) Domingo dug a huge hole in the backyard and filled it with sand. This way Nancy could practice hitting her ball out of a sand trap.

The Lopez family didn't have a lot of money, and golf was an expensive sport. Her parents denied themselves many things so Nancy could compete in the sport she loved.

When she was nine, Nancy competed in the state Pee Wee tournament and won! In fact, her score was so low that she would still have won if she'd competed against the older kids. (In golf, the lowest score wins.)

She was eleven the first time she outscored her father in a game of golf. It was a close game, and they were both proud of her accomplishment. Years later, Domingo still had her score card from that day displayed in his office.

When she was only twelve, Nancy amazed everyone by winning the state Women's Amateur tournament, in which she competed against adults. She went on to win the U.S. Golf Association's national competition for junior girls twice.

Nancy lit up golf courses with her shining smile and warm, friendly calm. She made it look as if being a champion was easy, but it was not. She worked very hard and faced many barriers.

At her high school there was no golf team for girls. Nancy wanted to play on the boys' team, but the school refused to allow it. She was disappointed, but determined. Then, with an attorney's help, Nancy again asked to play on the boys' team. This time the school allowed her to try out. It was a good decision. With Nancy on the team, the school took the state championship two years in a row.

The Lopez family had to overcome racial prejudice as well. Some of the competitions Nancy wanted to play in required a country club sponsor. The club in Roswell didn't want the Mexican American Lopez family as members. But a country club in Albuquerque did and made Nancy's family honorary members.

By 1977, everyone knew that Nancy Lopez had a bright future in professional golf. She was twenty-one when she turned pro. "Turning pro" means playing in tournaments that offer money prizes. She wanted to help pay back her family for all they had done for her. She especially wanted to buy Marina a new house.

In her first year as a professional golfer, Nancy played well. In fact, she placed second in several tournaments. Then, tragically, Marina Lopez died from an infection following an operation. It was a terrible shock.

This was a hard time for the Lopez family. Nancy took some time off from golf. When she came back, her game was not as effective as she wanted it to be. She thought about her mother a lot. Domingo told her to just let things happen.

Things did. In 1978, Nancy Lopez blew through the world of professional golf like a warm, friendly wind. She shattered records, winning five tournaments in a row. In all, she won nine tournaments that year. Young Nancy was named Rookie of the Year and Player of the Year.

Nancy Lopez has become a wife and mother, and golf has to share her with a larger family now. But she is still a winner. Her calm, her smile, and her hard work are well known all over the world.

Name_____

Questions About *Nancy Lopez and Family*

1. How old was Nancy the first time she won a game of golf with her father?

   _____

2. Why do you think this event was important to Nancy and Domingo?

   _____

   _____

3. What obstacles did Nancy face as a young golfer?

   _____

   _____

   _____

4. Right after her mother's death, Nancy wasn't able to play as well as she wanted to. Why do you think this happened?

   _____

   _____

5. After reading this story, what can you tell about Nancy Lopez's personality? What clues helped you come to this conclusion?

   _____

   _____

   _____

6. Why do you think the author entitled this selection "Nancy Lopez and Family"?

   _____

   _____

Name_____

Nancy Lopez and Family
Vocabulary

A. Write an **antonym**, or opposite, for the underlined word in each sentence. Then write a sentence using the antonym. Use these words to help you.

unskilled   failures   amateur   leading

1. There is usually a crowd of fans <u>trailing</u> Nancy. _____

_____

2. <u>Professional</u> golfers compete for cash prizes. _____

_____

3. Nancy's father is proud of her <u>accomplishments</u>. _____

_____

4. It was Nancy's <u>practiced</u> golf game that won tournaments. _____

_____

B. The words below are all formed from the base word *compete*. Use them to complete the sentences.

competitive   competitors   competed   competition

1. Ray and Li are both _____ in the drawing contest.

2. The poem that wins the _____ will be published in the paper.

3. She is a very _____ athlete who is always trying her best to win.

4. When she was just twelve, Nancy _____ against adults.

Name_____

Nancy Lopez and Family
Getting Help Along the Way

From the beginning, Nancy loved playing golf. What things do you love doing?

_____

_____

_____

Nancy's family was very important in helping her become a winning golfer. Write a paragraph about someone who has helped you achieve a goal.

_____

_____

_____

_____

Have you ever helped someone do something? Write a paragraph or more about what happened and how you felt.

_____

_____

_____

_____

_____

Photo © Courtesy LPGA

Nancy López, de ocho años de edad, estaba aburrida de seguir a sus padres por todo el campo de golf. Era el año de 1965. El doctor le había dicho a Marina, la mamá de Nancy, que necesitaba hacer ejercicio. Por eso, todos los días, Marina y Domingo, el papá de Nancy, jugaban golf en el Parque Cahoon de Roswell, Nuevo México. Nancy los acompañaba.

Un día, Nancy les preguntó a sus padres si ella también podía jugar. Domingo le dio uno de los palos de Marina. Le dio algunas instrucciones, pero no había tiempo para una lección completa. Otro grupo de jugadores estaba jugando detrás de ellos.

¡Pam! ¡Pam! ¡Pam! Nancy iba pegándole a la pelota y lanzándola sobre el pasto. Trató de mantener el paso de sus padres. Jugaban todos los días. Al pasar los meses, Nancy aprendió a lanzar la pelota a través del campo de golf.

Domingo le enseñó a Nancy los golpes que ella necesitaba aprender. Los palos de golf de su mamá eran muy grandes para ella porque eran para adultos, pero a Nancy le gustaba jugar y lo hacía mejor cada día.

Domingo y Marina hicieron todo lo posible para ayudar a Nancy a mejorar sus jugadas. Se dieron cuenta de que el campo de golf del Parque Cahoon no tenía trampas de arena. (Éstas son zonas grandes de arena que hacen que sea más difícil jugar.) Domingo hizo un hoyo muy grande en el patio y lo llenó con arena. De esta manera Nancy podría practicar a pegarle a la pelota para sacarla de la trampa de arena.

La familia López no tenía mucho dinero y el golf es un deporte caro de practicar. Los papás de Nancy se privaban de muchas cosas para que Nancy pudiera competir en el deporte que tanto le gustaba.

Cuando tenía nueve años, Nancy compitió en el Torneo Estatal "Pee Wee" (para niños), ¡y ganó! De hecho, su puntuación era tan baja que hubiera ganado aunque hubiera competido con niños mayores que ella. (En golf, la puntuación más baja gana.)

Nancy tenía once años cuando le ganó a su papá por primera vez en un juego de golf. Fue con poca ventaja y ambos estaban orgullosos de su éxito. Años después, Domingo aún tenía en su oficina la tarjeta que mostraba la puntuación.

Cuando tenía apenas doce años, Nancy sorprendió a todos al ganar el Campeonato Femenil de Aficionados, en el que compitió contra adultos. Después ganó dos veces la competencia nacional de la Asociación de Golf de Estados Unidos para niñas jóvenes.

Nancy iluminaba los campos de golf con su brillante sonrisa y su calma. Hacía aparecer como que el ser campeón era algo fácil, pero no lo era. Trabajaba muy duro y enfrentaba muchas dificultadas.

En la escuela superior o preparatoria a la que asistió no había equipo de golf femenil. Nancy quería jugar en el equipo de varones, pero la escuela no se lo permitió. Se sentía desilusionada, pero no vencida. Entonces, con la ayuda de un abogado, Nancy pidió de nuevo que la dejaran jugar en el equipo de varones. Esta vez, la escuela se lo permitió. Era una buena decisión. Con la participación de Nancy en el equipo, la escuela ganó el campeonato dos años seguidos.

La familia López tuvo que enfrentar también prejuicios raciales. En algunas de las competencias en las que Nancy quería jugar se requería un patrocinador. El club de Roswell no quería a la familia mexicoamericana López como miembros. Un club en Albuquerque sí los aceptó y los registraron como miembros honorarios.

Ya para el año 1977, toda la gente sabía que Nancy López tenía un futuro brillante en golf. Tenía 21 años cuando se hizo profesional. "Hacerse profesional" significa jugar en torneos que ofrecen premios en dinero. Ella quería ayudar a su familia pagándole todo lo que habían hecho por ella. En especial quería comprarle una casa a Marina.

En su primer año como golfista profesional, Nancy jugó bien. De hecho, quedó en segundo lugar en varios torneos. Entonces, trágicamente, Marina López murió de una infección después de una operación. Fue un golpe muy duro para Nancy.

Fue un tiempo difícil para la familia López. Nancy decidió dejar de jugar golf por una temporada. Cuando regresó, su jugada ya no era tan efectiva como ella quería. Pensaba mucho en su mamá. Domingo le dijo que sólo dejara que las cosas sucedieran a su propio ritmo.

Y así sucedieron las cosas. En 1978, Nancy López voló por el mundo del golf profesional como un viento cálido. Rompió récords al ganar cinco torneos consecutivos. En total, ganó nueve torneos ese año. La joven Nancy fue nombrada Principiante del Año y Jugadora del Año.

Nancy López ya es esposa y madre, y tiene que dedicar su tiempo a su familia además de dedicárselo al deporte de golf. Pero todavía es ganadora. Su calma, su sonrisa y su dedicación son mundialmente reconocidas.

Nombre _____

Preguntas acerca de
Nancy López y su familia

1. ¿Cuántos años tenía Nancy cuando le ganó un juego de golf por primera vez a su papá?

   _____

2. ¿Por qué crees que fue tan importante ese triunfo para Nancy y Domingo?

   _____

   _____

3. ¿Cuáles eran los que obstáculos Nancy enfrentó como una joven golfista?

   _____

   _____

   _____

4. Inmediatamente después de la muerte de su madre, Nancy no se sentía preparada para jugar tan bien como quería. ¿Por qué crees que fue así?

   _____

   _____

5. Después de leer esta historia, ¿qué puedes decir acerca de la personalidad de Nancy López? ¿Qué detalles te ayudaron a llegar a esta conclusión?

   _____

   _____

   _____

6. ¿Por qué crees que el autor tituló esta selección "Nancy López y su familia"?

   _____

   _____

Read & Understand Nonfiction, Spanish/English • EMC 5311 • © Evan-Moor Corp.

Nombre _____

Nancy López y su familia
Vocabulario

A. Escribe el **antónimo**, o la palabra opuesta, para cada una de las palabras que se encuentran subrayadas en cada oración. Usa estas palabras para ayudarte.

avergonzado   aficionados   prohibió   contenta

1. Nancy estaba <u>aburrida</u> de seguir a sus padres por todo el campo de golf.

_____

2. Los golfistas <u>profesionales</u> compiten por premios en dinero.

_____

3. El papá de Nancy estaba <u>orgulloso</u> de sus triunfos.

_____

4. Finalmente la escuela <u>permitió</u> que Nancy jugara en el equipo de varones.

_____

B. Las siguientes palabras son derivados de la palabra *competir*. Úsalas para completar las oraciones.

competitiva   competidores   compitió   competencia

1. Ray y Li son _____ del concurso de dibujo.

2. El poema que ganó la _____ será publicado en el periódico.

3. Ella es una atleta muy _____ que siempre está tratando de ganar.

4. Cuando tenía sólo doce años, Nancy _____ contra adultos.

Nombre _____

Nancy López y su familia
La importancia de la ayuda

Desde el principio, a Nancy le gustaba jugar golf. ¿Qué cosas te gusta hacer a ti?

_____

_____

_____

La familia de Nancy fue muy importante porque le ayudó a conventirse en una golfista ganadora. Escribe un párrafo acerca de alguien que te haya ayudado a alcanzar una meta.

_____

_____

_____

_____

¿Alguna vez has ayudado a alguien? Escribe un párrafo o más acerca de qué sucedió y cómo te sentirste.

_____

_____

_____

_____

_____

 Read & Understand Nonfiction, Spanish/English • EMC 5311 • © Evan-Moor Corp.

Animal Skyscrapers

Giraffes are the tallest living land animals in the world today. The height of female giraffes averages about 14 to 16 feet (4¼ to 5 meters), and males average 16 to 18 feet (5 to 6 meters). Giraffes weigh from about 1,800 to 3,000 pounds (810 to 1,360 kilograms).

These peaceful giants have necks that are six to eight feet (1¾ to 2½ meters) long. Where the neck joins the head, there is a special joint the giraffe can use to lift its head so that it is in a straight line with the neck. The head, when pointing straight up, adds another two feet (60 centimeters) to the height of the giraffe. Even though the giraffe's neck is longer than the necks of other animals, it has only seven vertebrae. That's the same number of neck bones that humans have.

The giraffe's legs are twice as long as its body. The front legs of the giraffe are longer than the back legs. The giraffe's back slopes downward slightly from the shoulders to the back legs. With these extraordinary legs, the giraffe can walk 10 miles (16 kilometers) in an hour. When it's in a hurry, it can gallop at speeds up to 35 miles (56 kilometers) an hour. The head and neck move back and forth when the giraffe walks and runs, which helps this tall animal balance itself and move more quickly.

A giraffe's heart must work hard to pump blood up the neck to the brain. The heart that does all this work is about two feet (60 centimeters) long and weighs about 24 pounds (11 kilograms). The blood vessels in the brain and special valves in the arteries in the neck control the flow of blood so that it doesn't rush to its head when the giraffe lowers its neck.

Giraffes have very good eyesight. They can see something moving over a mile away. Sometimes one giraffe will keep watch while other giraffes lower their heads to drink water. Other grazing animals come to the water hole when giraffes are drinking because they know their tall neighbors can see trouble coming a long way off.

Giraffes, like cattle, are ruminants. Their stomachs have four sections. Food, mixed with saliva, is swallowed whole. Then the giraffe brings up a lump of food, chews, and swallows it

© David R. Bridge

again. The food is digested when it reaches the fourth section.

Acacia leaves are the giraffe's favorite food. The leaves are about three-quarters water and provide moisture when there aren't any lakes or water holes nearby. The giraffe's tongue is about 18 inches (45 centimeters) long. The length of the tongue makes it easy for a giraffe to reach the tops of acacia trees and pull off small leaves. The sharp thorns surrounding the leaves don't bother giraffes.

Every giraffe has its own unique color pattern. Some giraffes have large, straight-edged spots that are close together.

Others have irregular spots that can be jagged or smooth. A few giraffes are a single color.

A giraffe's short hair always looks clean even though the giraffe doesn't bathe. Instead, it licks its body. With its long tongue, it can even clean its nose and ears. Oxpecker birds help groom the giraffe. These birds walk up and down the giraffe's back, eating insects and getting rid of dried skin and loose hair.

A newborn giraffe stands about 6½ feet (2 meters) tall. Its neck is very long compared to its body. While she goes away to eat, the mother giraffe hides her baby in tall grass to protect it from predators such as lions. Few lions or other animals attack a young giraffe when the mother is near. She strikes them with her strong hooves. Her blows injure the attacking animal so badly that it can't harm the young giraffe.

After the first month of life, all the young giraffes in the herd are left together in a sheltered area while the mothers search for food.

© David R. Bridge

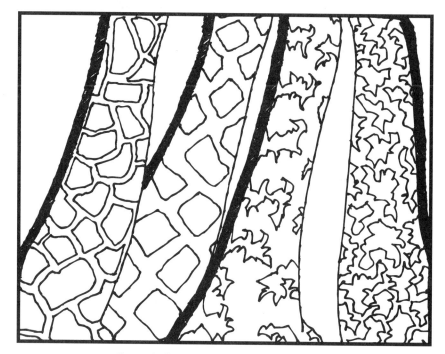
Every giraffe has its own unique color pattern.

Sometimes a baby-sitter is left with the young giraffes. Young giraffes play games and gallop after each other while they wait for the return of their mothers.

There are a number of threats to giraffes. The human population is growing in central Africa, where most giraffes live. Both giraffes and people need more land. The people need food, and giraffes can provide large quantities of meat. In the past, too many giraffes were killed for their hides, tail hair, and meat. Droughts and disease have also reduced the number of giraffes.

Other factors favor the future of giraffes, however. Farmers and herders have learned that giraffes don't eat the same grasses that cattle eat. Sometimes giraffes can be seen eating tree leaves while cattle graze around them. Giraffes don't usually eat the crops people grow.

These amazing animals attract tourists from all over the world. The tourists spend money. They need food and places to stay when they come to see the giraffes. This means more jobs for Africans.

Today, there are laws to protect giraffes, and some land has been set aside for giraffes and other animals. If giraffes are to survive outside of zoos, people must continue to preserve giraffe habitats and find ways to protect these gentle giants.

Name _____

Questions About *Animal Skyscrapers*

1. Write four facts from this article that contain measurements of length and weight.

_____

_____

_____

_____

2. What traits do giraffes have that help protect them?

_____

_____

3. Why do other animals come to the water holes to drink when they see that the giraffes are there?

_____

_____

4. How do oxpeckers help giraffes? How do the giraffes help the oxpeckers?

_____

_____

5. The human population in central Africa is growing. How does this affect giraffes?

_____

_____

6. How are tourists helping to save the giraffe population?

_____

_____

7. What is being done to help giraffes?

_____

_____

Animal Skyscrapers
Vocabulary

1. Write these words on the lines following their definitions.

extraordinary   blood vessels   ruminant   moisture
irregular   habitat   graze   crops

a. plants grown in fields by farmers   _____

b. tubes in the body where blood flows   _____

c. an uneven shape   _____

d. exceptional; extremely unusual   _____

e. a cud-chewing animal   _____

f. where an animal lives   _____

g. water or liquid   _____

h. to feed on growing grass   _____

2. What word in the article means a person who travels away from home to visit different places? _____

3. Write the word from the article that means to run rapidly._____

4. Write the word from the article that means a person who cares for and watches cattle or other grazing animals. _____

Name _____

Animal Skyscrapers

Topic Sentences and Supporting Details

1. In the outline below, each of the sentences states the main topic of one of the paragraphs in the article. Under each sentence, write the facts in the paragraph that tell about the main topic. List these supporting facts in as few words as possible. You do not need to write complete sentences. The first one has been written for you.

Giraffes

I. Giraffes have good eyesight.

    A. Can see something move over a mile away

    B. _____

II. Every giraffe has its own color pattern.

    A. _____

    B. _____

    C. _____

    D. _____

III. Giraffes, like cattle, are ruminants.

    A. _____

    B. _____

    C. _____

    D. _____

2. The supporting details below are taken from one of the paragraphs in the article. Write a topic sentence on the line.

I. _____

    A. Licks its body

    B. Can clean its ears and nose with long tongue

    C. Oxpecker grooms giraffe

        1. Eats insects on giraffe

        2. Gets rid of dried skin and loose hair

Rascacielos del reino animal

Las jirafas son los animales terrestres más altos del mundo. Las hembras pueden alcanzar una altura promedio de 4½ a 5 metros (14 a 16 pies). Los machos pueden alcanzar una altura promedio de 5 a 6 metros (16 a 18 pies). Ambos pueden pesar entre 810 y 1,360 kilogramos (1,800 a 3,000 libras).

El cuello de estos tranquilos gigantes llega a medir de 1¾ a 2⅔ metros de largo (6 a 8 pies). En la parte donde el cuello se une a la cabeza, hay una coyuntura que les permite formar una línea recta con el cuello al levantar la cabeza. Cuando mueve la cabeza hacia arriba, la estatura de la jirafa aumenta hasta 60 centímetros (aproximadamente 2 pies). Aunque el cuello de la jirafa es más largo que el de cualquier otro animal, tiene sólo siete vértebras. Es el mismo número de huesos que tienen los seres humanos en el cuello.

Las piernas de la jirafa son dos veces más largas que su cuerpo. Las piernas delanteras son más largas que las traseras. Su espalda tiene una inclinación ligera que va desde los hombros hacia las piernas traseras. Con esas piernas tan extraordinarias, la jirafa puede caminar hasta 16 kilómetros (10 millas) en una hora. Cuando va de prisa, trota a velocidades de hasta 56 kilómetros (35 millas) por hora. Cuando camina y corre, la cabeza y el cuello de la jirafa se mueven hacia adelante y hacia atras, lo cual le ayuda a mantener su balance y moverse más rápidamente.

El corazón de la jirafa debe trabajar muy duro para que la sangre fluya por el cuello hasta el cerebro. El corazón que hace todo este trabajo mide aproximadamente 60 centímetros (2 pies) de largo y pesa alrededor de 11 kilogramos (24 libras). Los vasos sanguíneos del cerebro y las válvulas especiales de las arterias del cuello controlan el flujo de la sangre para que no fluya demasiado rápido a la cabeza cuando la jirafa inclina el cuello.

Las jirafas tienen muy buena vista. Pueden detectar el movimiento de algo que se encuentre hasta casi 1.6 km (1 milla) de distancia. Algunas veces una jirafa vigila mientras las otras jirafas bajan la cabeza para beber agua. Otros animales de pasto se acercan al agua cuando las jirafas están bebiendo porque saben que ellas pueden detectar el peligro a largas distancias.

La jirafa, como la vaca, es un animal rumiante. Su estómago esta dividido en cuatro secciones. Se come la comida entera, mezclada con su saliva. Después hace subir una bola de comida a la boca, la mastica y se la traga

© David R. Bridge

de nuevo. La comida es digerida cuando alcanza la cuarta sección del estómago.

La comida favorita de la jirafa son las hojas de acacia. Las tres cuartas partes de estas hojas son compuestas de agua y proporcionan humedad cuando no hay lagos o charcos de agua a su alrededor. La lengua de la jirafa mide aproximadamente 45 centímetros (18 pulgadas) de largo. Su lengua larga le ayuda a la jirafa a alcanzar las copas de los árboles de acacia y jalar las hojas pequeñas. Las espinas que rodean las hojas no les molestan a las jirafas.

Cada jirafa tiene su propio patrón único de colores. Algunas jirafas tienen las manchas grandes y juntas con bordes rectos. Otras

Read & Understand Nonfiction, Spanish/English • EMC 5311 • © Evan-Moor Corp.

tienen manchas irregulares con bordes filosos o suaves. Algunas jirafas son de un solo color.

El pelo corto de la jirafa siempre se ve limpio, aún cuando la jirafa no se baña. En lugar de bañarse, se limpia el cuerpo y hasta la nariz y las orejas con su lengua larga. Las aves picabuey le ayudan a peinarse. Caminan de arriba hacia abajo por la espalda de la jirafa, comiéndose los insectos y desechando la piel seca y el pelo suelto.

Una jirafa recién nacida mide hasta 2 metros (6 ½ pies). Su cuello es muy largo comparado con su cuerpo. Cuando la madre se aleja para buscar comida, esconde a su bebé en la maleza para protegerlo de los predadores como los leones. Los leones u otros animales casi no se atreven a atacar a la pequeña jirafa cuando la madre está cerca. Ella los golpea con sus fuertes pezuñas y sus golpes lastiman tanto al predador que ya no puede hacerle daño al bebé.

Después del primer mes de vida, todas las jirafas jóvenes se quedan en un área protegida mientras las madres buscan comida. Algunas veces una

© David R. Bridge

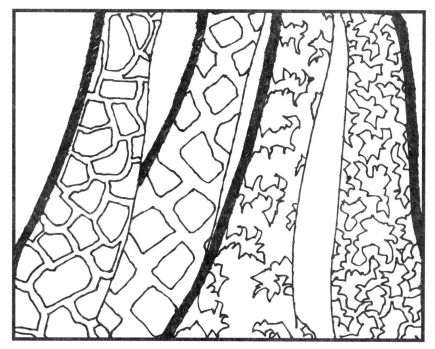
Cada jirafa tiene su propio patrón de colores único.

jirafa se queda para proteger a las pequeñas jirafas. Éstas, mientras tanto, juegan y trotan correteándose entre sí mientras esperan el regreso de sus madres.

Muchos peligros acechan a las jirafas. La población humana está creciendo rápidamente en África Central, donde habita la mayoría de las jirafas. Tanto las jirafas como los humanos necesitan más tierra. La gente necesita comida y las jirafas pueden proveer grandes cantidades de carne. En el pasado, muchas jirafas eran exterminadas por su piel, el pelo de su cola y su carne. Las sequías y las enfermedades también han reducido el número de jirafas.

Hay factores que favorecen el futuro de las jirafas. Los granjeros y los pastores han aprendido que las jirafas no se alimentan de las mismas hierbas

que las vacas. Algunas jirafas pueden ser vistas comiendo hojas de árboles, mientras las vacas pastan a su alrededor. Las jirafas generalmente no se comen las cosechas que siembra la gente.

Estos increíbles animales atraen a turistas de todo el mundo. Los turistas gastan dinero. Necesitan comida y lugares para hospedarse cuando vienen a ver las jirafas. Todo esto aumenta el número de empleos en África.

Hoy en día hay leyes que protegen a las jirafas. También se han designado extensiones de tierra para las jirafas y otros animales. Si las jirafas han de sobrevivir fuera de los zoológicos, la gente debe continuar preservando los hábitats de las jirafas y buscar la manera de proteger a estos gentiles gigantes.

Nombre _____

Preguntas acerca de
Rascacielos del reino animal

1. Escribe cuatro datos de este artículo que incluyan medidas de longitud y de peso.

   _____

   _____

   _____

   _____

2. ¿Qué características tienen las jirafas que les ayudan a protegerse?

   _____

   _____

3. ¿Por qué otros animales vienen a tomar agua a los charcos cuando ven que las jirafas están ahí?

   _____

   _____

4. ¿Cómo ayudan las aves picabuey a las jirafas? ¿Cómo les ayudan las jirafas a estas aves?

   _____

   _____

5. La población humana en África Central está creciendo. ¿Cómo afecta esto a las jirafas?

   _____

   _____

6. ¿Cómo ayudan los turistas a salvar la población de jirafas?

   _____

   _____

7. ¿Qué se está haciendo actualmente para ayudar a las jirafas?

   _____

   _____

Read & Understand Nonfiction, Spanish/English • EMC 5311 • © Evan-Moor Corp.

Nombre _____

Rascacielos del reino animal
Vocabulario

1. Escribe estas palabras en las líneas a un lado de las definiciones que les correspondan.

extraordinario	irregular	vasos sanguíneos	hábitat
rumiante	pastar	humedad	cosechas

a. plantas que los campesinos siembran en los campos _____

b. tubos del cuerpo por los que fluye la sangre _____

c. de forma inconsistente _____

d. excepcional; extremadamente inusual _____

e. animal que mastica la comida _____

f. lugar donde vive un animal _____

g. agua o líquido _____

h. alimentar en donde crece el pasto _____

2. ¿Qué palabra del artículo describe a una persona que viaja lejos de su hogar para

visitar sitios diferentes? _____

3. Escribe la palabra del artículo que significa correr rápidamente.

_____

4. Escribe la palabra del artículo que significa una persona que cuida y vigila el ganado

u otros animales de pastura. _____

Rascacielos del reino animal

Idea Principal y Detalles

1. En el siguiente esquema, cada una de las oraciones explica el tema principal de uno de los párrafos del artículo. Debajo de cada oración, escribe los hechos del párrafo que explican el tema principal. Usando la menor cantidad de palabras posible, haz una lista de los datos que lo apoyan. No necesitas escribir oraciones completas. La primera frase ya está hecha.

Jirafas

I. Las jirafas tienen buena vista.

    A Pueden ver un objeto moverse a más de una milla de distancia.

    B. _____

II. Cada jirafa tiene su propio patrón de color.

    A. _____

    B. _____

    C. _____

    D. _____

III. Las jirafas, como las vacas, son rumiantes.

    A. _____

    B. _____

    C. _____

    D. _____

2. Los detalles de apoyo que siguen se tomaron de uno de los párrafos del artículo. Escribe la oración que nombra el tema en la línea.

I. _____

    A. Se limpia el cuerpo con la lengua.

    B. Se puede limpiar las orejas y la nariz con su lengua larga.

    C. El pájaro picabuey limpia a la jirafa.

        1. Se come los insectos que están en la jirafa.

        2. Se deshace de la piel seca y el pelo suelto.

Holidays in India

The people in India celebrate many holidays. Many religions are practiced in India, and every religion has holy days and festivals. Muslims, Sikhs, Buddhists, Christians, Hindus, and Jains celebrate their own religious holidays throughout the year. The different religious groups celebrate national holidays and many special days together.

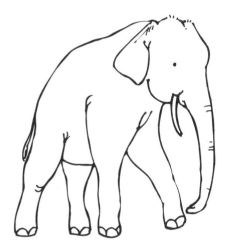

A family day set aside for brothers and sisters is very popular. On that day, a sister ties a bracelet on her brother's wrist. This special gift is called a *rakhi* (RAH-kee). It's believed that the rakhi will protect the brother from harm during the coming year. The sister puts a small circle of red powder on the brother's forehead, and there are special treats. Brothers give presents to their sisters and make a pledge to care for them.

Diwali is a festival of lights that takes place in October or November. It honors Lakshmi, the goddess of wealth and beauty. Stores and houses are cleaned and decorated with lights. The streets and buildings sparkle with row after row of lights. During the festival, it's believed that Lakshmi brings good luck to well-lighted places. People visit each other and partake in special foods throughout this three- to five-day celebration.

The Holi celebration in March is one of India's most colorful holidays. People throw colored chalk and water on friends and strangers as they walk along the streets. People sing, dance, and enjoy the entertainment.

Animals are given great importance in India and take part in many Indian holidays. There is a festival for the snakes that live in the temples. People bring them milk and flowers on their special day. During the Pooram festival, which takes place in the spring, elephants are painted and decorated with gold and brightly colored patterns.

When it's time for Ponggal, people celebrate to give thanks for the rice harvest and for the rains. A clean, freshly painted house and new clothes are important preparations for the festival. Colored rice powder and chalk are used to paint designs inside and outside of the house.

Celebrants prepare *ponggal*, a sweet, candied food made from rice, milk, and brown sugar. An offering of ponggal is set out for the gods. Later, people share the ponggal. People leave other gifts on the altars, including food, oil, incense, and clay models of horses. Their offerings thank the gods for the rains and the rice harvest. Money is given to help keep the temple in repair.

Hindus consider cattle sacred. During Ponggal, cattle are honored for their work during the year. These animals help farmers by pulling the heavy plows through the rice fields. On the third day of the festival, the cattle are bathed. Their horns are often painted blue and gold. Rings of flowers are draped around the cattle's necks and colorful feathers are tied around their heads. After the cattle are decorated, they are paraded and given some of the ponggal as a treat.

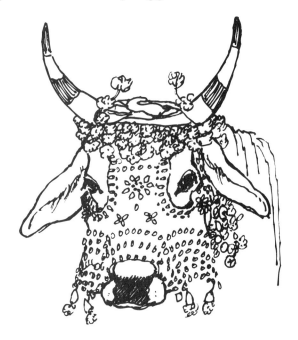

An exciting contest is held during the festival. Money is tied around a bull's neck and on the bull's forehead. Men try to take the money from the bull without being injured by the bull's horns.

On January 26, people in India celebrate Republic Day. That is the date on which, in 1950, India was granted independence from Great Britain. Animals line up with people for the Republic Day parade in New Delhi. The elephants' trunks are covered with painted flowers. Camels and horses are groomed and adorned for the parade. Uniformed and costumed people and decorated animals travel from many parts of India to march along the parade route. The president and crowds of people watch the show.

Many villages in India hold fairs called *melas*. People come from long distances to buy, trade, and sell. There are many shows and dances. A camel fair is held in the town of Pushkar every year. At this fair, camels are traded, raced, and even participate in beauty contests. Vendors sell many goods, including saddles and supplies for camels. In the evening, people sing around campfires.

Festivals, melas, and holy days are important parts of life in India throughout the year.

Read & Understand Nonfiction, Spanish/English • EMC 5311 • © Evan-Moor Corp.

Name _____

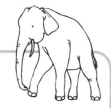

Questions About **Holidays in India**

1. What customs do brothers and sisters follow on Brother and Sister Day?

_____

_____

_____

2. Why are houses and buildings well lit during Diwali?

_____

_____

3. What is the reason for the celebration of Ponggal?

_____

4. Why are cattle honored during Ponggal?

_____

_____

5. Describe the Republic Day parade in New Delhi.

_____

_____

6. What happens at a *mela*?

_____

_____

7. How can you tell that animals are important in India?

_____

_____

Name _____

Holidays in India
Vocabulary

A. Fill in the blanks using words from the story.

1. What word means almost the same as "patterns"? _____

2. What word means "types of faith or worship"? _____

3. Write the word that means "a tool for making rows in a farmer's field."

   _____

4. Write the word that means "the activities that take place to get ready for an event."

   _____

B. Write these words on the lines by their definitions.

ponggal   harvest   holy   goddess
pledge   popular   route   rakhi

1. a special bracelet given by sisters to their brothers _____

2. honored by a church or religious group of people; sacred _____

3. the gathering of crops from the fields _____

4. the path or road followed to travel from one place to another

   _____

5. something liked by many people _____

6. a candied food made with rice, milk, and brown sugar _____

7. a promise _____

8. a female deity _____

Read & Understand Nonfiction, Spanish/English • EMC 5311 • © Evan-Moor Corp.

Name _____

Holidays in India
Mapping Information

Make a map about the following holidays in India. Write at least two details under each of the holidays listed.

Brother and Sister Day	Diwali

Holidays in India

Ponggal	Republic Day

Días de fiesta en la India

La gente de la India tiene muchos días de fiesta. En la India se practican muchas religiones. Cada religión tiene días sagrados y festivales. Musulmanes, sikhs, budistas, cristianos, hindúes y jaínes celebran sus propios días de fiesta religiosos a través del año. Los diferentes grupos religiosos celebran días de fiesta nacionales y observan días especiales juntos.

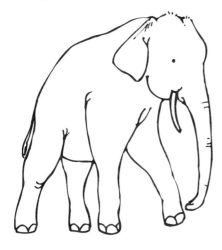

Un día de familia muy popular es el que se reserva para hermanos y hermanas. Ese día, la hermana ata un brazalete en la muñeca de su hermano. Este regalo tan especial se conoce como *rakhi* (RA-qui). Se cree que el rakhi protege al hermano del peligro durante el año que viene. La hermana le pone un pequeño círculo de polvo rojo a su hermano en la frente y se reparten regalos. El hermano le da regalos a su hermana y le promete cuidarla.

Diwali es un festival de luces que toma lugar en octubre o noviembre. Es para rendir honores a Lakshmi, la diosa de la riqueza y la belleza. Las tiendas y las casas se limpian y se decoran con luces. Las calles y los edificios brillan con hilera tras hilera de luces.

Se cree que durante el festival Lakshmi trae buena suerte a los lugares que están bien iluminados. La gente se visita e intercambia comidas durante los tres a cinco días que dura esta celebración.

La celebración de Holi en marzo es uno de los festivales más coloridos de la India. La gente les tira tizas de colores y agua a amigos y desconocidos que caminan por las calles. La gente canta, baila y disfruta del entretenimiento.

A los animales se les da gran importancia en la India. Ellos participan en muchas festividades. Hay un festival para las serpientes que viven en los templos. En ese día tan especial, la gente les lleva leche y flores. Durante el festival de Pooram, el cual toma lugar en la primavera, los elefantes se pintan y se decoran con oro y patrones brillantes y coloridos.

Durante la temporada de Ponggal, la gente da gracias por la cosecha de arroz y por las lluvias. Una casa limpia y recién pintada y ropa nueva son preparaciones importantes para el festival. Se usa polvo de arroz de colores y tiza para pintar diseños dentro y fuera de la casa.

La gente que celebra prepara *ponggal,* una comida dulce hecha de arroz, leche y azucar morena. Se pone una ofrenda de ponggal para los dioses. La gente deja otros regalos en los altares, incluyendo comida, aceite, incienso y modelos de caballos de barro. Las ofrendas son para agradecer a los dioses por las lluvias y la cosecha de arroz. Se da dinero para ayudar en las reparaciones del templo.

Read & Understand Nonfiction, Spanish/English • EMC 5311 • © Evan-Moor Corp.

Los hindúes consideran a las vacas sagradas. Durante el festival de Ponggal, se venera el ganado por su trabajo durante el año. Estos animales ayudan a los campesinos a jalar el arado a través de los campos de arroz. El tercer día del festival se baña al ganado. Con frecuencia se les pintan los cuernos de azul y plateado. Se les cuelgan anillos de flores alrededor del cuello y se atan plumas de colores alrededor de sus cabezas. Una vez que el ganado ha sido adornado, participan en un desfile y se les da ponggal como premio.

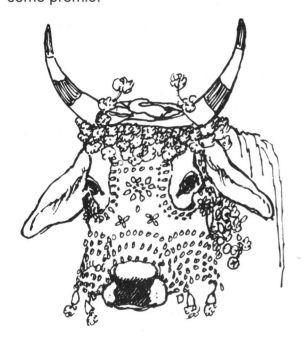

Un gran concurso es organizado durante el festival. Se ata dinero alrededor del cuello y en la frente de un toro. Los hombres tratan de quitarle el dinero al toro sin que éste los lastime con los cuernos.

El 26 de enero, la gente de la India celebra el Día de la República. Ésa es la fecha en la que, en 1950, Gran Bretaña le otorgó su independencia a la India. Los animales se ordenan en filas con la gente para el desfile del Día de la República en Nueva Delhi. Las trompas de los animales se cubren con flores pintadas. Camellos y caballos se peinan y se adornan para el desfile. Gente uniformada y con disfraces y animales decorados llegan de muchas partes de la India para marchar a lo largo de la ruta del desfile. El presidente y la muchedumbre admiran el espectáculo.

Muchos poblados en la India organizan ferias llamadas *melas*. La gente viene de lejos para comprar, intercambiar y vender sus productos. Hay muchos espectáculos y bailes. La feria del camello se lleva a cabo en la ciudad de Pushkar cada año. En esta feria, se venden e intercambian camellos y se organizan carreras de camellos y hasta concursos de belleza. Los vendedores ofrecen muchos artículos, incluyendo sillas y artículos para camellos. En la noche, la gente se reúne para cantar alrededor de fogatas.

Festivales, melas y festividades religiosas son elementos importantes de la vida de la India a través del año.

Preguntas acerca de
Días de fiesta en la India

1. ¿Qué costumbres siguen los hermanos y hermanas en el Día del hermano y la hermana?

   _____

   _____

   _____

2. ¿Por qué se iluminan las casas y los edificios durante Diwali?

   _____

   _____

3. ¿Cuál es la razón para la celebración de Ponggal?

   _____

4. ¿Por qué se honra el ganado durante Ponggal?

   _____

   _____

5. Describe el desfile del Día de la república en Nueva Delhi.

   _____

   _____

6. ¿Qué sucede en un mela?

   _____

   _____

7. ¿Cómo se sabe que los animales son importantes en la India?

   _____

   _____

Nombre _____

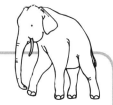

Días de fiesta en la India
Vocabulario

A. Completa los espacios en blanco usando palabras de la historia.

1. ¿Qué palabra significa casi lo mismo que patrones? _____

2. ¿Qué palabra significa tipos de fé o adoración? _____

3. Escribe la palabra que significa una herramienta para hacer hileras en el campo de sembrado. _____

4. Escribe la palabra que significa las actividades que toman lugar para prepararse para un evento. _____

B. Escribe estas palabras en las líneas junto a sus definiciones.

ponggal	promesa	cosechar	popular
sagrado	ruta	diosa	rakhi

1. brazalete especial que les dan las hermanas a sus hermanos

_____

2. honrado por la iglesia o por un grupo religioso _____

3. recoger la siembra del campo _____

4. el camino o sendero que se sigue para viajar de un lugar a otro

_____

5. algo que le gusta a mucha gente _____

6. una comida dulce hecha de arroz, leche y azúcar morena _____

7. la palabra que uno da para cumplir con algo _____

8. una deidad femenina _____

Nombre _____

Días de fiesta en la India
Mapa de información

Haz un mapa de información acerca de los siguientes días de fiesta en la India. Escribe al menos dos detalles debajo del nombre de cada festividad.

Día del hermano y la hermana

Diwali

Festividades de la India

Ponggal

Día de la república

Laurence Yep

Author Laurence Yep grew up in a world of cereal boxes, raw liver, pickles in a barrel, soda bottles, and penny bubble gum. His parents owned a grocery store in San Francisco. They lived very close to work. Their apartment on the corner of Pierce and Eddy Streets was above the store.

Everyone in the family worked in the grocery store. Laurence and his brother stocked shelves, sorted bottles, and flattened boxes. Prices needed to be marked on groceries. When the family could leave the store, they enjoyed picnics and other outdoor activities. Mr. Yep made butterfly kites and the family flew them. They went to the beach to wade in the water and gather sand. Mr. Yep built a sandbox on the roof of their apartment building. It was there that Laurence created his first imaginary kingdoms.

Laurence's parents felt that a good education was very important. They read to their children and had their children read to them. Laurence's favorite stories took place in the Land of Oz. He searched for the books in the library and read them all. Next, he read every science fiction book he could find. He understood how the characters felt. They were thrust into strange worlds where they didn't belong. That was how he felt about being Chinese and American.

Laurence's parents were Chinese American. His father was born in China. He came to the United States at the age of ten. Laurence's mother was born in Ohio. She was raised in West Virginia and California.

Many Chinese Americans lived in the Chinatown district of San Francisco. They kept many Chinese customs and often spoke Chinese. They weren't always welcome in other neighborhoods. But the Yep family lived in another part of town. They would visit friends and relatives in Chinatown. Laurence felt more American than Chinese when he was growing up. But sometimes he felt that he didn't belong in either culture. Many of his stories reflect these feelings. They are about people who must learn to adjust to new places and people with different customs.

One of Laurence's early writing experiences was with the Junior Boys' Club. They wrote, acted in, and produced their own plays. They had to sell the tickets, too. The money they earned helped pay for their club activities.

Laurence went to a Catholic school in Chinatown. He excelled in most subjects, but he didn't like learning Chinese. Most of his friends spoke Chinese at home and were in advanced classes. He had to take the beginning class.

When Laurence started high school, he stopped working long hours in the store. His parents wanted him to study. Laurence wanted to study chemistry in college. He did well in his English writing classes, too. English won out over chemistry. Laurence decided to study journalism in college.

At Marquette University in Wisconsin, Laurence was homesick for San Francisco. He did well in all of his classes except journalism. His teacher suggested that he might do better writing fiction than reporting the facts. His teacher was right. Laurence wrote his first science fiction story "The Selchey Kids." He sold it to a magazine and was paid a penny a word.

At Marquette, Laurence met Joanne Ryder, a student editor for a school magazine. She introduced him to children's books. Joanne later became an editor for a book publisher. She asked Laurence to send her a children's story. He wrote *Sweetwater,* a science fiction story. It was published.

Laurence continued writing books for children and young adults. He has won many awards for books about Chinese Americans. Laurence Yep and Joanne Ryder are now married. Today they are both well-known authors for young people.

Have You Read Some of Laurence Yep's Award-Winning Books?

The Lost Garden
Child of the Owl
Thief of Hearts
Later Alligator
The Rainbow People
Tongues of Jade
*Dragonwings (1975)
*Dragon's Gate (1993)
Mountain Light
The Serpent's Children
Sweetwater
Kind Hearts and Gentle Monsters
*Newbery Honor Winners

Name_____

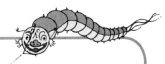

Questions About **Laurence Yep**

1. How did Laurence's parents influence his eventual career as an author?

_____

_____

_____

2. Why do you think Laurence felt more American than Chinese?

_____

_____

_____

3. What kind of books did Laurence most like to read? Why?

_____

_____

4. How do many of Laurence Yep's stories reflect his experiences growing up?

_____

_____

_____

5. Why didn't Laurence pursue a career in journalism?

_____

_____

Laurence Yep

Vocabulary

The words in the Word Box identify people and tell what they do. Write each word on the line in front of its definition.

Word Box					
journalist	grocer	parent	participant	student	citizen
spectator	teacher	author	philosopher	editor	

1. _____ a person who helps a writer prepare a book or story for publishing

2. _____ a person who sells food

3. _____ a person who studies thought and knowledge

4. _____ a person who takes part in an activity

5. _____ a person who belongs to a nation

6. _____ a person who watches an activity

7. _____ a person who attends a school

8. _____ a person who helps people learn

9. _____ a person who writes books and stories

10. _____ a person who is a mother or a father

11. _____ a person who gathers news and writes about it

Read & Understand Nonfiction, Spanish/English • EMC 5311 • © Evan-Moor Corp.

Name_____

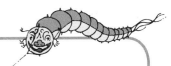

Laurence Yep

Writing About It

Laurence Yep and other authors invent characters and the worlds in which they live. Use the form below to invent a setting and characters for a story.

The Setting

Landscape/Geography

Housing and Buildings

The Characters

Clothes

Customs

Food

Entertainment

Bonus: On another sheet of paper, write a story about visiting this world. Include the problems you would have there. That is the plot. How do you solve the problems? Illustrate your new world.

El autor Laurence Yep se crió en un mundo de cajas de cereal, hígado crudo, pepinillos en barril, botellas de soda y goma de mascar de un centavo. Sus padres eran dueños de una tienda de abarrotes en San Francisco. Vivían muy cerca de su trabajo. Su apartamento en la esquina de las calles de Pierce y Eddy estaba arriba de la tienda.

Todos en la familia trabajaban en la tienda. Laurence y su hermano acomodaban las repisas, ordenaban las botellas de soda y aplanaban las cajas. Los precios debían marcarse en los artículos. Cuando la familia podía dejar la tienda, todos disfrutaban de pícnics y otras actividades al aire libre. El señor Yep hacía cometas de mariposa y la familia los elevaba. Iban a la playa, donde disfrutaban chapoteando en el agua y jugando en la arena. El señor Yep construyó una caja de arena en el techo del edificio de apartamentos. Fue ahí que Laurence creó sus primeros reinos imaginarios.

Los padres de Laurence creían que una buena educación era muy importante. Les leían a sus hijos y hacían que sus hijos les leyeran a ellos. Las historias favoritas de Laurence tomaban lugar en la Tierra de Oz. Buscaba estos libros en la biblioteca y los leía todos. Después leía cada libro de ciencia ficción que encontraba. Él entendía cómo se sentían los personajes. Habían sido introducidos a un mundo extraño al cual no pertenecían. Así era como se sentía él al ser chino-americano.

Los padres de Laurence eran chino-americanos. Su padre había nacido en China. Había venido a los Estados Unidos a la edad de diez años. La mamá de Laurence había nacido en Ohio. Se había criado en West Virginia y California.

Muchos chino-americanos vivían en el barrio chino de San Francisco. Mantenían sus costumbres chinas y hablaban chino. No siempre eran bien recibidos en otros vecindarios. Pero la familia Yep vivía en otra parte de la ciudad. Ellos visitaban a amigos y parientes en el barrio chino. Laurence se sentía más americano que chino cuando era joven, pero a veces sentía que no pertenecía a ninguna de las dos culturas. Muchas de sus historias reflejan estos sentimientos. Hablan acerca de personas que deben aprender a adaptarse a lugares nuevos y a gente con costumbres diferentes.

Una de las primeras experiencias de escritura de Laurence fue con el Junior Boys' Club (Club de Niños Junior). Ellos escribían, actuaban y producían sus propias obras de teatro. También tenían que vender sus propios boletos. El dinero que ganaban les servía para pagar las actividades del club.

Laurence asistió a una escuela católica en el barrio chino. Sobresalía en la mayoría de las materias, pero no le gustaba aprender chino. La mayoría de sus amigos hablaban chino en sus hogares y estaban en clases avanzadas. Él tenía que tomar la clase para principiantes.

Cuando Laurence empezó la escuela superior o preparatoria, empezó a trabajar largas horas en la tienda. Sus padres querían que estudiara. Laurence quería estudiar química en la universidad. También le iba muy bien en sus clases de escritura. El inglés le ganó a la química. Laurence decidió estudiar periodismo en la universidad.

En la Universidad de Marquette en Wisconsin, Laurence extrañaba San Francisco. Él se desempeñaba muy bien en todas sus clases, excepto por periodismo. Su maestro sugirió que Laurence podría desempeñarse mejor escribiendo ficción que reportando los hechos. Su maestro tenía razón. Laurence escribió su primera historia de ficción, "The Selchey Kids" ("Los niños Selchey"). Vendió la historia a una revista por un centavo por palabra.

En la Universidad de Marquette, Laurence conoció a Joanne Ryder, una estudiante editora de una revista escolar. Ella lo inició en el mundo de la literatura infantil. Joanne se convirtió después en editora para una editorial. Entonces le pidió a Laurence que le enviara una historia infantil. Él escribió "Sweetwater" ("Aguadulce"). Fue publicada.

Laurence continuó escribiendo libros para niños y adolescentes. Obtuvo muchos premios por libros acerca de chino-americanos. Laurence Yep y Joanne Ryder ahora están casados. Ambos son autores muy conocidos de libros para gente joven.

¿Has leído algunos de los libros premiados de Laurence Yep?

El jardín perdido
Hijo del búho
Ladrón de corazones
Hasta luego
Gente del arco iris
Lenguas de jade
Alas del dragón *
La reja del dragón *
Luz de la montaña
Hijos de la serpiente
Aguadulce
Corazones buenos y monstruos gentiles

*Ganador del premio de honor "Newbery"

Nombre _____

Preguntas acerca de
Laurence Yep

1. ¿Cómo influyeron los padres de Laurence en su futura carrera como autor?

   _____

   _____

   _____

2. ¿Por qué crees que Laurence se sentía más americano que chino?

   _____

   _____

   _____

3. ¿Qué tipo de libros le gustaba más leer a Laurence? ¿Por qué?

   _____

   _____

4. ¿Cómo reflejan muchas historias de Laurence sus experiencias al crecer?

   _____

   _____

   _____

5. ¿Por qué no siguió Laurence en la carrera en periodismo?

   _____

   _____

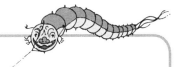

Laurence Yep
Vocabulario

Las palabras de la Caja de palabras describen a la gente y dicen qué es lo que hacen. Escribe cada palabra en la línea, al lado de su definición.

Caja de palabras					
periodista	espectador	tendero	filósofo	padre	maestro
participante	estudiante	editor	ciudadano	autor	

1. _____ una persona que ayuda al escritor a preparar un libro o historia para publicarla

2. _____ una persona que vende alimentos

3. _____ una persona que estudia el pensamiento y el conocimiento

4. _____ una persona que participa en una actividad

5. _____ una persona que pertenece a una nación

6. _____ una persona que observa una actividad

7. _____ una persona que asiste a una escuela

8. _____ una persona que ayuda a la gente a aprender

9. _____ una persona que escribe libros e historias

10. _____ una persona que tiene hijos

11. _____ una persona que investiga las noticias y las escribe

Laurence Yep

Escribe acerca de eso

Laurence Yep y otros autores inventan personajes y los mundos en los que viven. Usa la forma que sigue para inventar el escenario y los personajes para una historia.

El escenario

Paisaje/geografía

Casas y edificios

Los personajes

Vestuario

Costumbes

Comida

Entretenimiento

Actividad extra: En otra hoja de papel, escribe una historia acerca de una visita a este mundo. Incluye los problemas que tendrías allí. Ésa es la trama. ¿Cómo resuelves los problemas? Ilustra ese nuevo mundo.

✖✖✖ Cesar Chavez and the United Farm Workers ✖✖✖

When Cesar Chavez was a child, he lived with his parents and grandparents on a small farm in Arizona. The whole family lived together in one small adobe house. They had no electricity and no running water. Times were very hard. The family worked at growing crops, and there usually was enough food for all. But it was hard to get a job, and no one had much money to spend. Because the family owed taxes on the farm and there wasn't enough money to pay, they lost the farm. The Chavez family would have to find another way to live.

Cesar's father decided to move his family to California where he hoped to find work. But, in California, there were even greater disappointments. The only work available was farm labor—hard and grueling work with little pay. Growers knew they didn't have to pay much because there were thousands of people who needed jobs and would work for almost nothing. Cesar's father had no choice. He and his wife went to work in the field, earning only pennies per day. Their children worked, too, spending long hours in the hot sun. Everyone had little to eat or drink.

Living conditions for the farm workers were terrible. Entire families were crowded together in shacks or tents. They got their water from irrigation ditches. The water was filthy and unsafe to drink, making people sick. Everyone was always hungry, and everyone had sore, aching muscles.

Cesar worked very hard to help his parents. He attended school whenever possible. Migrant workers had to move often, making it difficult for children to attend school all year round. It was very difficult to study and to make friends. Cesar's teachers spoke only English, and sometimes they were angry with Cesar when he spoke Spanish at school. After Cesar completed the eighth grade, he left school for good. He had to help his parents. Cesar had more years of schooling than most farm workers.

Cesar grew more and more unhappy with his life as a farm worker. He was angry about his family's sufferings and felt sad for all the other farm workers. He wanted to help, but he didn't quite know how.

One evening, a man named Fred Ross came to the camp where Cesar was working to speak to the farm workers. Ross understood the farm workers' problems, and offered solutions to improve their lives. Cesar was thrilled to be part of a group that was finally taking action. He volunteered for long hours, and helped farm workers fill out citizenship papers and register to vote. He worked very closely with another volunteer, Dolores Huerta.

Cesar Chavez and Dolores Huerta believed that their work was important, but it was moving too slowly. They felt that they needed to do more to help the workers and that the workers should organize a union. Together, Cesar and Dolores formed the National Farm Workers Association.

Cesar and Dolores led meetings for workers everywhere, often driving for miles to talk to workers in the fields. They urged the workers to join "La Causa" (the cause). Working without pay, Cesar and Dolores kept bringing hope to people who needed it badly. Their work paid off— the Association continued to grow. Sometimes, workers were afraid to join because they feared they would make the growers angry. They could lose their jobs. Cesar and Dolores convinced the workers that they needed to join together to demand better working conditions. It was the only way to make life better for themselves and their children.

In 1965, the Association voted to strike. Farm workers would not pick any grapes. They marched on the roads near the farms, carrying signs stating "¡Huelga!" (*huelga* is Spanish for *strike*). They also carried flags that showed the outline of a black eagle, the symbol of the farm workers. The eagle represented strength and courage. Growers became angry and tried to frighten the marchers away. They used violence against the marchers and hired other workers. But many of the new workers quickly joined La Causa.

By this time, the Association had changed its name to the United Farm Workers, or UFW. When the UFW called for a boycott on buying grapes, people all over the country stopped buying grapes. Grape growers could not sell their crops and began losing money. Finally, in 1970, the growers agreed to raise the farm workers' wages. The strike was over.

Cesar Chavez spent the rest of his life working to help farm workers. He also joined other worthy causes to help workers all over the United States. Chavez died in 1993. He will always be remembered as the founder of the UFW and one of the greatest champions of La Causa. His memory is honored throughout the state of California, with streets and avenues named for him in many towns. Students learn about him in their history classes, and people all over celebrate his achievements. Seven states celebrate Cesar Chavez Day of Service and Learning around March 31. Americans honor Chavez by participating in community-service projects.

Name _____

Questions About
Cesar Chavez and the United Farm Workers

1. Why did Cesar's father decide to move the family to California?

   _____

   _____

2. Why did the growers believe that they did not need to pay the farm workers very much?

   _____

   _____

   _____

3. Describe the conditions in which the farm workers lived.

   _____

   _____

   _____

4. Why wasn't Cesar Chavez satisfied with his life as a farm worker?

   _____

   _____

   _____

5. How did Fred Ross influence Cesar's decision to help the farm workers?

   _____

   _____

   _____

6. Why was the strike of 1965 a success?

   _____

   _____

Name _____

Cesar Chavez and the United Farm Workers

Vocabulary

Use words from the story to complete the crossword puzzle.

Across

4. this "A" state is located in the southwestern part of the United States
6. a large bird of prey; one kind is the symbol of the United States
7. masses of tissues in people and animals that move body parts
9. an act that causes injury or harm
10. refusal to buy a product in order to bring about a change
11. a clear liquid that has no taste or odor

Down

1. the major language spoken in the United States
2. an organization of workers
3. small, poorly built buildings used as houses
4. clay mixed with straw, used to make bricks
5. a piece of land used to raise crops or animals
8. a large western state; the "golden" state

Read & Understand Nonfiction, Spanish/English • EMC 5311 • © Evan-Moor Corp.

Name_____

Cesar Chavez and the United Farm Workers

Problems Cesar Chavez Had to Face

Cesar Chavez had to face various problems throughout his life. Complete the diagram below. Write about a specific problem, explain its cause or causes, and then tell how Cesar Chavez solved the problem. Read the story again if you need to.

Problem

↓

Causes

↓

Solution

Cuando César Chávez era niño, vivía con sus padres y sus abuelos en una pequeña granja en Arizona. Toda la familia vivía en una pequeña casa hecha de adobe. No tenían electricidad ni agua. Eran tiempos muy difíciles. La familia trabajaba en la cosecha y generalmente había comida para todos. Sin embargo, era difícil encontrar trabajo y no había suficiente dinero para los gastos. La familia perdió la granja porque debían mucho dinero de impuestos. La familia Chávez tendría que encontrar otro lugar para vivir.

El papá de César decidió mudarse con toda la familia a California, donde esperaba encontrar trabajo. Pero en California encontrarían aún más decepciones. Los únicos empleos disponibles eran en labores de agricultura, en donde el trabajo era duro y pagaba poco. Los dueños de las tierras de cultivo sabían que no tenían que pagar mucho porque había miles de gentes que necesitaban trabajar y lo harían por muy poco dinero. El papá de César no tenía otra opción. Él y su esposa fueron a trabajar al campo por sólo unos centavos al día. Sus hijos trabajaban ahí también y pasaban muchas horas bajo el sol. Comían y bebían muy poco.

Las condiciones de vida de los trabajadores agrícolas eran terribles. Familias enteras vivían en espacios pequeños o campamentos. Tomaban agua sucia de las zanjas de irrigación. Mucha gente se enfermaba al beberla. Todos estaban hambrientos y les dolían los músculos.

César trabajaba mucho para ayudar a sus padres. Asistía a la escuela cuando le era posible. Los trabajadores agrícolas se mudaban frecuentemente, lo cual hacía difícil que los niños asistieran a la misma escuela todo el año. Era muy difícil estudiar y hacer amistades. Los maestros de César hablaban solamente inglés y se enojaban con los alumnos cuando hablaban español en la escuela. Finalmente, César dejó la escuela después de haber completado el octavo grado. Necesitaba ayudar a sus padres. César tenía más educación que la mayoría de los trabajadores agrícolas.

Cada día César estaba más y más descontento con su vida de trabajador agrícola. Le molestaba ver el sufrimiento de su familia y le entristecía ver la vida de los otros trabajadores agrícolas. Quería ayudarlos, pero no sabía cómo hacerlo.

Una noche, un hombre llamado Fred Ross llegó al campamento donde trabajaba César para hablar con los trabajadores agrícolas. Ross entendía los problemas de los trabajadores y les ofrecía soluciones para mejorar su vida. César se sentía emocionado al formar parte de un grupo que quería hacer algo para solucionar sus problemas. Se ofreció como voluntario y pasaba largas horas ayudando a los trabajadores a llenar sus documentos de ciudadanía e inscribirse para votar. Trabajaba muy de cerca con otra voluntaria, Dolores Huerta.

César Chávez y Dolores Huerta creían que su trabajo era importante, pero les parecía demasiado lento. Creían que tenían que esforzarse más para ayudar a los trabajadores. También creían que los trabajadores necesitaban organizar un sindicato. Juntos, César y Dolores formaron la Asociación Nacional de Trabajadores Agrícolas.

César y Dolores dirigían reuniones de trabajadores en todas partes. En ocasiones viajaban lejos hasta llegar a los campos para hablar con los trabajadores y pedirles que se unieran a "La Causa." Trabajando sin salario, César y Dolores le daban esperanza a la gente, la cual necesitaba desesperadamente. Su trabajo dió resultados—la Asociación continuaba creciendo. A veces los trabajadores tenían miedo de unirse porque pensaban que los dueños de las tierras se enojarían y que podrían perder sus empleos. César y Dolores convencieron a los trabajadores que necesitaban unirse para demandar mejores condiciones de trabajo. Era la única manera de mejorar su vida y la de su hijos.

En 1965, la Asociación votó por una huelga. Los trabajadores agrícolas no cosecharían las uvas. Marcharon en las carreteras, cerca de las granjas, cargando letreros que decían "¡Huelga!" También cargaban banderas que mostraban la silueta de un águila negra, el símbolo de los trabajadores agrícolas. El águila representaba la fuerza y el valor de los trabajadores. Los dueños de las granjas se enojaron y trataron de asustar a los huelguistas. Usaron violencia contra ellos y contrataron a otros trabajadores, pero muy pronto muchos de los trabajadores nuevos se unieron a La Causa.

Durante esa época, la Asociación había cambiado su nombre a la Unión de campesinos (United Farm Workers, UFW). Cuando la UFW organizó un boicot para que la gente no comprara uvas, gente de todo el país los apoyó. Los dueños de los sembradíos de uvas no pudieron vender las cosechas y empezaron a perder dinero. Finalmente, en 1970, los dueños aceptaron aumentar el salario de los trabajadores. La huelga había terminado.

César Chávez pasó el resto de su vida ayudando a los trabajadores agrícolas. También se unió a otras causas importantes para ayudar a los trabajadores de todas partes de los Estados Unidos. Chávez murió en 1993. Siempre será recordado como el fundador de la UFW y uno de los principales campeones de La Causa. Para honrar su memoria, muchas calles y avenidas en ciudades de California llevan su nombre. Los estudiantes aprenden acerca de él en clases de historia y gente de todas partes celebra sus logros. Siete estados celebran el Día de Aprendizaje y Servicio de César Chávez alrededor del 31 de marzo. Los americanos honran la memoria de Chávez participando en proyectos de servicio a la comunidad.

Nombre _____

Preguntas acerca de *César Chávez*
y la Unión de campesinos

1. ¿Por qué decidió mudarse a California el papá de César Chávez?

   _____

   _____

2. ¿Por qué creían los dueños de las tierras de cultivo que no necesitaban pagarles mucho a los trabajadores agrícolas?

   _____

   _____

   _____

3. Describe las condiciones en las que vivían los trabajadores agrícolas.

   _____

   _____

   _____

4. ¿Por qué no estaba satisfecho César Chávez con su vida como trabajador agrícola?

   _____

   _____

   _____

5. ¿Qué efecto tuvo Fred Ross para que César Chávez ayudara a los trabajadores agrícolas?

   _____

   _____

   _____

6. ¿Por qué fue un éxito la huelga de 1965?

   _____

   _____

Nombre _____

César Chávez y la Unión de campesinos

Vocabulario

Usa palabras de la historia para completar el siguiente crucigrama.

Horizontal

3. lugar donde se establecen viviendas temporales
6. idioma hablado por la mayoría de las personas en los Estados Unidos
7. una organización de trabajadores
8. masa de barro y paja que se usa en la construcción de muros
10. acto que causa daño
11. campo donde hay casas, animales y tierras de cultivo

Vertical

1. estado que empieza con la letra "A" localizado en el suroeste de los Estados Unidos
2. conjunto de fibras que mueven partes del cuerpo en personas y animales
3. estado del oeste de lo Estados Unidos; el estado "dorado"
4. ave de tamaño grande; un tipo es el símbolo de los Estados Unidos
5. líquido claro que no tiene olor ni sabor
9. el negarse a comprar un producto para conseguir algo a cambio

Nombre _____

César Chávez y la Unión de campesinos

Los problemas que enfrentó César Chávez

César Chávez se enfrentó a varios problemas a lo largo de su vida. Completa el siguiente diagrama. Escribe acerca de un problema específico al que él se enfrentó, luego explica la causa o causas del problema y finalmente di cómo César Chávez resolvió el problema. Puedes leer la historia de nuevo si lo necesitas.

Problema

↓

Causas

↓

Solución

A **powwow** is a Native American celebration of culture and pride. Powwows are held all over the United States year-round. Powwows take place in small towns and large cities. They happen on reservations and in parks and at fairgrounds. Sometimes only a few families gather for a powwow. Other times, thousands of people celebrate together. A powwow may be held in honor of a new baby or a good harvest. It may be just in celebration of life. It may continue for several hours or a few days.

The Drum

The **_Drum_** is the lifeblood of a powwow. The Drum has two meanings. It is an actual drum and also the singers and dancers who perform around it. The Drum is located at the center of the arena. The dancers are colorfully dressed in beads and feathers. Their skin may be painted. Their costumes may include bells, bones, leather, and cloth of many bright and beautiful colors. A dancer's clothing may tell something about the tribe's heritage. The drum itself is colorful, too. A rawhide pad is stretched over a painted three- to four-foot-tall wooden base.

The Drum performs hours of songs and dances. Custom says that each song must be different. No song is repeated, even when a powwow lasts three or four days.

Many types of dances are performed. There are grass dances, traditional dances, jingle dress dances, and gourd dances. Some are formal and ceremonial. Some are performed just for fun. The Head Man and Lady of the Drum dance first. Then soon, many powwow participants join in. Some singers and dancers who are part of a Drum travel from powwow to powwow. At each stop, they entertain a whole new crowd.

Special Dances and Ceremonies

Some of the songs and dances at a powwow have special rules. When a blanket song is played, people at a powwow contribute gifts (usually money) before joining in the dance. When the Drum plays a war dance, dancers are not allowed to take a break until they all take a break together.

During a give-away ceremony, a special family is honored. The honored family dances in a circle. Others offer the family gifts and join in the dance. Finally, the honored family shares a gift with someone they would like to honor.

Contests

Many powwow dancers enter a competition. The dancers' costumes are judged. Songs with unusual rhythms and breaks test the dancing ability. The number of dances a contestant dances is considered, too. Many levels of competition are available. If you are old enough to dance, you are old enough to enter a contest. Singers also enter into competition at a powwow. Sometimes contests revolve around crafts and games, too.

The Crafts Fair

Often a crafts fair is located just outside the arena. Here elders share stories and skills with the younger generations. Many Native American artworks are offered for sale.

Paintings and jewelry found at a powwow's crafts fair often use natural materials such as sand, plant dyes, stones, seeds, and shells. They also include many bright colors and distinct symbols. The colors and symbols used in Native American art often tell a story. Many of the stories show a deep respect for animal and plant life and for the beauty of the natural world.

Native American Games and Goodies

Sometimes old traditional games are played near the crafts fair. Many of these use game pieces from nature such as stones and tree limbs. The games' rules are usually simple. Young children and older people play the games together.

Traditional Native American foods are also offered in the crafts fair area. Many of the foods are made with corn and wheat. Fry bread is a favorite with the children because it is sweet and crisp.

 Read & Understand Nonfiction, Spanish/English • EMC 5311 • © Evan-Moor Corp.

Name_____

Questions About *Dancing to the Drum*

1. How does a powwow celebrate the pride and culture of Native Americans?

_____

_____

2. What are some reasons that powwows are celebrated?

_____

_____

3. What is the Drum and its importance at a powwow?

_____

_____

4. Why do you think Native American art includes so many symbols representing different aspects of nature?

_____

_____

5. Fill in the circles below with phrases and symbols to indicate what happens in each area of a powwow.

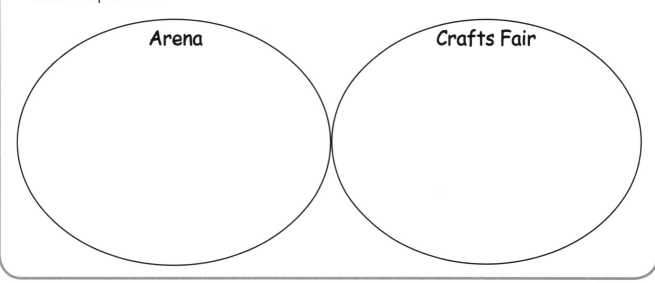

Name_____

Dancing to the Drum

Synonyms

Write the number of each word on the line in front of its synonym.

1. heritage   _____ clear

2. distinct   _____ praise

3. custom   _____ inheritance

4. competition   _____ tradition

5. honor   _____ art

6. craft   _____ contest

7. contestant   _____ competitor

Complete the Sentences

Use these words from the story to complete the sentences below.

harvest   reservation   respect   celebration   ceremonial

1. My Native American friend, Tala, lives on a _____ that was granted
her tribe by the United States government.

2. Kelly performed a formal _____ dance that honored her ancestors.

3. Recycling soda cans and picking up litter shows you have _____
for your environment.

4. Sam's birthday _____ included cake, ice cream, and lots of
presents.

5. I will organize a fall _____ party to celebrate the abundant crops
we brought in this year.

 Read & Understand Nonfiction, Spanish/English • EMC 5311 • © Evan-Moor Corp.

Name_____

Dancing to the Drum
Planning a Cultural Celebration

If you were to plan a festival to celebrate your own culture, you would have to think about what foods, songs, games, stories, and other events and ideas make your culture unique. Answer the questions below as you pretend to plan your own cultural celebration.

1. What will you call your festival?

   _____

2. What songs that are common to your culture will you have sung at your festival?

   _____

   _____

3. What fairy tales, poems, tall tales, or stories that are common to your culture will you have told at your festival?

   _____

   _____

4. What crafts or styles of art that are common to your culture will you display or teach at your festival?

   _____

   _____

5. Describe the style of clothing that symbolizes your culture.

   _____

   _____

6. What foods that are common to your culture will you offer at your festival?

   _____

7. On another sheet of paper, draw a picture of the layout of your festival, showing what activities will take place and where each one will be located.

 # Bailando al ritmo de los tambores

El **powwow** es una celebración de la cultura y el orgullo de los indígenas americanos. Los powwows se realizan en Estados Unidos durante todo el año. Los powwows se llevan a cabo en ciudades pequeñas y grandes. Se hacen en reservaciones y parques y en las ferias. A veces sólo unas pocas familias se reúnen para el powwow. A veces miles de gentes se reúnen a celebrarlo. Un powwow puede realizarse en honor al nacimiento de un nuevo bebé o por una buena cosecha. Puede ser sólo para celebrar la vida. Puede durar varias horas o unos cuantos días.

El Tambor

El tambor es el alma del powwow. El tambor se refiere a dos cosas. Se refiere al tambor mismo y también a los cantantes y bailarines que danzan y cantan a su alrededor. El tambor se pone en medio de la arena. Los bailarines se visten con ropa colorida y se adornan con cuentas y plumas. A veces se pintan la piel. Sus vestuarios incluyen campanas, huesos y ropa de muchos colores. La ropa del bailarín representa la herencia cultural de la tribu. El tambor también es muy colorido. Un pedazo de cuero sin curtir se estira sobre una base de madera que mide de 1 a 1.3 metros (de 3 a 4 pies) de altura.

El Tambor interpreta horas de canciones y bailes. De acuerdo a las costumbres, cada canción debe ser diferente. No se repite ninguna canción, aún cuando el powwow dure tres o cuatro días.

Se interpretan muchos tipos de danzas. Hay danzas locales, danzas tradicionales, danzas de vestidos de campanas y danzas de calabazas. Algunas son formales y ceremoniales. Otras se ejecutan sólo por diversión. El Hombre Principal y la Dama del Tambor bailan primero. Inmediatamente después muchos participantes del powwow se unen al baile. Algunos cantantes y bailarines que son parte del Tambor viajan de un powwow a otro. En cada lugar entretienen a un grupo de gente diferente.

Danzas especiales y ceremonias

Algunas de las canciones y los bailes del powwow tienen reglas especiales. Cuando se interpreta una canción de frazada, la gente del powwow contribuye regalos (generalmente dinero) antes de unirse al baile. Cuando el Tambor toca un baile de guerra, a los bailarines no se les permite tomar un descanso hasta que todos descansen juntos.

Durante una ceremonia de regalo, se honra una familia especial. La familia honrada baila en un círculo. Otros ofrecen regalos a la familia y se unen al baile. Finalmente, la familia honrada comparte un regalo con alguien a quien ellos quieren honrar.

 Read & Understand Nonfiction, Spanish/English • EMC 5311 • © Evan-Moor Corp.

Los concursos

Muchos bailarines de powwows participan en competencias. Los trajes de los bailarines son sometidos a evaluación. Canciones con ritmos poco usuales ponen a prueba la habilidad para bailar. También se somete a consideración el número de bailes que un concursante puede bailar. Hay muchos niveles de competencia disponibles. Si uno tiene la edad suficiente para bailar, tiene la edad suficiente para competir. Los cantantes también pueden competir en el powwow. Algunas veces los concursos incluyen también artesanías y juegos.

La feria de artesanías

Frecuentemente la feria de artesanías se localiza a la salida de la arena. Aquí los ancianos comparten historias y conocimientos con las generaciones jóvenes. Muchos trabajos artísticos de los indígenas son puestos a la venta.

Las pinturas y la joyería que se usan en la feria de artesanías del powwow están hechas de materiales naturales, tales como arena, colorantes vegetales, piedras, semillas y conchas de mar. También incluyen muchos colores diferentes y símbolos distintos. Los colores y los símbolos que se usan en el arte indígena con frecuencia cuentan una historia. Muchas de las historias demuestran un profundo respeto hacia la vida animal y vegetal y por la belleza del mundo natural.

Juegos indígenas

A la salida de la feria de artesanías se organizan juegos tradicionales. Muchos de estos juegos usan piezas hechas de materiales naturales tales como piedras y ramas de árbol. Las reglas de los juegos son sencillas. Los niños y los ancianos juegan juntos.

En la feria de artesanías también hay comidas indígenas tradicionales. Muchas de estas comidas se preparan con maíz y trigo. El pan frito es una de las comidas favoritas de los niños porque es dulce y crujiente.

Nombre _____

Preguntas acerca de
Bailando al ritmo de los tambores

1. ¿Cómo se celebra el orgullo y la cultura indígena en un powwow?

   _____

   _____

2. ¿Cuáles son algunas de las razones por las que se celebran los powwows?

   _____

   _____

3. ¿Qué es El Tambor y cuál es su importancia en el powwow?

   _____

   _____

   _____

4. ¿Por qué crees que el arte indígena incluye tantos símbolos representativos de diferentes aspectos de la naturaleza?

   _____

   _____

5. Llena los círculos de abajo con frases y símbolos para indicar lo que pasa en cada área del powwow.

   Arena

   Feria de artesanías

    Read & Understand Nonfiction, Spanish/English • EMC 5311 • © Evan-Moor Corp.

Bailando al ritmo de los tambores

Sinónimos

Escribe el número de cada palabra en la línea enfrente de su sinónimo.

1. herencia
2. distinto
3. costumbre
4. competencia
5. honor
6. artesanía
7. concursante

_____ claro

_____ orgullo

_____ legado

_____ tradición

_____ arte

_____ concurso

_____ competidor

Completa las oraciones

Usa las siguientes palabras de la historia para completar las oraciones que siguen.

reservación   ceremonial   respeto   celebración   cosecha

1. Mi amiga indígena, Tala, vive en una _____ que le fue
   otorgada a su tribu por el gobierno de los Estados Unidos.

2. Kelly interpretó una danza _____ para honrar a sus antepasados.

3. Reciclar latas de soda y recoger basura demuestra _____ al
   ambiente.

4. En la _____ del cumpleaños de Sam había pastel, nieve y
   muchos regalos.

5. Vamos a organizar una fiesta para celebrar la abundante _____
   que tuvimos durante el otoño este año.

Nombre _____

Bailando al ritmo de los tambores

Cómo planear una celebración cultural

Si tú fueras a planear un festival para celebrar tu propia cultura, tendrías que pensar en qué comidas, canciones, juegos, historias y otros eventos hacen que tu cultura sea única.

Imagínate que estás planeando tu propia celebración cultural y contesta las preguntas que siguen.

1. ¿Qué nombre le darías a tu festival?

   _____

2. ¿Qué canciones populares de tu cultura se cantarían en tu festival?

   _____

   _____

3. ¿Qué cuentos de hadas, poemas, mitos o historias de tu cultura contarías en tu festival?

   _____

   _____

4. ¿Qué artesanías o estilos de arte populares en tu cultura demostrarías o enseñarías en tu festival?

   _____

   _____

5. Describe el estilo de ropa que simboliza tu cultura.

   _____

   _____

6. ¿Qué comidas comunes de tu cultura ofrecerías en tu festival?

   _____

7. En otra hoja de papel, dibuja el diseño de tu festival y muestra qué actividades habrá y dónde se encontrará cada una de ellas.

Rachel Carson

It might have been possible to predict Rachel Carson's eventual career when she was a child. Even then she loved to write. She won awards and prizes for her stories when she was 10 years old. Three of her stories were published in a magazine called *St. Nicholas*.

Rachel was an outstanding student. When she finished high school, she studied at Pennsylvania College for Women. At first, she majored in writing and English. After taking an exciting science class in biology, she decided to change her studies and learn more about science. Rachel continued to write for the college newspaper, and had stories published in the school's literature magazine. She graduated in 1928 with honors, and went on to earn a master's degree in zoology at Johns Hopkins University.

Rachel Carson, 1907–1964

While Carson was a student, she worked as a laboratory assistant at Woods Hole Marine Biological Laboratory. There she observed and learned about life in the ocean.

Even with scholarships and help from the universities, it was hard to earn enough money to stay in school. During the 1930s, many people were jobless. Factories closed because people didn't have enough money to buy the factories' products. More workers lost their jobs. Carson's family, like others in the United States, had very little money. She taught university classes in biology to help pay for her education.

Rachel loved teaching science and studying about the ocean. She wrote poems and stories about nature. She tried to sell what she wrote to magazines. She was unsuccessful, except for articles accepted by *The Baltimore Sun*, a Maryland newspaper.

Carson's father died in 1935, and she had to find a way to support herself and her mother. The Bureau of Fisheries in Washington, D.C., wanted a writer who was a marine biologist to write radio programs about the sea. It was a temporary job, but it would pay $1,000 for a year's work. She decided to take the job and work for the government.

When Rachel's sister died, her two daughters came to live with Rachel and her mother. Rachel needed a permanent job to support her new family. She took a test to qualify for a government job and received the highest score. In 1936, she became a full-time employee with the Bureau of Fisheries. Her salary increased to $2,000 a year.

Carson's poem "Undersea" was published in 1937 by the *Atlantic Monthly* magazine. A publishing company asked her to write a book based on the poem. Her book, *Under the Sea Wind,* was completed right before World War II. People were busy working and helping the government during the war. Not many people wanted to buy a book about the sea at that time.

Even though her book wasn't successful, Rachel continued to write. Much of her writing was for bulletins and government publications about fish.

After the war, Rachel wrote another book entitled *The Sea Around Us.* It became a best seller. She won many awards. People then became interested in reading her first book, too. Her third book was entitled *The Edge of the Sea.*

There were many changes happening in Rachel's life. One of her nieces died, and Rachel adopted her niece's five-year-old son. The following year, Rachel's mother died.

Carson's last book was entitled *Silent Spring.* She wrote about the effects of the pesticide DDT on people and animals. At first, DDT did stop mosquitoes and insect pests. Then some of the insects became immune to the poison and didn't die. DDT doesn't decompose or disappear quickly when insects are exposed to the poison. Other animals sicken and often die when they eat the insects or animals that have the pesticide in their bodies.

Rachel described how DDT harmed wildlife, the environment, and people. She showed that birds with DDT in their systems laid fewer eggs. Eggs in their nests were thin-shelled and broke easily. Some of the hatchlings didn't live or were deformed.

Companies that produced pesticides denied DDT was harmful, but people wanted to know the truth. Scientists gathered more information that showed Carson's research was scientifically accurate. The careless use of pesticides was harmful to animals and people.

The president and people in Congress studied the reports. Eventually, laws were passed that banned the use of DDT in the United States. Carson's book was one of the first warnings about the contamination of our environment. Her writing made people realize that the careless use of chemicals and waste products from factories could harm the Earth.

Rachel Carson died in 1964 of cancer. Years later, her adopted son accepted the Presidential Medal of Freedom in her name from President Carter.

Name _____

Questions About *Rachel Carson*

1. Why did Rachel Carson decide to change her course of studies in college?

   _____

2. What was the subject of Carson's first three books?

   _____

3. In *Silent Spring,* Carson warned people about the pesticide DDT. How does the use of DDT harm the Earth?

   _____

   _____

   _____

4. Why do you think the companies that produced DDT denied it was harmful?

   _____

   _____

   _____

5. What was the result of Rachel's book *Silent Spring*?

   _____

   _____

   _____

6. What could have happened if Rachel hadn't written *Silent Spring*?

   _____

   _____

   _____

Name _____

Rachel Carson
Vocabulary

1. Write the letter of each word on the line in front of its definition.

   a. biology   _____ having to do with the sea

   b. pesticide   _____ a gift of money or aid to help a student pay for school

   c. laboratory   _____ the scientific study of living organisms

   d. marine   _____ a place for scientific study

   e. scholarship _____ a chemical for destroying insects

2. Circle the correct meaning for these words in the story.

   a. salary   lettuce and tomatoes
                     money earned for work
                     a big sale

   b. employee   a person hired to work for another
                     not having a job
                     a bookcase

   c. temporary   very hot
                     not for a long time
                     unpleasant

   d. permanent   ending tomorrow
                     lasting forever
                     changing

   e. environment surroundings
                     a type of work
                     pesticides

3. Write the two words in section 2 above that are antonyms.

   _____   _____

4. Find the 13-letter word in the story that means "the act of making impure or unfit for use."

   (Hint: It begins with a "c.")   c_____

    Read & Understand Nonfiction, Spanish/English • EMC 5311 • © Evan-Moor Corp.

Name _____

Rachel Carson

Think About It

Although Rachel Carson sounded the warning about dangers to our environment over 50 years ago, there are still problems to be solved.

Write about what you think are the dangers facing the environment today. Do you think we can solve these problems? How?

_____

_____

_____

_____

_____

_____

_____

_____

_____

_____

_____

_____

_____

_____

Rachel Carson

Podría haber sido posible predecir la carrera que finalmente seguiría Rachel Carson desde que era niña. Desde entonces ya le gustaba escribir. Empezó a ganar premios y honores por sus historias desde que tenía solamente 10 años.

Rachel era una estudiante excelente. Al terminar la escuela superior o preparatoria estudió en la Universidad para Mujeres de Pennsylvania. Al principio, se especializó en escritura e inglés. Después de tomar una clase muy interesante de biología, decidió cambiar sus estudios y aprender más sobre las ciencias. Rachel continuó escribiendo para el periódico de la universidad y consiguió que se publicaran algunas de sus historias en la revista literaria de la escuela. Se graduó en 1928 con honores y continuó sus estudios de Maestría en Zoología en la Universidad Johns Hopkins.

Rachel Carson, 1907–1964

Cuando era estudiante, Carson trabajó como asistente en el Laboratorio de Biología Marina de Woods Hole. Allí observó y aprendió acerca de la vida en el océano.

Aún con becas y ayuda universitaria, era difícil ganar suficiente dinero para asistir a la escuela. Durante la década de los 1930s había mucha gente desempleada. Las fábricas cerraban porque la gente no tenía dinero para adquirir los productos que se fabricaban. Muchos trabajadores habían perdido sus empleos. La familia de Carson, como cualquier otra familia en los Estados Unidos, tenía muy poco dinero. Ella enseñó clases de biología para ayudar a pagar su educación.

A Rachel le encantaban enseñar ciencias y estudiar acerca del océano. Escribió poemas e historias acerca de la naturaleza. Trató de vender sus escritos a varias revistas. No tuvo éxito, excepto por los artículos que aceptó publicar *The Baltimore Sun,* un periódico de Maryland.

El padre de Carson murió en 1935 y ella tuvo que encontrar la manera de mantenerse a sí misma y a su madre. El Ministerio de Pesca de Washington, D.C., necesitaba una escritora que fuera bióloga marina para escribir programas de radio acerca del mar. Era un trabajo temporal, pero pagaría $1,000 por el trabajo de un año. Entonces decidió aceptar el empleo y trabajar para el gobierno.

Cuando la hermana de Rachel murió, sus dos hijas vinieron a vivir con Rachel y su madre. Rachel necesitaba un empleo permanente para mantener a su nueva familia. Presentó un examen para calificar para un empleo de gobierno y obtuvo la puntuación más

Read & Understand Nonfiction, Spanish/English • EMC 5311 • © Evan-Moor Corp.

alta. En 1936, se convirtió en empleada de tiempo completo del Ministerio de Pesca. Su salario aumentó a $2,000 al año.

El poema de Carson, "Undersea" (Bajo el mar), fue publicado en 1937 por la revista *Atlantic Monthly*. Una casa editorial le pidió que escribiera un libro basado en ese poema. Su libro, *Under the Sea Wind* (Bajo el viento del mar), fue completado justo antes de que estallara la Segunda Guerra Mundial. La gente estaba ocupada trabajando y ayudando al gobierno durante la guerra. No les interesaba comprar un libro acerca del océano durante esa época.

Aunque su libro no tuvo éxito, Rachel continuó escribiendo. Muchos de sus escritos fueron para boletines y publicaciones del gobierno acerca de los peces.

Después de la guerra, Rachel escribió otro libro titulado *The Sea Around Us* (El mar que nos rodea). Tuvo ventas muy exitosas y obtuvo muchos premios. Entonces la gente se interesó en leer su primer libro también. Su tercer libro se tituló *The Edge of the Sea* (El borde del mar).

Muchos cambios sucedían en la vida de Rachel. Una de sus sobrinas murió y Rachel adoptó su hijo de cinco años. Al año siguiente, murió la madre de Rachel.

El último libro de Rachel se tituló *Silent Spring* (Primavera silenciosa). En él escribió sobre los efectos del pesticida DDT en la gente y los animales. Al principio, el DDT detenía a los mosquitos y las plagas de insectos. Después, algunos de los insectos se volvieron inmunes al veneno y no se morían. El DDT no se descompone ni desaparece rápidamente cuando los insectos están expuestos a este veneno. Entonces otros animales se enferman y frecuentemente mueren cuando comen insectos que tienen pesticida presente en su cuerpo.

Rachel describió cómo el DDT causa daño a la vida animal, al medio ambiente y a la gente. Demostró que las aves que tenían DDT en su sistema ponían menos huevos. Los huevos tenían una cáscara más delgada y se quebraban fácilmente. Algunas de las aves no alcanzaban a nacer o nacían deformes.

Las compañías que producían el pesticida negaban que el DDT fuera dañino, pero la gente quería saber la verdad. Los científicos reunieron más información que demostró que las investigaciones de Carson eran científicamente correctas. El uso descuidado de los pesticidas era dañino para los animales y la gente.

El presidente y los miembros del Congreso estudiaron el informe. Finalmente se aprobaron leyes que prohibieron el uso del DDT en los Estados Unidos. El libro de Carson fue una de las primeras advertencias acerca de la contaminación del medio ambiente. Sus escritos hicieron que la gente se diera cuenta de que el uso desmesurado de químicos y los desechos de las fábricas podría dañar la tierra.

Rachel Carson murió de cáncer en 1964. Años después, su hijo adoptivo aceptó la Medalla Presidencial de la Libertad en su nombre de manos del Presidente Jimmy Carter.

Preguntas acerca de *Rachel Carson*

1. ¿Por qué decidió Rachel Carson cambiar de estudios cuando estaba en la unversidad?

   _____

2. ¿Cuál fue el tema de los primeros tres libros de Carson?

   _____

3. En *Silent Spring* (Primavera silenciosa), Carson le advirtió a la gente sobre el uso del pesticida DDT. ¿Cómo daña a la Tierra el uso del DDT?

   _____

   _____

   _____

4. ¿Por qué crees que las compañías que producían DDT negaban que éste era dañino?

   _____

   _____

   _____

5. ¿Qué sucedió como resultado de la publicación del libro *Silent Spring*?

   _____

   _____

   _____

6. ¿Qué podría haber sucedido si Rachel no hubiera escrito *Silent Spring*?

   _____

   _____

   _____

Nombre _____

Rachel Carson
Vocabulario

1. Escribe la letra de cada palabra en la línea a un lado de su definición.

   a. biología   _____ relativo al mar

   b. pesticida   _____ dinero o ayuda para que un estudiante pague por su escuela

   c. laboratorio _____ el estudio científico de organismos vivos

   d. marino   _____ lugar para realizar estudios científicos

   e. beca   _____ químico para destruir insectos

2. Encierra en un círculo la definición correcta para las siguientes palabras de la historia.

   a. salario
   con sabor a sal
   dinero que se gana por trabajar
   que sucede todos los días

   b. empleado
   una persona que es contratada para trabajar
   que no tiene empleo
   tipo de mueble

   c. temporal
   muy caliente
   por un tiempo determinado
   que no es agradable

   d. permanente
   que termina mañana
   que dura para siempre
   que cambia constantemente

   e. medio ambiente
   lo que está alrededor
   tipo de trabajo
   tipo de pesticida

3. Escribe dos palabras de la sección 2 que sean antónimos.

   _____   _____

4. Encuentra la palabra de 13 letras en la historia que significa "el acto de hacer algo impuro o no bueno para usarse."

   (Pista: Empieza con "c.")   c_____

Nombre _____

Rachel Carson

Piénsalo

Aunque hace más de 50 años desde que Rachel Carson advirtió sobre los peligros que amenazan a nuestro ambiente, aún quedan problemas por resolver.

Escribe lo que piensas acerca de los peligros que hoy en día amenazan al medio ambiente. ¿Crees que pueden resolverse estos problemas? ¿Cómo?

_____

_____

_____

_____

_____

_____

_____

_____

_____

_____

_____

_____

_____

_____

_____

_____

_____

_____

KidKrafts Magazine
Napkin Rings for Any Occasion

Just think of all the times during the year when your family sits down to special meals—there are birthdays, Thanksgiving, Valentine's Day, and so many more celebrations. Wouldn't it be fun to have napkin rings to decorate the table for each event? Here's how you can make them.

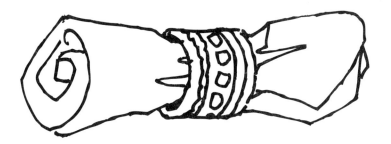

How to Make Napkin Rings

You will need paper towel rolls, paper, wrapping paper, self-adhesive paper, or plain paper that you have decorated, any extra decorations you want to add, glue, scissors, a pen or a pencil, and a ruler.

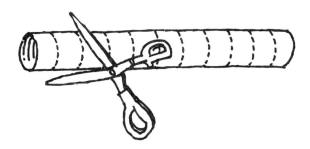

Place the ruler on the paper towel roll. Make a mark at every inch (2.5 cm). Place the scissors on each mark and cut. Count the rings. Are there enough for everyone in the family and guests? If there isn't one for every person, cut another roll.

If you are using plain paper to cover the rolls, decorate the paper before you cut it. Cut a strip of wrapping paper or self-adhesive paper that measures 2½ inches (6.5 cm) wide and 5½ inches (14 cm) long.

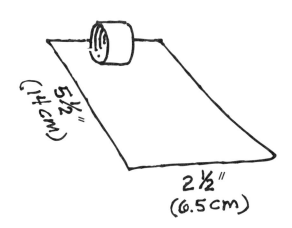

5½"
(14 cm)

2½"
(6.5 cm)

Rub glue on the outside of the roll, unless you are using self-adhesive paper, which has its own glue. Center the 5½-inch (14 cm) strip of paper around the outside of the roll. The ends will overlap.

There is ¾ inch (2 cm) of paper left over on each side of the roll. Make cuts in the paper on each side of the roll—about every ½ inch (1.5 cm). Lightly glue both inside ends of the roll.

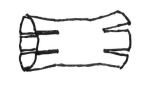

Add ribbon or decorations to the outside of the napkin ring. When the special day comes, tuck napkins, paper or cloth, into the rings and set them by the plates on the table. After dinner, put the rings in a bag in a "Special Days" box that you've prepared. They'll be ready for the next birthday or the same holiday next year.

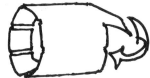

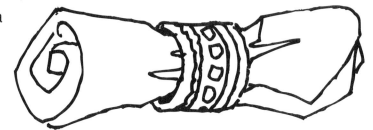

Keep the Fun Going

As each new special celebration approaches, make a new set of napkin rings for the table. Next year, you will have a collection of napkin rings for the whole year in your Special Days box. Then you'll have time to plan more decorations for family celebrations.

Keep a box of paper scraps and reusable items like the paper towel rolls or egg cartons and plastic tubs. Add ribbons and pieces of holiday wrapping paper. Use your imagination to come up with decorating ideas made with the materials in the box. There are many craft books in the library to help you think of new ideas.

Spread the Fun Around

Everyone will look forward to your holiday surprises. If friends and family ask to help with the decorations, celebrate with a work party. Have all the materials ready for the projects you decide to do. Be sure to have a few cookies, punch, and soft music (so you can talk to each other and show off your artwork). These extras will make your work time as special as the holiday decorations you are preparing. You may even need a second decoration box to store all your work. Have fun!

Name _____

Questions About
Napkin Rings for Any Occasion

1. List the materials needed for making napkin rings.

   _____   _____

   _____   _____

   _____   _____

   _____   _____

   _____

2. If you use self-adhesive paper, which item in the list of materials isn't needed?

   _____

3. What other decorations could you make for special days at home?
   Select one of your ideas and write the directions for making that decoration.
   Make a list of all the materials you need for the project.

Materials List: _____   _____

                         _____   _____

                         _____   _____

Steps to Follow:

   _____

   _____

   _____

   _____

Name _____

Napkin Rings for Any Occasion
Sequencing

Number the directions in order.

A. _____ Count the rings.

_____ Place the scissors on each mark and cut.

_____ Make a mark at every inch.

_____ Place the ruler on the paper towel roll.

_____ Make extra rings.

B. (You will complete this part. See below.)

C. _____ Glue the inside of the roll.

_____ Glue the inside of the roll again.

_____ Make cuts in the paper on each side of the roll.

_____ Bend one side of the paper to the inside of the roll and press down.

_____ Bend the other side of the paper to the inside of the roll and press down.

The directions given above are not complete. Four steps are missing in section B. Write them in order on the lines.

1. _____

2. _____

3. _____

4. _____

Napkin Rings for Any Occasion
Tell What You Think

1. What is your favorite day of the year?

   _____

2. Why do you like it more than other holidays or celebrations?

   _____

   _____

   _____

3. Do you think that decorations made by the family would make celebrations more special? Explain your answer.

   _____

   _____

   _____

4. List some of the foods your family prepares and eats on holidays.

   _____

   _____

5. How could your favorite day be made more fun or interesting? Give some ideas for things you and your family could make and do.

   _____

   _____

   _____

   _____

Revista de artesanías
Anillos para servilletas para cualquier ocasión

Piensa en todas las ocasiones en que tu familia se sienta a compartir una comida o cena especial—un cumpleaños, el Día de acción de gracias, el Día de San Valentín y otras celebraciones. ¿No sería divertido hacer anillos para servilleta para decorar la mesa en cada evento? Aquí te explicamos cómo los puedes hacer.

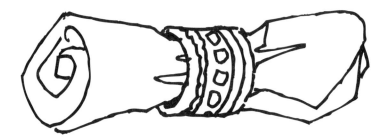

Cómo hacer los anillos

Necesitas el cartón de un rollo de toallas de cocina desechables, papel, papel para envolver, papel autoadhesivo o papel que tú hayas decorado, cualquier decoración adicional que quieras agregar, tijeras, una pluma o lápiz y una regla.

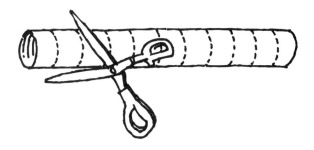

Pon la regla junto al cartón del rollo de toallas. Haz una marca cada 2.5 centímetros (una pulgada). Corta con las tijeras en cada marca. Cuenta los anillos. ¿Son suficientes para todos los miembros de tu familia y los invitados? Si no hay uno para cada persona, corta otro cartón hasta que tengas suficientes anillos.

Si vas a usar papel para cubrir los anillos, cubre el cartón antes de cortarlo. Corta una tira de papel para envolver o de papel autoadhesivo que mida 6.5 cm (2½ pulgadas) de ancho y 14 cm (5½ pulgadas) de largo.

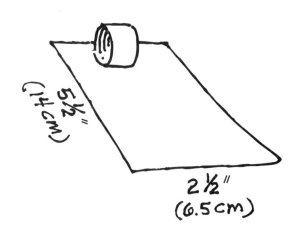

5½" (14 cm)

2½" (6.5 cm)

Unta pegadura en la parte exterior del anillo. Si usas papel autoadhesivo, no necesitas pegadura. Centra la tira de papel de 14 cm (5½ pulgadas) alrededor del anillo. Los extremos quedarán sobresaliendo.

Te quedarán 2 cm (¾ de pulgada) de papel en cada lado del anillo. Haz cortadas en las orillas del papel en cada lado—aproximadamente cada 1.5 cm (½ pulgada). Pon un poco de pegadura en el interior de los dos extremos del anillo.

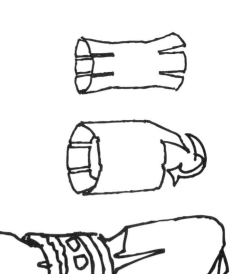

Agrega listón o decoraciones en la parte externa del anillo para servilleta. Cuando llegue el día especial, enrolla servilletas, ya sea de papel o de tela, e insértalas en los anillos. Luego pon las servilletas con los anillos sobre los platos en la mesa. Después de la cena, pon los anillos en una bolsa en una "Caja para días especiales" que hayas preparado. Así estarán listos para el siguiente cumpleaños o evento el próximo año.

Síguete divirtiendo

Al aproximarse cada celebración especial, haz un nuevo juego de anillos para servilletas para poner en la mesa. El año siguiente tendrás una colección de anillos para servilletas para todo el año en tu "Caja de días especiales." Así tendrás tiempo de planear más decoraciones para las celebraciones familiares.

Guarda en una caja sobras y artículos que puedan usarse como los rollos de cartón del papel para baño, las cajas de huevos y los tubos de plástico. Agrega listones y hojas de papel para envolver regalos con motivos distintos. Usa tu imaginación y piensa en diferentes ideas para decorar con las que puedas utilizar los materiales de la caja. Hay muchos libros de artesanías en la biblioteca donde puedes encontrar ideas nuevas.

Comparte la diversión

Todos esperarán ver tus sorpresas de celebración. Si tus amigos y tu familia piden ayudarte con las decoraciones, celebra con una fiesta de trabajo. Ten listos todos los materiales para los proyectos que decidan hacer. Asegúrate de tener galletas, agua de sabores y música suave (así pueden hablar y enseñar sus productos mientras hacen su trabajo). Esto hará que la preparación de las decoraciones sea un trabajo más divertido. Tal vez necesites una segunda caja para guardar todo tu trabajo. ¡Que te diviertas!

Nombre _____

Preguntas acerca de *Anillos para servilletas para cualquier ocasión*

1. Haz una lista de los materiales que se necesitan para hacer los anillos para servilletas.

_____   _____

_____   _____

_____   _____

_____   _____

_____

2. Si usas papel autoadhesivo, ¿qué cosa de la lista no necesitas?

_____

3. ¿Qué otras decoraciones podrías hacer para los días especiales en tu casa? Selecciona una de tus ideas y escribe las instrucciones para hacer esa decoración. Haz una lista de todos los materiales que necesitas para el proyecto.

Lista de materiales: _____   _____

_____   _____

_____   _____

Pasos a seguir:

_____

_____

_____

_____

Nombre _____

Anillos para servilletas para cualquier ocasión

Secuencia

Numera los pasos según el orden correcto.

A. _____ Cuenta los anillos.

_____ Pon las tijeras en cada marca y corta.

_____ Haz una marca por cada pulgada (2.5 cm).

_____ Pon la regla junto al cartón.

_____ Haz más anillos.

B. (Tú completarás esta sección. Lee abajo.)

C. _____ Pon pegadura en el interior del anillo.

_____ Pon pegadura en el interior del anillo de nuevo.

_____ Haz cortadas en el papel en cada lado del anillo.

_____ Dobla un lado del papel hacia adentro del rollo y presiona.

_____ Dobla el otro lado del papel hacia adentro del rollo y presiona.

Las instrucciones de arriba no están completas. Faltan cuatro pasos de la sección B. Escríbelos en el orden correcto en los renglones que siguen.

1. _____

2. _____

3. _____

4. _____

Nombre _____

Anillos para servilletas para cualquier ocasión

Di lo que piensas

1. ¿Cuál es tu día favorito del año?

_____

2. ¿Por qué te gusta más que otros días festivos o celebraciones?

_____

_____

_____

3. ¿Crees que las decoraciones hechas por tu familia harían que las celebraciones fueran más especiales? Explica tu respuesta.

_____

_____

_____

4. Haz una lista de algunas de las comidas que tu familia prepara y come en los días de fiesta.

_____

_____

5. ¿Cómo podrías hacer que tu día favorito fuera más interesante o divertido? Da algunas ideas sobre las cosas que tú y tu familia podrían hacer.

_____

_____

_____

Maria Tallchief

Ballerina Maria Tallchief* inherited the proud bearing and grace of the Osage. She was born on an Indian reservation in Oklahoma in 1925. Her father, Alex Tall Chief, was a prominent member of the Osage tribe.

Maria's mother, Ruth, came from Irish and Scottish ancestors. She felt that music should be a part of her children's lives. Maria and her younger sister, Marjorie, began music and dance lessons around the age of three.

Maria and her sister showed great promise in both music and dance, even when quite young. Ruth wanted her girls to have careers on the stage. She felt they would have a better chance in Hollywood. So the family moved to Los Angeles, California, when Maria was starting second grade.

Maria knew she wanted to be a dancer or a musician. But which? Her mother believed she should be a concert pianist. Maria enjoyed music, but disliked the long hours of practicing alone. She liked to be with people.

The sisters began studying with a teacher named Bronislava Nijinska. Nijinska was well known in the world of dance. She was a famous ballerina in Russia before coming to the U.S.

Madame Nijinska was a wonderful but demanding teacher. She told Marjorie and Maria they had to start over. They had talent, she said, but they had learned everything wrong. She made Maria work harder than she had ever worked. She also helped Maria arrive at a decision. Maria became determined to be a ballerina.

Maria studied with Madame Nijinska for five years. Then, after high school, she was asked to tour with a professional ballet company. *Touring* means "going from city to city, dancing onstage."

This was an exciting new beginning for Maria Tallchief. She worked incredibly hard. After the tour, she was asked to keep dancing for the company, which was called the Ballet Russe de Monte Carlo. She became one of the company's star ballerinas. It was during this time that she met George Balanchine.

*Maria was born Elizabeth Marie Tall Chief. She changed her first name to Maria. Then, as a teenager, she shortened her last name to one word, Tallchief.

Balanchine was a leader in American ballet. He was one of this country's most creative choreographers. A *choreographer* is someone who plans steps for dancers. Then he or she trains the dancers to do those steps. American ballet was not thought to be as beautiful as European and Russian ballet. Balanchine changed that. He created ballets that were original and exciting. He trained dancers to use their strengths. He showed Maria Tallchief how to become an even better dancer than she had been.

In 1946, when Maria was twenty-one years old, she married George Balanchine. He asked her to join his ballet company, which became the famed New York City Ballet. Maria danced there for many years, performing in as many as eight shows a week.

Maria became the United States' first world-class prima ballerina, or ballet star. Around the world, people were awed by her. Newspapers called her "enchanting," "brilliant," and "electrifying."

In 1965, Maria finally retired from the New York City Ballet. She was ready for new challenges. She worked with the Chicago Lyric Opera Ballet and briefly with the Hamburg Ballet. Then, in 1980, she started her own company, calling it the Chicago City Ballet. There she and her sister, Marjorie, taught young dancers to love the ballet.

Maria Tallchief was honored by her home state in 1953. She was given the name Wa-Xthe-Thomba. This means "Woman of Two Worlds." The name celebrates her achievements as a prima ballerina and as a Native American.

   Read & Understand Nonfiction, Spanish/English • EMC 5311 • © Evan-Moor Corp.

Name_____

Questions About *Maria Tallchief*

1. Tell how each of the people listed below influenced Maria's life.

   Ruth Tall Chief

   _____

   _____

   Madame Nijinska

   _____

   _____

   George Balanchine

   _____

   _____

2. How would a career as a concert pianist have been different from that of a ballerina? In what ways might it have been similar?

   _____

   _____

   _____

   _____

3. Make a list of adjectives that describe Maria Tallchief.

   _____

   _____

   _____

Name_____

Maria Tallchief
Vocabulary

A. Use clues from the story to help you write definitions for each word or phrase below. Then write a sentence using each word or phrase.

1. choreographer: _____

   _____

   _____

2. prima ballerina: _____

   _____

   _____

3. imposing: _____

   _____

   _____

B. Use these words from the story to complete the sentences below.

   determined   retired   original   strengths   electrifying

1. Jaime studied for two hours last night. He's _____ to get a good grade on the science test.

2. Keisha was so exciting in her role as Juliet! She gave an _____ performance.

3. We need _____ stories for the creative writing contest. Please don't imitate stories by other writers.

4. My grandmother _____ from her job last year. Now she and Granddad spend more time with us.

5. That runner's weakness is that she isn't a fast starter. Her _____ are that she is smart and she can run a long way without getting tired.

   Read & Understand Nonfiction, Spanish/English • EMC 5311 • © Evan-Moor Corp.

Name_____

Maria Tallchief
Thinking About the Arts

Maria Tallchief was a gifted artist. Ballet falls into a group of art called **performing arts**. Other examples of performing arts include music, acting, and mime. Performing arts involve the artist doing something for an audience.

Painting is a **visual art**. Other examples of visual arts include sculpture, pottery-making, collage, and photography. Visual arts involve the artist making something for other people to look at.

1. What are some other examples of visual or performing arts?

   _____

2. Which visual or performing arts do you enjoy? Tell what you like most about them.

   _____

   _____

   _____

   _____

3. Would you rather be the audience or the artist? Why?

   _____

   _____

4. Give examples of artists you know about. These people don't have to be famous; they can be family members or friends. Describe the art form chosen by each artist.

   _____

   _____

   _____

   _____

Maria Tallchief

La bailarina Maria Tallchief* heredó el orgullo y la gracia de los Osage. Ella nació en una reservación indígena en Oklahoma en 1925. Su padre, Alex Tall Chief, era un miembro prominente de la tribu Osage.

Los antepasados de Ruth, la madre de Maria, eran irlandeses y escoceses. Ruth creía que la música debía formar parte de la vida de sus hijas. Maria y su hermana menor, Marjorie, empezaron a tomar lecciones de música y danza a la edad de tres años.

Maria y su hermana demostraron grandes habilidades para la música y el baile, aún desde muy pequeñas. Ruth quería que sus hijas tuvieran una carrera en el escenario. Ella pensó que podrían tener más oportunidades en Hollywood, así que toda la familia se mudó a Los Ángeles, California, cuando Maria estaba por empezar el segundo grado.

Maria sabía que ella quería ser bailarina o música. ¿Pero cuál de las dos? Su madre quería que fuera pianista de concierto. A Maria le gustaba la música, pero no le gustaban las horas de práctica que pasaba a solas. Le gustaba estar con más personas.

Las dos hermanas empezaron a estudiar con una maestra llamada Bronislava Nijinska. Nijinska era muy conocida en el mundo del baile. Ella había sido una bailarina muy famosa en Rusia antes de llegar a los Estados Unidos.

Madame Nijinska era una maestra maravillosa, pero muy exigente. Les dijo a Marjorie y a Maria que tenían que empezar desde el principio. Las dos tenían talento, dijo ella, pero todo lo habían aprendido mal. Hizo que Maria trabajara más duro de lo que jamás había trabajado. También ayudó a Maria a que se decidiera a ser bailarina.

Maria estudió con Madame Nijinska durante cinco años. Al terminar la escuela superior o preparatoria le ofrecieron participar en un tour con una compañía de ballet profesional. Ir de tour significa "ir de ciudad en ciudad para bailar en el escenario".

---

*Maria nació Marie Elizabeth Tall Chief. Cambió su nombre a Maria. Luego, de adolescente, acortó su apellido a una sola palabra, Tallchief.

Éste fue un principio muy emocionante para Maria Tallchief. Trabajó increíblemente duro. Después del tour le ofrecieron continuar bailando con la compañía, la cual se llamaba el Ballet Ruso de Monte Carlo. Se convirtió en una de las bailarinas estrellas de la compañía. Fue durante esa época que conoció a George Balanchine.

Balanchine era un líder del ballet americano. Era uno de los coreógrafos más creativos. Un coreógrafo es alguien que planea los pasos para los bailarines. Después entrena a los bailarines a hacer esos pasos. El ballet americano no se consideraba tan hermoso como el ballet europeo o el ballet ruso. Balanchine cambió ese concepto. Creó ballets originales y emocionantes. Entrenó a bailarines para que usaran todas sus habilidades. Le enseñó a Maria Tallchief a ser una bailarina superior a lo que ya era.

En 1946, cuando Maria tenía veintiún años de edad, se casó con George Balanchine. Él le pidió que se uniera a su compañía de ballet, la cuál se convirtió en el famoso Ballet de la Ciudad de Nueva York. María bailó por muchos años, con el grupo, interpretando a veces hasta ocho presentaciones por semana.

Maria se convirtió en la bailarina principal o estrella de los Estados Unidos. Alrededor del mundo, la gente la admiraba. Los periódicos la llamaban "encantadora", "brillante" y "electrizante".

Finalmente, en 1965, María se retiró del Ballet de la Ciudad de Nueva York. Estaba lista para nuevos retos. Trabajó con la Ópera Lírica del Ballet de Chicago y brevemente con el Ballet de Hamburgo. Después, en 1980, empezó su propia compañía, a la que llamó Ballet de la Ciudad de Chicago y con su hermana Marjorie se dedicó a enseñar a bailarines jóvenes a amar el ballet.

Maria Tallchief fue honrada en su estado de orígen en 1953. Le fue dado el nombre de Wa-Xthe-Thomba. Esto significa "Mujer de dos mundos". El nombre celebraba sus triunfos como bailarina principal y como indígena.

Preguntas acerca de
Maria Tallchief

1. Explica qué influencia tuvo cada una de las siguientes personas en la vida de Maria Tallchief.

   Ruth Tall Chief

   _____

   _____

   Madame Nijinska

   _____

   _____

   George Balanchine

   _____

   _____

2. ¿Qué hubiera sido diferente si Maria hubiera elegido la carrera de pianista de concierto en lugar de ser bailarina? ¿De qué manera hubiera sido similar?

   _____

   _____

   _____

   _____

   _____

3. Haz una lista de los adjetivos que describen a Maria Tallchief.

   _____

   _____

   _____

Read & Understand Nonfiction, Spanish/English • EMC 5311 • © Evan-Moor Corp.

Maria Tallchief
Vocabulario

A. Usa pistas de la historia para escribir definiciones para cada palabra o frase de abajo. Después escribe una oración que contenga cada palabra o frase.

1. coreógrafo: _____

   _____

   _____

2. bailarina principal: _____

   _____

   _____

3. imponer: _____

   _____

   _____

B. Usa estas palabras de la historia para completar las oraciones siguientes.

  decidido   retiró   originales   rápidamente   electrizante

1. Jaime estudió por dos horas ayer en la noche. Él está _____ a obtener una buena calificación en el exámen de ciencias.

2. ¡Keisha estaba tan emocionada con su nuevo papel de Julieta! Su actuación fue una interpretación _____.

3. Necesitamos historias _____ para el concurso de escritura creativa. Por favor, no imiten historias de otros escritores.

4. Mi abuela se _____ de su empleo el año pasado. Ahora ella y el abuelo pasan más tiempo con nosotros.

5. La debilidad de ese corredor es que empieza lentamente. Compensa porque es muy inteligente y puede correr _____ por un tramo largo sin cansarse.

Maria Tallchief

Pensando en las artes

Maria Tallchief fue una artista genial. El ballet se considera una de la **bellas artes interpretivas.** Otros ejemplos de artes interpretivas incluyen música, actuación y drama mímico. Las artes interpretivas requieren que el artista haga algo frente al público.

La pintura es un **arte visual.** Otros ejemplos de artes visuales incluyen escultura, cerámica, collage y fotografía. Las artes visuales requieren que el artista haga algo para que otras personas lo vean.

1. ¿Cuáles son otros ejemplos de artes visuales y artes interpretivas?

   _____

2. ¿Qué tipo de artes visuales o interpretivas disfrutas más? Explica lo que más te gusta de ellas.

   _____

   _____

   _____

   _____

3. ¿Preferirías ser artista o ser parte del público? ¿Por qué?

   _____

   _____

4. Da ejemplos de artistas que conozcas. Estas personas no necesitan ser famosas; pueden ser familiares o amigos. Describe la forma de arte que escogió cada artista.

   _____

   _____

   _____

   _____

Read & Understand Nonfiction, Spanish/English • EMC 5311 • © Evan-Moor Corp.

City of Mystery

Spanish words to practice
Teotihuacán - (Teh-oh-tee-wah-KAHN)
    The Aztec name meaning City of the Gods
Avenida de los Muertos (ah-veh-NEE-dah deh los
    MWER-tohs) Avenue of the Dead

**The Avenue of the Dead
and the Pyramids of the Sun and the Moon**

About 30 miles northeast of Mexico City are the ruins of a great city. No one knows the name of the city, what language the people spoke, or who built its great pyramids. Archaeologists, detectives of the past, are trying to dig up the facts. Every day they uncover more clues that will help them solve the mystery, but they haven't found the answers to these questions.

They know that around 100 B.C. there were small villages scattered throughout the area. Seventy-five thousand people lived in the city 300 years later. By A.D. 600, twice as many people lived here. It had grown into one of the largest cities in the world.

The Aztecs, who settled where Mexico City is today, arrived hundreds of years after the city had been destroyed. When they discovered the ancient city, no one lived in the apartment complexes or walked along the magnificent Avenida de los Muertos. The Aztecs named this place the City of the Gods, Teotihuacán. They didn't believe that ordinary people could have built the pyramids and the buildings they found. The Aztecs made pilgrimages to the ancient city to pray. They searched the ruins for artifacts made by the people who had lived there. They found stone masks and pottery, but there was nothing made of metal. The knives and tools they discovered were fashioned from obsidian and stone. There were no wooden objects and cloth left because they had disintegrated with time.

The Aztecs marveled at the two gigantic pyramids that towered above the city. They named them the Pyramid of the Sun and the Pyramid of the Moon. The Pyramid of the Sun is the largest. It is as tall as a 20-story building (65.5 meters), and the base of the pyramid covers 500,000 square feet.

The people who lived in this mysterious city studied the stars, the planets, and geometry. Their buildings, for example, were built so the walls faced north, south, west, and east. Specially marked stones show that the people measured and used the position of the solar system and stars to plan their streets and buildings.

About 60 to 100 people lived in each apartment complex in the city. Their living quarters were arranged around a patio. Altars were set in some of the patios so people could leave offerings and pray to their gods.

There were many foreigners, people from other areas of Mexico, who lived there. Artifacts found in the apartment areas show that they came from long distances to live in this great city. Perhaps they were artisans who made objects to trade, or people who came there to live because of the marketplace.

Teotihuacán was a great trading center. Traders traveled there with a variety of goods from faraway places. Elegant bird feathers, chocolate, vanilla, pottery, salt, fish, and obsidian were probably exchanged in the marketplace. Other valuable items included nose plugs and earrings carved from jade, polished obsidian mirrors, and stone images of the feathered serpent god, the storm god, and the great goddess. Jointed pottery dolls and stone masks could have been offered for sale, too. While people bargained and exchanged goods, large pottery vases by the temples burned incense that perfumed the air.

Murals, huge paintings on the walls, have been found in buildings and underground chambers. The signs on the paintings show that the people in Teotihuácan probably had a system of picture writing.

There were many ceramic figures of people unearthed in the city. Were these 1,500-year-old faces modeled from the citizens or from important people? It's one of the questions archaeologists and anthropologists are trying to answer.

Will all the questions about this great city be answered one day? Scientists, archaeologists, and anthropologists are working together to find out more about Teotihuacán. They haven't given up. Perhaps one day they'll find more pieces to this ancient puzzle. If you decide to become an archaeologist and dig up the past, you could be the one to solve the mysteries of Teotihuacán.

Read & Understand Nonfiction, Spanish/English • EMC 5311 • © Evan-Moor Corp.

Name _____

Questions About
City of Mystery

1. Who named the city Teotihuacán? What does the name mean?

_____

_____

2. How tall is the Pyramid of the Sun? How much ground does it cover?

_____

_____

3. Why is Teotihuacán called the City of Mystery?

_____

_____

4. Why do you think archaeologists didn't find any metal in the city?

_____

_____

5. Would you want to have lived in Teotihuacán? Explain your answer.

_____

_____

_____

6. What do you think happened to Teotihuacán and the people who lived there?

_____

_____

_____

Name _____

City of Mystery
Vocabulary

A. Write the number of each word on the line in front of its meaning. Use story clues or a dictionary to help you.

1. anthropologist   _____ very old

2. archaeologist   _____ City of the Gods

3. Teotihuacán   _____ a large structure with four triangular-shaped sides

4. artifact   _____ the remains of a building or city that have fallen down

5. pottery   _____ journey made to a special religious place

6. disintegrated   _____ bowls and pots made of clay

7. pyramid   _____ an object made in an earlier time

8. pilgrimage   _____ a person who studies people and their cultures

9. ancient   _____ decayed

10. ruins   _____ a person who studies objects and buildings from the past

B. Find these missing words in the story and write them on the lines.

1. In 100 B.C., many groups of people lived in different places near Teotihuacán.

   Their houses were s_____ around the area.

2. Some of the artisans who lived in the city made c_____ figures.

3. Archaeologists found many paintings called m_____.

4. F_____ , people who came from other places, lived in the city of Teotihuacán.

5. The signs on the paintings in the city could mean the people of Teotihuacán had

   a system of w_____ with pictures.

Read & Understand Nonfiction, Spanish/English • EMC 5311 • © Evan-Moor Corp.

Name _____

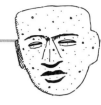

City of Mystery

Use Your Imagination

It is 300 years in the future. You are an archaeologist who is digging on the site where your school is now located.

Draw a picture or a map that shows what you discovered.
Write a paragraph describing what you found.

_____

_____

_____

_____

_____

_____

_____

_____

Ciudad de misterio

A casi 48.5 km (30 millas) al noroeste de la Ciudad de México se encuentran las ruinas de una gran ciudad. Nadie sabe el nombre de la ciudad, qué lenguaje hablaba su gente o quién construyó sus grandiosas pirámides. Los arqueólogos, detectives del pasado, están tratando de excavar estos hechos. Cada día descubren más pistas que les ayudarán a resolver el misterio, pero aún no han encontrado respuestas a estas preguntas.

Se sabe que alrededor de 100 A.C. había pequeñas poblaciones repartidas a través del área. Trescientos años más tarde, setenta y cinco mil personas vivían en la ciudad. Alrededor del año 600 D.C. ahí vivía ya el doble de gente. Se había convertido en una de las ciudades más grandes del mundo.

Los aztecas, quienes fundaron lo que hoy es la Ciudad de México, llegaron cientos de años después de que la ciudad había sido destruida. Cuando descubrieron la antigua ciudad, nadie vivía en los complejos de apartamentos o caminaba a lo largo de la magnífica Avenida de los Muertos. Los aztecas nombraron este lugar la Ciudad de los Dioses, Teotihuacán. No creían que gente ordinaria hubiera podido construir las pirámides y los edificios que encontraron.

Los aztecas hicieron peregrinajes a la ciudad antigua a rezar. Buscaron entre las ruinas artefactos hechos por la gente que había vivido ahí. Encontraron máscaras de piedra y de barro, pero nada hecho de metal. Los cuchillos que descubrieron

La Calzada de los Muertos y las Pirámides del Sol y de la Luna

estaban hechos de obsidiana y piedra. No había objetos de madera y tela porque se habían desintegrado con el paso del tiempo.

Los aztecas se maravillaron al ver las dos gigantescas pirámides que se elevaban sobre la ciudad. Las nombraron Pirámide del Sol y Pirámide de la Luna. La Pirámide del Sol es la más grande. Es tan alta como un edificio de 20 pisos (65.5 metros) y su base cubre 46,451 metros cuadrados (500,000 pies cuadrados).

La gente que había vivido en esa misteriosa ciudad había estudiado las estrellas, los planetas y la geometría. Sus edificios, por ejemplo, estaban construídos de manera que las paredes apuntaran al norte, sur, este y oeste.

Read & Understand Nonfiction, Spanish/English • EMC 5311 • © Evan-Moor Corp.

Piedras especialmente marcadas mostraban que la gente medía y usaba la posición del sistema solar y las estrellas para planificar sus calles y edificios.

Alrededor de 60 a 100 personas vivían en cada complejo de apartamentos de la ciudad. Sus cuartos de vivienda estaban arreglados alrededor de un patio. Había altares establecidos en algunos de los patios para que la gente pudiera dejar ofrendas y rezar a sus dioses.

Había muchos extranjeros, gente de otras partes de México, que vivían ahí. Los artefactos encontrados en las zonas de los apartamentos mostraban que habían llegado de largas distancias para vivir en esa gran ciudad. Quizás eran artesanos que hacían objetos para intercambiar o gente que había ido ahí a vivir cerca del gran mercado.

Teotihuacán era un gran centro de intercambio comercial. Los vendedores viajaban ahí con una gran variedad de bienes de lugares lejanos. Plumas elegantes de aves, chocolate, vainilla, artículos de barro, sal, pescado y obsidiana eran algunos de los objetos que probablemente se intercambiaban en el mercado. Otros objetos de valor incluían tapones de nariz y aretes hechos de jade, espejos de obsidiana lustrosa, imágenes de piedras del dios que era una serpiente emplumada, el dios de las tormentas y la gran diosa. Muñecas de barro y máscaras de piedra también se ofrecían en venta. Mientras la gente regateaba e intercambiaba objetos, el incienso que se quemaba en vasijas grandes de barro cerca de los templos perfumaba el aire.

Murales, grandes pinturas en las paredes, han sido encontradas en edificios y habitaciones subterráneas. Los símbolos en las pinturas muestran que la gente de Teotihuacán probablemente tenía un sistema de escritura pictográfica o con dibujos.

Se han excavado en la ciudad muchas figuras humanas de cerámica. ¿Acaso estas caras de casi 1,500 años de edad eran modelos de caras de los ciudadanos o eran de gente importante? Ésta es una de las preguntas que están tratando de resolver los arqueólogos y los antropólogos.

¿Se encontrarán respuestas a estas preguntas algún día? Científicos, arqueólogos y antropólogos trabajan juntos para descubrir más acerca de Teohtihuacán. Aún no se dan por vencidos. Tal vez algún día encontrarán más piezas de este antiguo rompecabezas. Si decides convertirte en arqueólogo y excavar el pasado, podrías ser el que resuelva los misterios de Teotihuacán.

Nombre _____

Preguntas acerca de
Ciudad de misterio

1. ¿Quién le dio el nombre de Teotihuacán a la ciudad? ¿Qué significa ese nombre?

   _____

   _____

2. ¿Qué tan alta es la Pirámide del Sol? ¿Cuánto terreno cubre?

   _____

   _____

3. ¿Por qué a Teotihuacán se le llama la Ciudad de Misterio?

   _____

   _____

4. ¿Por qué crees que los arqueólogos no encontraron ningún metal en la ciudad?

   _____

   _____

5. ¿Te hubiera gustado vivir en Teotihuacán?

   _____

   _____

   _____

6. ¿Qué crees que le pasó a Teotihuacán y a la gente que ahí vivía?

   _____

   _____

   _____

   Read & Understand Nonfiction, Spanish/English • EMC 5311 • © Evan-Moor Corp.

Nombre _____

Ciudad de misterio
Vocabulario

A. Escribe el número de cada palabra en la línea al lado de su significado. Usa pistas de la historia o usa un diccionario.

1. antropólogo   _____ muy viejo

2. arqueólogo   _____ Ciudad de los Dioses

3. Teotihuacán   _____ estructura grande con cuatro lados en forma de triángulo

4. artefacto   _____ restos de un edificio o ciudad que se han caído

5. barro   _____ viaje hecho a un lugar religioso especial

6. desintegrado   _____ material del que se hacen vasijas y platos

7. pirámide   _____ objetos hechos en épocas anteriores

8. peregrinaje   _____ persona que estudia los pueblos y las culturas

9. antiguo   _____ que se ha decaído

10. ruinas   _____ persona que estudia objetos y edificios de épocas pasadas

B. Encuentra las palabras que faltan en la historia y escríbelas en las líneas.

1. En 100 A.C., muchos grupos de gente vivían en diferentes lugares cerca de

   Teotihuacán. Sus casas estaban r_____ en el área.

2. Algunos de los artesanos que vivían en la ciudad hacían figuras de

   b_____.

3. Los arqueólogos encontraron pinturas llamadas m_____.

4. F_____, gente que venía de otros lugares, vivían en la
   ciudad de Teotihuacán.

5. Los símbolos en las pinturas de la ciudad podrían significar que los habitantes de

   Teotihuacán tenían un sistema de e_____ con dibujos.

Nombre _____

Ciudad de misterio

Usa tu imaginación

Es 300 años en el futuro. Tú eres un arqueólogo que está escarbando en el sitio donde actualmente está situada tu escuela.

Haz un dibujo o un mapa que muestre lo que has descubierto.
Escribe un párrafo que describa lo que encontraste.

Love That Chocolate!

Drop a spoonful of powdered chocolate in your milk. Dribble chocolate frosting on your graham cracker or celebrate a holiday with coins wrapped in gold foil, a chocolate Santa, or a cream-filled egg. Even better, open a box of aromatic chocolates—after dinner, of course. Wait! Even if you ate all your vegetables, don't scoop up a handful. Take a deep breath, or two, or three. Enjoy the tantalizing smell. Next, survey the chocolate rectangles and circles. Which ones hide your favorite creams, nuts, or caramels? No fair poking holes in the bottoms of the candies to find the one you want. Be adventurous. Take a chance and bite into the one in the middle of the box. Try again if it's not what you expected, but remember to save some for tomorrow.

Where does all this chocolate come from? Read on to find out.

Chocolate for Sale

Chocolate comes from cacao trees grown on large plantations. When chocolate is harvested, it doesn't have the same mouth-watering flavor you discover when you bite into a chocolate chip cookie. A lot of processing is needed to get that marvelous chocolate taste.

Pods of chocolate beans hang from the trunk, not from branches of the tree the way apples do. Blossoms form on the trunk throughout the year. The football-shaped pods that develop from the flowers are harvested whenever they're ripe. It takes five to six months for the pod to change from green to a ripe purple color.

Inside each pod are 20 to 40 white seeds (beans) that are about the size of almonds.

The cacao tree is native to the eastern coast of Mexico. Now it is grown all over the world in the tropical zones near the equator. Usually the cacao tree enjoys the shade of other trees. It thrives where the temperature never drops below 60°F (16°C), and prefers year-round temperatures in the 80s (27° to 32°C). If it's grown on plantations, it's pruned to 25 feet (8 meters). In the wild, it can grow to 50 feet (15 meters) and live about 60 years.

The seeds are surrounded by white pulp. The pulp and seeds are cut out of the pods. Then the bitter-tasting seeds and pulp are either placed in boxes in the hot sun or heated. The beans grow and die. The heat turns the pulp into liquid that is drained from the beans. After the beans are thoroughly dried, they turn a dark chocolate color and are shipped to candy factories all over the world. The smell and flavor from these beans is similar to the sweet odor of chocolate in a candy bar, but the beans aren't ready yet.

Chocolate at Last!

In the factories, chocolate beans are brushed clean, roasted, and crushed into particles called *nibs*. The outer shell isn't thrown away. It's used for fertilizer or food for cattle.

The nibs are ground into a hard brown block of cocoa. During the crushing process, liquid cocoa butter may be extracted from the beans. Some of the crushed nibs and cocoa butter are used in lotions and soaps.

Different types of rich chocolate, depending on the amount of cocoa butter, remain. Will it be processed into baking chocolate? It could be added to sugar and candy fillings for chocolate bars or candies that melt in your mouth. Maybe it will flavor a truckload of Rocky Road ice cream. Some of the chocolate will be added to bitter medicines to make them taste better.

Chocolate in Your Diet

Chocolate bars are very rich and will add a lot of calories to your diet. One small chocolate bar has about the same number of calories as two bananas, two slices of cheese, or three slices of white bread.

During World War II, the Hershey company made candy bars for soldiers to add extra calories and energy to their diets. Some explorers in cold climates eat chocolate to help them stay active. Chocolate bars are a good source of minerals and vitamin B, but chocolate, like coffee, contains caffeine, which can keep you awake when your body needs rest.

Chocolate Conquers the World

Long before people in Europe settled in the Americas, the Native Americans enjoyed chocolate. It was made into a special drink for royalty. The Aztec kings added chocolate to a mixture of seasonings and corn mash to make a bitter, peppery beverage. Sometimes honey, vanilla, and peppers were added. Chocolate was so valuable that it was used as money in the marketplace.

When Spanish ships carted chocolate beans back to Spain, it became a popular drink with the royal family and the nobles in the Spanish court. Sugar was added to the drink. Wooden beaters were used to whip the chocolate until it foamed. Orange water, white rose powder, cloves, and other spices were mixed into the chocolate.

The Spanish tried to keep chocolate a secret, but eventually visitors to the royal court took the drink back to their own countries. In the 1600s, its popularity spread across Europe. One hundred years later, chocolate was shipped from England to the English colonists in North America. The colonists became very fond of chocolate drinks. Their doctors prescribed chocolate for energy and good health.

Name _____

Questions About *Love That Chocolate!*

1. At what time during the year are chocolate beans harvested?

   _____

2. How long does it take for a pod of chocolate beans to ripen?

   _____

3. Could you grow a cacao tree where you live? Why or why not?

   _____

   _____

4. Before the Spanish came to Mexico, the Native Americans who lived there made a special drink with chocolate. How else did they use chocolate beans?

   _____

5. What ingredients did the Spanish use to make chocolate drinks?

   _____

   _____

6. In what section of the food pyramid does chocolate belong?

   _____

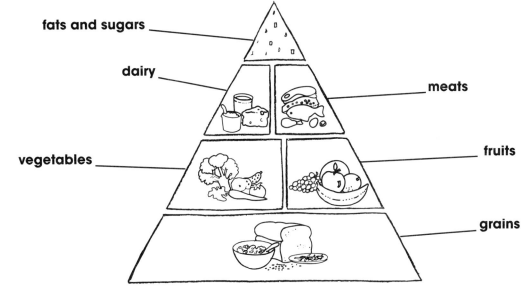

Love That Chocolate!

Vocabulary

A. Search the story for the words to fill the blanks in the following sentences. The number of blanks tell you how many letters are in each word.

1. Cacao trees grow best in the __ __ __ __ __ __ __ __ zones of the Earth.

2. The __ __ __ containing the chocolate beans grows on

   the __ __ __ __ __ of the tree.

3. When cacao trees grow on plantations, they are __ __ __ __ __ __ so they don't grow as tall as they do in the rainforests.

4. The outer coating of the bean is used for

   __ __ __ __ __ __ __ __ __ and cattle food.

5. A chocolate bar has as many __ __ __ __ __ __ __ __ as two bananas.

6. The cacao tree __ __ __ __ __ __ __ in areas where the temperature never drops below 60°F and stays in the 80s.

7. The seeds are surrounded by white __ __ __ __.

8. When the seeds are harvested, they have a __ __ __ __ __ __ taste.

B. What word in the second paragraph of the story means "very fragrant"? _____

C. How many words can you think of to describe the smell, taste, and appearance of chocolate? Write the words under the best heading.

Smell	Taste	Appearance
_____	_____	_____
_____	_____	_____
_____	_____	_____
_____	_____	_____
_____	_____	_____

Name _____

Love That Chocolate!

How Do You Like Your Chocolate?

Taking a survey means asking other people for their opinion about a particular topic and then organizing the information you have gathered. Usually this information is organized in a table.

Ask your friends and neighbors in what form they prefer to eat chocolate. Organize your information in the table below.

My Friends and Neighbors	Candies	Ice Cream	Cake	Cookies	Drinks

¡Adoro el chocolate!

Vacía una cucharada de chocolate en polvo a tu leche. Ponle chocolate a tu galleta o celebra un día de fiesta con monedas envueltas en papel de aluminio dorado, una figura de chocolate o un huevo relleno de crema. Aún mejor, abre una caja de fragantes chocolates—después de cenar, por supuesto. ¡Espera! Aún si comiste todas las verduras, no te comas los chocolates por puñados. Respira hondo, dos o tres veces. Disfruta el tentador aroma. Después, revisa los rectángulos y los círculos de chocolate. ¿Cuáles esconden tus cremas, tus nueces o tus caramelos favoritos? No se vale abrir los dulces para encontrar el que te gusta. Anímate. Arriésgate y muerde el que está en medio de la caja. Trata de nuevo si no es lo que esperabas, pero acuérdate de guardar algunos para mañana.

¿De dónde viene tanto chocolate? Sigue leyendo para que te enteres.

Se vende chocolate

El chocolate viene de los árboles de cacao que crecen en enormes plantaciones. Cuando se cosecha, no tiene el mismo sabor tan sabroso que descubres al morder una galleta con chispas de chocolate. Se necesita mucho procesamiento para obtener ese sabor tan maravilloso.

Vainas con granos de chocolate cuelgan del tronco, no de las ramas, como las manzanas. Nacen flores del tronco durante todo el año. Las vainas que se desarrollan de las flores tienen una forma ovalada como de pelota de fútbol americano. Se cosechan al madurar. Toma aproximadamente de cinco a seis meses para que la vaina cambie de verde al color púrpura de la madurez.

El árbol de cacao es nativo a la costa este de México. Actualmente crece por todo el mundo en zonas tropicales cerca del ecuador. Generalmente el cacao utiliza la sombra de otros árboles que hay a su alrededor. Florece donde la temperatura nunca baja por debajo de entre 27° y 32°C (aproximadamente 80°F). Si crece en plantaciones, acostumbra podarse a los 8 metros (27 pies) de altura. Cuando no se cultiva y crece libremente, puede alcanzar hasta 15 metros (50 pies) de altura y vivir casi 60 años.

Dentro de cada vaina hay de 20 a 40 semillas blancas (granos) del tamaño de una almendra. Las semillas están rodeadas de una pulpa blanca. La pulpa y las semillas se cortan y se sacan de la vaina. Luego, las

Read & Understand Nonfiction, Spanish/English • EMC 5311 • © Evan-Moor Corp.

semillas amargas y la pulpa se ponen en cajas bajo el sol caliente o se calientan. Los granos crecen y se secan. El calor convierte la pulpa en líquido que entonces se cuela de los granos. Después de que los granos están completamente secos, se ponen oscuros, y entonces se envían a las fábricas de dulces alrededor del mundo.

El olor y el sabor de estos granos es similar al olor dulce de la barra de chocolate, pero los granos aún no están listos.

¡Finalmente, el chocolate!

En las fábricas, los granos de chocolate se cepillan para limpiarse, se rostizan y se muelen en pequeñas partículas. La capa exterior no se desecha. Se usa como fertilizante o como comida para el ganado.

Los pedacitos se muelen hasta formar un bloque café duro de cocoa. Al molerse, se extrae mantequilla de cocoa de los granos. Algunos de los pedacitos molidos y la mantequilla de cocoa se usan en lociones y jabones.

Hay diferentes tipos de chocolate, dependiendo de la cantidad de mantequilla de cocoa. ¿Será procesado para usarse en pastelería? Podría agregarse al azúcar y rellenos de dulce para hacer barras de chocolate y dulces que se derritan en tu boca. Tal vez sirva para darle sabor a un cargamento de helado de chocolate. Parte del chocolate se agrega a las medicinas para darles buen sabor.

El chocolate en tu dieta

Las barras de chocolate son muy ricas en grasa y contienen bastantes calorías. Una barra de chocolate tiene aproximadamente el mismo número de calorías que dos plátanos, dos rebanadas de queso o tres rebanadas de pan blanco.

Durante la segunda guerra mundial, la compañía Hershey hacía barras de dulce para los soldados para agregar calorías adicionales y energía a su dieta. Algunos exploradores en climas fríos comen chocolate para ayudarse a mantenerse activos. Las barras de chocolate son una buena fuente de minerales y vitamina B, pero el chocolate, como el café, contiene cafeína, la cual puede mantenerte despierto cuando tu cuerpo necesita descansar.

El chocolate conquista el mundo

Mucho antes de que la gente de Europa se estableciera en América, los indígenas americanos ya disfrutaban del chocolate. Lo preparaban como una bebida especial para los reyes. Los reyes aztecas agregaban chocolate a una mezcla de condimentos y maíz molido para hacer una bebida amarga y picosa. El chocolate era tan valioso que se usaba como dinero en el mercado.

Cuando los barcos españoles llevaron los granos de chocolate a España, se convirtió en una bebida popular entre la familia real y los nobles de la corte española. A la bebida se le agregaba azúcar. Después se batía el chocolate con batidoras de madera hasta que hacía espuma. Se mezclaba con agua de naranja, polvo de rosa blanca y clavo y otras especies.

Los españoles trataron de mantener el chocolate en secreto, pero al final, los invitados de la corte real llevaron la bebida a sus propios países. En los años 1600, su popularidad se extendió por toda Europa. Cien años después, el chocolate se envió de Inglaterra a las colonias inglesas en Norteamérica. Los colonos se acostumbraron muchísimo a las bebidas de chocolate. Los doctores recetaban chocolate para la energía y la buena salud.

Nombre _____

Preguntas acerca de ¡Adoro el chocolate!

1. ¿En qué mes del año se cosechan los granos de chocolate?

   _____

2. ¿Cuánto tarda en madurar una vaina con granos de chocolate?

   _____

3. ¿Puede crecer un árbol de cacao donde vives? ¿Por qué sí o por qué no?

   _____

   _____

4. Antes de que los españoles llegaran a México, los indígenas americanos que vivían allí hacían una bebida especial con chocolate. ¿De qué otra manera usaban los granos de chocolate?

   _____

5. ¿Qué ingredientes usaban los españoles para hacer bebidas de chocolate?

   _____

   _____

6. ¿En qué sección de la pirámide de alimentos está el chocolate?

   _____

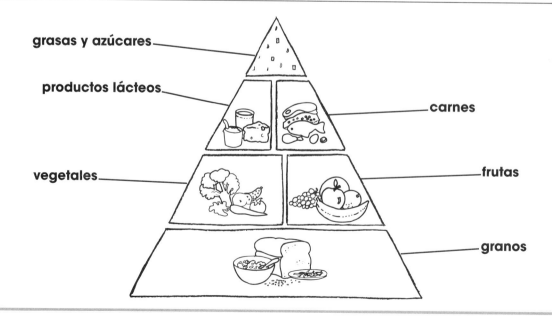

Read & Understand Nonfiction, Spanish/English • EMC 5311 • © Evan-Moor Corp.

Nombre _____

¡Adoro el chocolate!
Vocabulario

A. Busca en la historia las palabras para llenar los espacios en las siguientes oraciones. El número de espacios te indica cuántas letras hay en cada palabra.

1. Los árboles de cacao crecen mejor en las zonas _ _ _ _ _ _ _ _ _ _ _ de la tierra.

2. Las _ _ _ _ _ _ que contienen los granos de chocolate crecen en el

   _ _ _ _ _ _ _ de los árboles.

3. Cuando los árboles de cacao crecen en la plantaciones, se _ _ _ _ _ _ para que no crezcan tan altos como en la selva.

4. La cubierta exterior del grano se usa como _ _ _ _ _ _ _ _ _ _ _ _ y alimento para el ganado.

5. Una barra de chocolate tiene tantas _ _ _ _ _ _ _ _ _ como dos plátanos.

6. El árbol de cacao _ _ _ _ _ _ en áreas donde la temperatura nunca baja a menos de 60°F y permanece alrededor de los 80°F.

7. Las semillas están cubiertas por una _ _ _ _ _ _ blanca.

8. Cuando las semillas se cosechan, tienen un sabor _ _ _ _ _ _ _.

B. ¿Qué palabra del segundo párrafo significa "aromático"? _____

C. ¿En qué palabras puedes pensar que describan el olor, el sabor y la apariencia del chocolate? Escribe las palabras bajo cada título.

Olor	Sabor	Apariencia

¡Adoro el chocolate!

¿Cómo te gusta el chocolate?

Hacer una encuesta es preguntarle a la gente su opinión sobre un tema determinado y luego organizar la información que obtienes. Por lo común esta información se organiza en una tabla.

Pregúntale a tus amigos y vecinos en cuál de estas formas prefieren el chocolate. Organiza la información en la tabla que sigue.

Mis amigos y vecinos	Dulces	Helado	Pastel	Galletas	Bebidas

Read & Understand Nonfiction, Spanish/English • EMC 5311 • © Evan-Moor Corp.

Toads

Toads and frogs belong to the group of animals called amphibians. The word *amphibian* comes from Greek and means "having two lives." Both toads and frogs really do live two lives. First as tadpoles, they hatch from the eggs and live in the water. They undergo changes (metamorphosis) in the water. When they have their adult frog and toad bodies, most become land animals. They return to the water to lay their eggs.

Frogs and toads are so much alike that scientists often classify toads as a type of frog. Toads differ from the other frogs in their family because they have rougher skin and shorter hind legs. They have bumps, or tubercules, on their bodies. Toads are heavier than other frogs, and with their short hind legs, they can't hop as far. Many toads have glands on the sides of their neck. They give off a toxic fluid when the toad is attacked. Snakes don't seem to be bothered by the toxins, but most other animals quickly let go of the toad when they taste this poison. Toads can be as small as 1 inch long (2.5 cm) or as large as 9 inches (23 cm).

Toads are nocturnal animals. During the day, they hide in dark, damp places. Where winters are cold, they bury themselves in the ground in the winter and hibernate until the weather is warmer.

Toads absorb moisture through their skin instead of drinking water. When the weather is too hot, they can cover up underground where it is moist and estivate until the weather cools.

Toads feed on beetles and other insects, grubs, worms, and slugs. The 9-inch-long (23 cm) marine toads in Texas and Florida are big enough to eat mice. The toad has a long tongue attached to the front of its mouth. This sticky tongue darts out to catch insects flying nearby.

Toads swallow in an unusual way. They blink their eyes each time they swallow. Because there are no bones between the eyes and the mouth, the eyes press against the roof of the mouth with each blink. This pushes the food into the body.

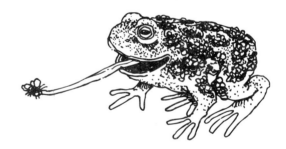

Toads lay eggs in pools of water. A strip of gelatin-like material that can be more than four feet long surrounds the eggs. The amount of time it takes the eggs to develop and hatch depends on the species of toad. It can take

Midwife Toad

several months for the tadpoles to grow legs and develop into toads.

Midwife Toad

The midwife toad is found in southwestern Europe. The male takes care of the eggs. After the female lays the eggs, the male wraps the strings of eggs around his thighs. Each night, he moistens the eggs with pond water or dew. After a month, he takes the eggs to the pond. Tadpoles leave the eggs and swim away.

Surinam Toad

This tropical toad can grow to 6 inches (15 cm). It is a brown or gray color like many other toads. It has webbed hind feet, and its front legs have star-shaped tips on the ends. This toad lives in the water and eats small fish and other water creatures. The male presses the eggs onto the back of the female. Her skin makes a pocket around each egg. The tadpoles swim away once they hatch from the eggs.

Spadefoot Toad

Spadefoot toads have smooth skin. Usually they don't have the toxin glands found on other toads. The name "spadefoot"

comes from the tubercules on each hind foot. This 2-inch-long (5 cm) toad uses these special hind feet to dig into the earth. It can quickly hide under the ground. In fact, the spadefoot stays underground most of the time. After a spring rain, spadefoots head for newly created ponds to lay their eggs. Because the water can dry up quickly, spadefoot tadpoles become toads in a few weeks and head for land. Many spadefoots are killed by cars when they cross roads on their way to and from the ponds.

American Toad

The American toad can be found in the Eastern United States and Canada. It is 1 to 2 inches long (2.5 to 5 cm). The colors of the American toad vary, but generally it is a brownish olive. The musical trilling songs that come from an external vocal pouch can identify the males. The tadpoles leave the eggs after only three days. After two months, they hop out of the pond in their adult bodies, ready to live on land.

Fowler's Toad

Unlike the melodic American toad, this amphibian screams out its song. It's found in the same area as the American toad. Fowler's toads don't have spots on their bellies and chests like the American toad.

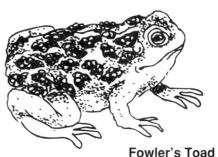

Fowler's Toad

Read & Understand Nonfiction, Spanish/English • EMC 5311 • © Evan-Moor Corp.

Name _____

Questions About *Toads*

1. In what ways are toads different from frogs?

   _____

   _____

2. How do the toads' eyes help them swallow?

   _____

   _____

3. How does the location of a toad's tongue help it catch food?

   _____

   _____

4. Why do toads return to water?

   _____

   _____

5. List the unusual characteristics of the spadefoot toad.

   _____

   _____

   _____

6. What are the differences between the Fowler's toad and the American toad?

   _____

   _____

   _____

Name _____

Toads
Vocabulary

1. Find the word in the story that means the physical changes the toad goes through from egg to adult.

   _____

2. Many toads have glands that give off a poisonous fluid. What other word used in the story means "poisonous"? Then write the noun form of that word, meaning "poisons."

   _____   _____

3. You are probably familiar with the word *hibernate,* which means "to sleep or rest in the winter." What word in the story means "to sleep or rest when the weather is hot"?

   _____

4. Fill in the blanks using the best words from the story.

   a. The American toad has a very pleasant song. It is _____.

   b. The vocal cords of the American toad are in an _____ pouch.

   c. Toads hunt for food at night. They are _____.

   d. Toads lay eggs in a string of _____.

5. What is the Greek meaning of the word *amphibian*?

   _____

Read & Understand Nonfiction, Spanish/English • EMC 5311 • © Evan-Moor Corp.

Name _____

Toads

Make an Information Map

There are many ways to write and organize information when you need to remember what you read. One way is to make a map. Use the information in the story to complete this map about the Surinam toad. Write words or phrases, not whole sentences.

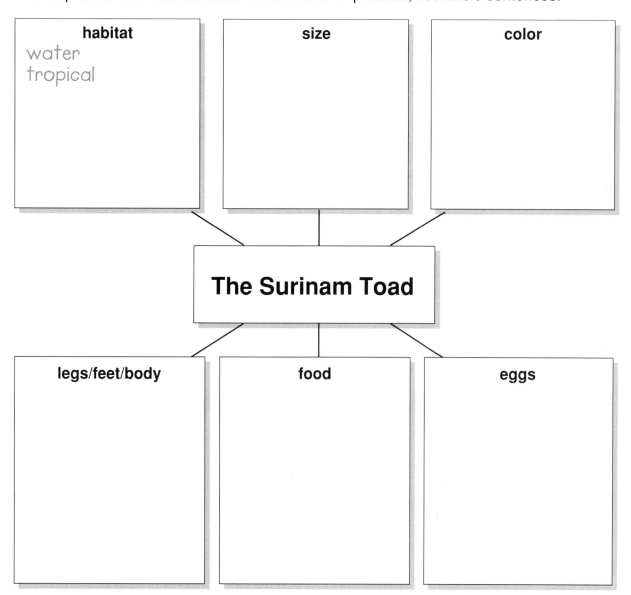

habitat
water
tropical

size

color

The Surinam Toad

legs/feet/body

food

eggs

Bonus: On another sheet of paper, make a map about the American toad using the same headings as the ones for the Surinam toad. (Clues: To find the food the American toad eats, look for the kinds of foods most toads eat. To finish the description of the color, look under Fowler's toad.)

Los sapos

Los sapos y las ranas pertenecen a un grupo de animales llamado anfibios. La palabra anfibio es de orgen griego y significa "dos vidas." Las ranas y los sapos de verdad viven dos vidas. Primero, como renacuajos, salen del huevo y viven en el agua. Pasan por un cambio o metamorfosis en el agua. Cuando la rana y el sapo ya tienen su cuerpo adulto, la mayoría de ellos se convierte en animales terrestres. Regresan al agua sólo para poner sus huevos.

Las ranas y los sapos son tan parecidos que los científicos a menudo clasifican a los sapos como un tipo de rana. Los sapos se diferencían de otras ranas de la familia en que tienen la piel más áspera y las patas traseras más cortas. Tienen protuberancias, o tubérculos, en su cuerpo. Los sapos son más pesados que otras ranas y no pueden saltar tan lejos porque sus patas traseras son cortas. Muchos sapos tienen glándulas a los lados del cuello. Cuando se ven atacados, arrojan un fluido tóxico. Esta toxina no parece molestar a las serpientes, pero muchos animales sueltan al sapo al probar este veneno. Los sapos pueden ser tan pequeños como de 2.5 cm (una pulgada) o tan largos como de 23 cm (9 pulgadas).

Los sapos son animales nocturnos. Durante el día se esconden en lugares oscuros y húmedos. En los lugares donde el invierno es frío, se entierran en el suelo e invernan hasta que el clima se vuelve cálido.

Los sapos absorben humedad a través de su piel en lugar de tomar agua. Cuando hace mucho calor, se esconden bajo la tierra para buscar la humedad y estivan hasta que el clima se pone más fresco.

Los sapos se alimentan de escarabajos y otros insectos, larvas, gusanos y babosas. Los sapos marinos que habitan en Texas y la Florida y miden 23 cm (9 pulgadas) son lo suficientemente grandes para comer ratones. Los sapos tienen una lengua larga sujeta al frente de su boca. Esta lengua pegajosa salta hacia afuera para atrapar los insectos que vuelan a su alrededor.

Los sapos tragan de una manera inusual. Pestañean cada vez que tragan algo. Como no tienen huesos entre el ojo y la boca, el ojo presiona contra el paladar, la parte de arriba de la boca, cada vez que el sapo cierra los ojos. Esto empuja la comida hacia dentro del cuerpo.

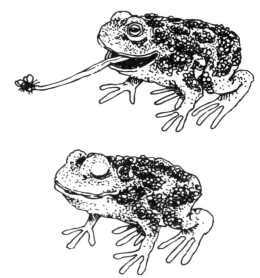

Los sapos ponen sus huevos en charcos de agua. Una tira de una substancia gelatinosa de hasta más de 112 cm (4 pies) de largo rodea los huevos. El tiempo que tardan los huevos en madurar y los renacuajos en nacer depende de la especie del sapo. Pueden pasar varios meses hasta que a los renacuajos les crezcan las patas y se conviertan en sapos.

Read & Understand Nonfiction, Spanish/English • EMC 5311 • © Evan-Moor Corp.

Sapo partero

El sapo partero se encuentra en el suroeste de Europa. El macho cuida los huevos. Después de que la hembra pone los huevos, el macho se amarra la hilera de huevos a las patas. Cada noche humedece los huevos con agua de charco o con gotas de rocío. Después de un mes, lleva los huevos al charco. Los renacuajos salen de los huevos y se van nadando.

Sapo de Surinam

Este sapo tropical llega a medir hasta 15 cm (6 pulgadas). Como muchos otros sapos, es de color café o gris. Sus patas traseras son palmeadas y sus patas delanteras tienen las puntas en forma de estrella. Vive en el agua y come peces pequeños y otras criaturas de agua. El macho empuja los huevos sobre la espalda de la hembra. La piel de la hembra hace un bolsillo alrededor de cada huevo. Los renacuajos se alejan nadando una vez que salen de los huevos.

Sapo de espolón

El sapo de espolón o sapo de espuelas tiene una piel muy suave. Usualmente no tiene glándulas de toxinas como otros sapos. Se llama así por los tubérculos que tiene en las patas traseras. Este sapo de tan sólo 5 cm (2 pulgadas) usa sus patas traseras especiales para escarbar en la tierra. Puede esconderse rápidamente bajo el suelo. De hecho, el sapo de espolón se mantiene bajo el suelo la mayor parte del tiempo. Después de las lluvias de primavera, el sapo de espolón se dirige a los charcos recién formados para poner sus huevos. Como el agua se seca rápidamente, los sapos de espolón se convierten en renacuajos en pocas semanas y se dirigen a la tierra. Muchos sapos de espolón son aplastados por los automóviles cuando cruzan la carretera para salir o regresar a los charcos.

Sapo americano

El sapo americano puede encontrarse en el este de los Estados Unidos y Canadá. Mide de 2.5 a 5 cm (de 1 a 2 pulgadas). Los colores del sapo americano varían, pero generalmente es de un verde olivo con café. Los machos producen un gorjeo musical que sale por una bolsa vocal externa. Los renacuajos salen de sus huevos después de sólo tres días. Después de dos meses, saltan del charco con un cuerpo ya de adulto, listos para vivir en la tierra.

Sapo de Fowler

A diferencia del melodioso sapo americano, este anfibio grita sus canciones. Puede encontrarse en la misma área que el sapo americano. Los sapos de Fowler no tienen manchas en el estómago y en el pecho como el sapo americano.

Sapo de Fowler

Nombre _____

Preguntas acerca de *Los sapos*

1. ¿En qué son diferentes los sapos de las ranas?

   _____

   _____

2. ¿Cómo los ojos de los sapos les ayudan a tragar?

   _____

   _____

3. ¿Cómo le ayuda la ubicación de la lengua al sapo a atrapar su comida?

   _____

   _____

4. ¿Por qué regresan los sapos al agua?

   _____

   _____

5. Haz una lista de las características especiales del sapo de espolón.

   _____

   _____

   _____

6. ¿Cuál es la diferencia entre el sapo de Fowler y el sapo americano?

   _____

   _____

   _____

   Read & Understand Nonfiction, Spanish/English • EMC 5311 • © Evan-Moor Corp.

Nombre _____

Los sapos
Vocabulario

1. Encuentra la palabra en la historia para nombrar los cambios físicos por los que el sapo pasa en su transformación de huevo a adulto.

   _____

2. Muchos sapos tienen glándulas que arrojan un líquido venenoso. Escribe otra palabra que se usa en la historia que significa "venenoso." Después escribe la forma de sustantivo de la palabra que significa "veneno".

   _____   _____

3. Probablemente conoces la palabra *invernar* que significa "dormir o descansar en el invierno". ¿Qué palabra en la historia significa descansar cuando el clima está caliente?

   _____

4. Completa los espacios en blanco escribiendo las palabras apropiadas de la historia.

   a. El sapo americano canta de manera agradable. Es muy _____.

   b. Las cuerdas vocales del sapo americano están en una bolsa _____

   c. Los sapos salen a buscar comida de noche. Son _____.

   d. Los sapos ponen huevos en una tira _____.

5. ¿Cuál es el significado de la palabra *anfibio* (de origen griego)?

   _____

Nombre _____

Los sapos

Haz un mapa de información

Hay muchas maneras de escribir y organizar información cuando necesitas recordar lo que has leído. Para hacerlo, puedes hacer un mapa. Usa la información de la historia para completar este mapa acerca del sapo de Surinam. Escribe palabras o frases; no uses oraciones completas.

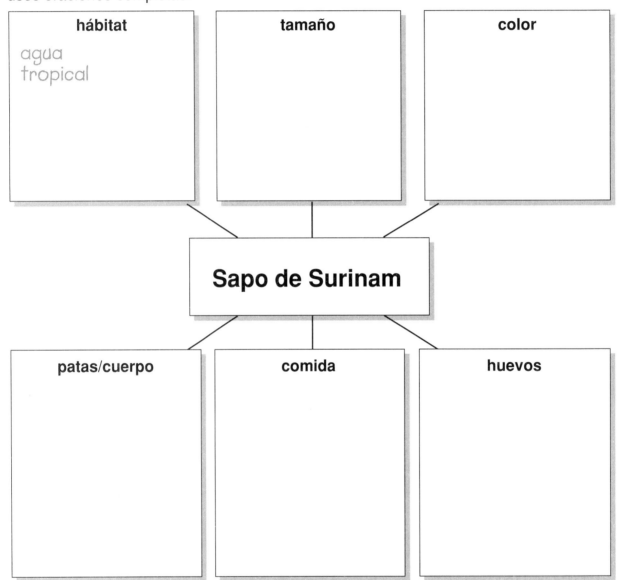

hábitat

agua
tropical

tamaño

color

Sapo de Surinam

patas/cuerpo

comida

huevos

Actividad adicional: En otra hoja de papel haz un mapa de información sobre el sapo americano usando las mismas categorías que se usaron para el sapo de Surinam.
(Pistas: Para encontrar lo que come el sapo americano, busca los tipos de comida que comen la mayoría de los sapos. Para completar la descripción del color, lee la sección acerca del sapo de Fowler.)

James Cleveland Owens was born on September 12, 1913. His seven brothers and sisters called him J. C. The family lived in Danville, Alabama. The whole family worked to earn enough to buy food for the family. J. C. picked cotton.

Hoping for a better life, the Owens family moved to Cleveland, Ohio. J. C. attended junior high and high school there. When J. C. entered school, the teacher asked his name. He answered, "J. C." The teacher misunderstood and wrote "Jesse." That name stayed with him the rest of his life.

At East Technical High School in Cleveland, Jesse was on the track team. He set or tied national and world records in track events. He studied and did well in school.

After he graduated, he enrolled at Ohio State University. There he continued his winning ways on the track. Jesse didn't have a scholarship, so he had to work while he went to school. Despite the time taken by track and work, he was a good student.

When he was just a sophomore, his team went to a track meet in Michigan. He had decided to compete even though he had injured his back. In a 45-minute time period, he did something amazing. He tied the world record for the 100-yard dash at 9.4 seconds. He broke the world running broad jump record with a 26 feet 8½-inch jump. He finished the 220-yard hurdles in 22.6 seconds, another world record.

In 1936, Jesse Owens went to Berlin, Germany, to compete in the Olympics. The head of the German government was Adolph Hitler. He wanted to show the world what great athletes the Germans were. He spoke out against Jews and black people, saying they were inferior to Germans. Hitler was angry when Jesse Owens, the grandson of a slave, won four gold medals and broke world records during that Olympics. Other black members of the American team won more medals for the United States. They showed the world that they were outstanding athletes.

Hitler congratulated many medal winners, but he left the stadium to avoid congratulating Owens and the other black athletes. The German people cheered Owens and his outstanding performances even when Hitler was watching the games. One German athlete, Lutz Long, befriended Jesse in spite of Hitler. Lutz put his arm around Jesse after Jesse won the gold and he won the silver in the broad jump.

Jesse Owens was a hero after the 1936 Olympic Games. Even so, he faced discrimination in the United States when he returned home. He was not invited to the White House, and he wasn't congratulated by the president. Jesse Owens, one of the world's greatest athletes, had to ride in the back of city buses. He couldn't live in many neighborhoods in the United States because he was black. Many restaurants refused to seat black people.

Owens decided to become a professional athlete. Despite hard work, his family had been poor all their lives. Now that he was famous, he could earn money in professional meets and exhibitions.

People from all over the United States came to events to see the legendary Jesse Owens. Sometimes he was scheduled to race against animals and cars. He also toured with the Harlem Globetrotters' basketball team. At times when he didn't earn enough as an athlete, he worked as a janitor and a disk jockey.

By the time Jesse Owens was thirty-five years old, he had become a successful speaker and public relations person. He didn't need to compete in special events.

In his later years, Jesse stopped running and jogging. He exercised by walking daily. He also lifted weights and swam to stay physically fit.

In 1976, he received the Medal of Freedom from President Gerald Ford. It is the highest honor an American can receive. He was finally recognized by the government for his achievements as an athlete and as a person. He died four years later.

1936 Olympic Triumphs

Jesse Owens ran the 100-meter dash in 10.3 seconds.

He completed the 200-meter dash in 20.7 seconds.

His running broad jump, a gigantic 26 feet and 5⅜-inch leap, earned him another gold medal.

He was the lead member of the U.S. 400-meter relay team. The four American runners broke another world record with a 39.8-second time.

Jesse Owens earned a total of four gold medals during the games.

Read & Understand Nonfiction, Spanish/English • EMC 5311 • © Evan-Moor Corp.

Questions About *Jesse Owens*

1. How was J. C. Owens's name changed to *Jesse*?

_____

2. Describe Jesse's accomplishments as a college athlete.

_____

_____

_____

3. Why didn't Adolph Hitler congratulate winning black athletes at the Olympics?

_____

_____

_____

4. In what ways were Owens and other black people discriminated against in the 1930s and 1940s?

_____

_____

_____

5. Why do you think Jesse Owens was awarded the Medal of Freedom?

_____

_____

_____

Name_____

Jesse Owens
Vocabulary

A. Complete the sentences below using words from the Word Box.

Word Box			
befriended	competed	discrimination	sophomore
relay	amateur	professional	

1. Jesse Owens _____ in the 100- and 200-meter dash, the broad jump,

   hurdles, and _____ races.

2. Owens broke several world records during his _____ year at
   Ohio State University.

3. Owens and other black people faced _____ in the United States.
   They couldn't eat or live in many places.

4. During the Olympic Games in Germany in 1936, Lutz Long, a German athlete,

   _____ Owens.

5. Owens, an _____ athlete before and during the Olympics, became

   a _____ athlete when he returned to the United States.

B. Write each word below on the line in front of its meaning.

   exhibitions   successful   recognized   dictator   legendary

1. _____ a ruler with power over the people

2. _____ gaining honor or wealth; achieving goals

3. _____ one who is admired and talked about for outstanding
   achievements; described as a hero

4. _____ singled out for special achievements; known

5. _____ special events and displays

Read & Understand Nonfiction, Spanish/English • EMC 5311 • © Evan-Moor Corp.

Name_____

Jesse Owens
Write About It

Jesse Owens was a successful student, athlete, and speaker even though he faced many problems during his life. Write about the successes you would like to have during your life. Include what you think you would need to do to achieve your goals and be successful.

_____

_____

_____

_____

_____

_____

_____

_____

_____

_____

_____

_____

_____

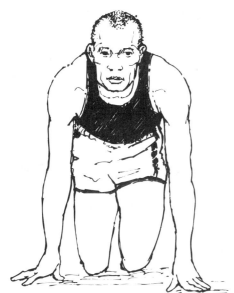

James Cleveland Owens nació el 12 de septiembre de 1913. Sus siete hermanos y hermanas lo llamaban J.C. Su familia vivía en Danville, Alabama. La familia entera trabajaba para comprar la comida suficiente para la familia. J.C. pizcaba algodón.

Soñando con una mejor vida, la familia Owens se mudó a Cleveland, Ohio. J.C. asistió a la secundaria y la escuela superior o preparatoria ahí. Cuando J.C. ingresó a la escuela, su maestro le preguntó su nombre. Él contestó, "J.C." El maestro no entendió bien y escribió "Jesse." Ese nombre se le quedó el resto de su vida.

En la Escuela Superior Técnica del Este de Cleveland, Jesse estaba en el equipo de atletismo de pista. Estableció y empató récords nacionales y mundiales en carreras de pista. Estudió y se desempeñó bien en la escuela.

Después de graduarse se inscribió en la Universidad Estatal de Ohio. Ahí continuó ganando en las carreras de pista. Jesse nunca tuvo una beca, así que tenía que trabajar mientras asistía a la escuela. A pesar del tiempo que le tomaban el atletismo y el trabajo, era un buen estudiante.

Cuando estaba en segundo año, su equipo fue a un encuentro de atletismo en Míchigan. Había decidido competir aún cuando se había lastimado la espalda. En un período de 45 minutos Jesse logró algo increíble: empató el récord mundial de las 100 yardas en 9.4 segundos; rompió el récord mundial del salto largo con un salto de 26 pies y 8½ pulgadas; y terminó la carrera de vallas de 220 yardas en 22.6 segundos, otro récord mundial.

En 1936, Jesse Owens fue a Berlín, Alemania, a competir en las Olimpiadas. La cabeza del gobierno alemán era Adolfo Hitler. Él quería mostrarle al mundo lo grandiosos que eran los atletas alemanes. Hablaba en contra de los judíos y los negros y decía que eran inferiores a los alemanes. Hitler se enojó cuando Jesse Owens, el nieto de un esclavo, ganó cuatro medallas de oro y rompió récords mundiales durante las Olimpiadas. Otros miembros negros del equipo americano ganaron más medallas para los Estados Unidos. Con eso le demostraron al mundo que eran unos atletas extraordinarios.

Hitler felicitó a muchos ganadores de medallas, pero dejó el estadio para no felicitar a Owens y a los otros atletas negros. Los alemanes aplaudieron los logros impresionantes de Owens aún cuando Hitler estaba observando los juegos. Un atleta alemán, Lutz Long, se hizo amigo de Owens a pesar de Hitler. Lutz abrazó a Jesse después de que Jesse ganó la medalla de oro y él mismo ganó la medalla de plata en el salto largo.

Jesse Owens se convirtió en héroe después de los juegos olímpicos de 1936. Aún así, se enfrentó a discriminación en los Estados Unidos al regresar a su hogar. No fue invitado a la Casa Blanca y no fue felicitado por el presidente. Jesse Owens, uno de los mejores atletas del mundo, tenía que viajar en el fondo de los autobuses municipales. Había muchos barrios de los Estados Unidos donde no podía vivir porque era negro. Muchos restaurantes se negaban a darle asiento a la gente de color.

Owens decidió convertirse en atleta profesional. A pesar de tanto trabajo, su familia había sido pobre toda la vida. Ahora que ya era famoso, podía ganar dinero en encuentros atléticos y exhibiciones profesionales.

Gente de todos los lugares de los Estados Unidos fue a los eventos a ver al legendario Jesse Owens. Algunas veces estaba en eventos en los que participaba en carreras contra animales y automóviles. También viajó en tours con el equipo de basquetbol de los Globtrotters de Harlem. En ocasiones, cuando no ganaba mucho como atleta, trabajaba como empleado de limpieza y tocaba discos en fiestas.

Cuando Jesse Owens tenía 35 años de edad ya se había convertido en un gran orador y experto en relaciones públicas. No necesitaba competir en eventos especiales.

Ya más avanzado de edad, Jesse dejó de correr y trotar. Caminaba diariamente para hacer ejercicio. También levantaba pesas y nadaba para hacer ejercicio.

En 1976, recibió la Medalla de la Libertad de manos del Presidente Gerald Ford. Es el honor más grande que un ciudadano americano puede recibir. Finalmente era reconocido por el gobierno por sus logros como atleta y como persona. Murió cuatro años después.

Triunfos Olímpicos de 1936

Jesse Owens completó la carrera de 100 metros en 10.3 segundos.

Completó la carrera de 200 metros en 20.7 segundos.

Su salto largo, un gigantesco salto de 26 pies y 5⅜ pulgadas, le ganó otra medalla de oro.

Fue el primer corredor en el equipo de relevo de los 400 metros de los Estados Unidos. Los cuatro corredores americanos rompieron otro récord mundial con 39.8 segundos.

Jesse Owens ganó un total de cuatro medallas de oro durante los juegos.

Nombre _____

Preguntas acerca de
Jesse Owens

1. ¿Cómo fue que el nombre de J.C. Owens cambió a Jesse?

   _____

2. Describe los logros de Jesse como atleta universitario.

   _____

   _____

   _____

3. ¿Por qué no felicitó Adolfo Hitler a los atletas negros ganadores de las Olimpiadas?

   _____

   _____

   _____

4. ¿Cómo eran discriminados Owens y otra gente negra en los 1930s y los 1940s?

   _____

   _____

   _____

   _____

5. ¿Por qué crees que le fue otorgada la Medalla de la Libertad a Jesse Owens?

   _____

   _____

   _____

   _____

Nombre _____

Jesse Owens

Vocabulario

A. Completa las siguietes oraciones usando palabras de la Caja de palabras.

Caja de palabras			
amigo	discriminación	relevos	afición
segundo	profesional	compitió	

1. Jesse Owens _____ en las carreras de 100 y 200 metros, de

   salto largo, de vallas y de _____.

2. Owens rompió varios récords mundiales durante su _____
   año en la Universidad Estatal de Ohio.

3. Owens y otra gente de color enfrentaron _____ en los
   Estados Unidos. No podían comer ni vivir en varios lugares.

4. Durante los juegos olímpicos en Alemania en 1936, Lutz Long, un atleta alemán

   se hizo _____ de Owens.

5. Owens, un atleta _____ antes y durante las Olimpiadas,

   se convirtió en atleta _____ cuando regresó a los Estados
   Unidos.

B. Escribe cada una de las siguientes palabras en la línea junto a sus significado.

   exhibiciones   exitoso   reconocido   dictador   legendario

1. _____ el que tiene el poder de decirle a un pueblo qué hacer

2. _____ haber ganado honor o riqueza o alcanzado las metas

3. _____ alguien a quien se le admira y de quien se habla por
   sus logros; se considera un héroe

4. _____ señalado de entre otros por sus logros

5. _____ eventos especiales y demostraciones

Jesse Owens

A escribir

Jesse Owens tuvo éxito como estudiante, atleta y orador, aún cuando enfrentó muchos problemas a lo largo de su vida. Escribe acerca de los logros que te gustaría tener durante tu vida. Incluye lo que crees que necesitarías para lograr tus metas y tener éxito.

_____

_____

_____

_____

_____

_____

_____

_____

_____

_____

_____

_____

_____

_____

_____

_____

_____

_____

_____

Vietnamese Holidays

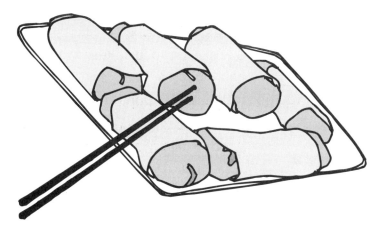

The Vietnamese celebrate many festivals during the year. There are special days set aside to remember ancestors and their spirits. There is an incense ceremony day and a long list of national holidays. On almost every special day, there are parades, prayers, flowers, fireworks, and holiday foods.

During an autumn festival, children parade with lanterns. Everyone eats moon cakes, a pastry filled with sesame or bean paste, and admires the harvest moon.

Buddhists, the followers of Buddha, celebrate his birthday every year. Captive birds and fish are set free in his honor.

One of the most important celebrations is Têt, the Vietnamese New Year.

Almost everyone in Vietnam honors this holiday. Têt begins on the first day of the lunar year and signals the beginning of spring. Têt doesn't fall on the same day every year because the date for Têt depends on the cycles of the moon. The festival takes place on different dates in January or February and lasts from three to seven days.

Before Têt begins, the home is cleaned and decorated with spring blossoms. Banners and lights are hung outdoors. People try to be kind to everyone. It's important to settle arguments that have taken place during the year.

Têt is a time to honor ancestors. An altar with pictures of the ancestors is arranged in the home. Food is set out on the altar along with candles and incense. The family invites the spirits of their ancestors to share the New Year's Eve dinner.

The Kitchen God is honored with a special offering to make him happy. At the end of each year, he is thought to give reports about the family to the Jade Emperor in Heaven. If the Kitchen God is pleased, the family believes he will praise them.

At midnight, the family prays for good health and good fortune in the New Year. Loud strings of firecrackers are set off to chase away the evil spirits.

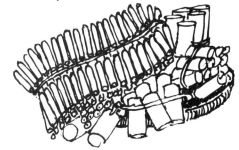

On the first day of the New Year, people go to the temples and pagodas. They pray to the gods of their religion. They pray for their ancestors and ask for a good new year. Children receive presents of red envelopes with money inside. The family enjoys special treats of preserved fruit and lotus seeds.

It's believed that the first visitor to the house during Têt brings good luck or bad luck for the coming year. The family takes great care to invite a special person to the house who will bring them good fortune.

Many holiday foods are served during Têt. Some favorites are sweet rice cakes with beans, noodles, fruits, and dumplings filled with pork and green beans.

Many small villages in the hill country celebrate Têt with traditional songs and dances from their region. They have special New Year activities like horse races or wrestling matches.

After the Têt celebrations, spring has officially arrived. It's time to plant crops and spring rice.

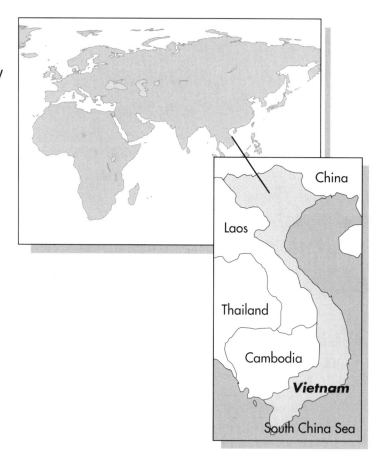

Read & Understand Nonfiction, Spanish/English • EMC 5311 • © Evan-Moor Corp.

Name _____

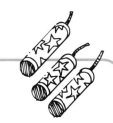

Questions About
Vietnamese Holidays

1. Why doesn't Têt begin on the same day each year?

_____

_____

2. Why are offerings set out for the Kitchen God?

_____

_____

3. How do the Vietnamese honor their ancestors during Têt?

_____

_____

4. Fill in the blanks using words from the story.

   a. Têt takes place in _____ or _____.

   b. Têt lasts from _____ to _____ days.

   c. During Têt, it's important to be _____ to everyone and

   settle _____.

   d. Before Têt, the house is _____ and _____ with

   spring _____.

5. Why is it important to invite a special guest to visit during Têt?

_____

_____

Vietnamese Holidays
Vocabulary

A. Find these words in the story.

1. List the names of two places where people in Vietnam go to pray.

_____   _____

2. What is the word that means a substance that produces a sweet smell when burned?

_____

3. What word means relatives in your family who lived long ago?

_____

4. What is the name of steamed dough filled with bean paste and other foods?

_____

B. Write these words next to their definitions.

lotus	preserved	altar	national
spirits	cycle	Têt	ceremony

1. belonging to a country _____

2. a water plant that produces a seed that can be eaten _____

3. a place to pray and leave offerings _____

4. ghosts _____

5. religious or public activity with a special purpose _____

6. a period of time or an event that is repeated many times _____

7. processed to last a long time _____

8. the name of the New Year celebration in Vietnam _____

C. Name five foods mentioned in the story. _____

_____

Read & Understand Nonfiction, Spanish/English • EMC 5311 • © Evan-Moor Corp.

Name _____

Vietnamese Holidays

Main Topics and Details

The following are topics found in the story. Write details under each of the topics. Write one fact next to each letter.

I. Kitchen God

    A. _____

    B. _____

    C. _____

II. Altars

    A. _____

    B. _____

    C. _____

    D. _____

III. Buddha's Birthday

    A. _____

    B. _____

IV. Autumn Festival

    A. _____

    B. _____

    C. _____

V. The First Day of the New Year

    A. _____

    B. _____

    C. _____

    D. _____

    E. _____

Días de fiesta vietnamitas

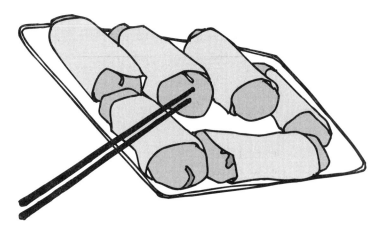

Los vietnamitas celebran muchos festivales durante el año. Hay días especiales reservados para recordar a sus ancestros y sus espíritus. Hay una ceremonia para el día del incienso y una lista larga de días de fiesta nacionales. En casi todos los días especiales hay desfiles, oraciones, flores, fuegos artificiales y comidas especiales.

Durante el festival de otoño, los niños desfilan con linternas. Todos comen pasteles de luna, un pastel con relleno de pasta de ajonjolí o de frijoles y admiran la luna de otoño.

Los budistas, seguidores de Buda, celebran su cumpleaños cada año. Las aves y los peces cautivos se dejan en libertad en su honor.

Una de las celebraciones más importantes es Têt, el año nuevo vietnamita. Casi todos en Vietnam celebran este día. Têt comienza el primer día del año lunar e indica el principio de la primavera. Têt no cae en el mismo día cada año porque su fecha depende de los ciclos de la luna. El festival tiene lugar en fechas diferentes en enero o febrero y dura de tres a siete días.

Antes de que Têt comience, la casa se limpia y se decora con flores de primavera. Afuera de las casas se cuelgan banderas y luces. La gente trata de ser amable con todos. Es importante resolver las disputas que hayan sucedido durante el año.

Têt es una ocasión para honrar a los antepasados. En cada casa se arregla un altar con fotografías de los antepasados. También se pone comida junto con velas e incienso. La familia invita a los espíritus de los antepasados a compartir la cena del año nuevo.

El dios de la cocina se honra con una ofrenda especial para hacerlo feliz. Al final de cada año, se cree que le informa al emperador jade en el cielo todo lo relacionado con esa familia. Si el dios de la cocina está contento, la familia cree que él los elogiará.

A medianoche, la familia reza por buena salud y buena fortuna en el año nuevo. Se revientan series de fuegos artificiales para ahuyentar a los malos espíritus.

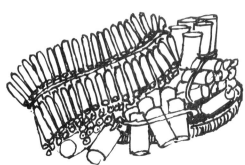

Read & Understand Nonfiction, Spanish/English • EMC 5311 • © Evan-Moor Corp.

El primer día del año nuevo, la gente va a los templos y las pagodas. Ahí rezan a los dioses de su religión. Rezan por sus antepasados y piden un buen año nuevo. Los niños reciben como regalos sobres rojos con dinero adentro. La familia disfruta bocadillos especiales de frutas en conserva y semillas de loto.

Se cree que el primer visitante a la casa durante Têt trae buena o mala suerte para el año venidero. La familia tiene mucho cuidado en invitar a una persona especial que les traerá buena suerte.

Durante Têt se sirven muchas comidas especiales. Algunas de las comidas favoritas son los pastelillos de arroz con frijoles, fideos, frutas y empanadas rellenas de carne de puerco y ejotes.

En muchos poblados pequeños del campo, se celebra Têt con canciones tradicionales y bailes de la región. Hay actividades especiales como carreras de caballos o peleas de lucha libre.

Después de las celebraciones de Têt, la primavera comienza oficialmente. Es tiempo de plantar cultivos y arroz de primavera.

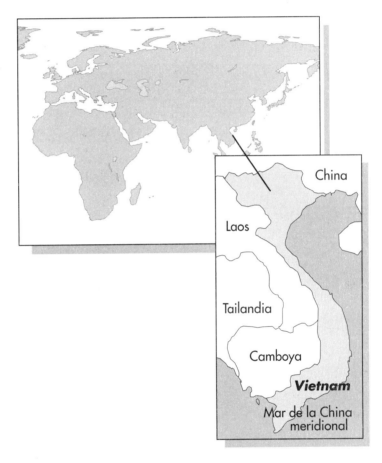

Nombre _____

Preguntas acerca de
Días de fiesta vietnamitas

1. ¿Por qué no se celebra Têt el mismo día cada año?

   _____

   _____

2. ¿Por qué se ponen ofrendas para el dios de la cocina?

   _____

   _____

3. ¿Cómo honran los vietnamitas a sus antepasados durante Têt?

   _____

   _____

4. Completa los espacios en blanco usando palabras de la historia.

   a. Têt toma lugar en _____ o _____.

   b. Têt dura de _____ a _____ días.

   c. Durante Têt, es importante ser _____ con todos y resolver

      _____.

   d. Antes de Têt, la casa se _____ y se _____

      con _____ de primavera.

5. ¿Por qué es importante invitar a una persona especial a visitar durante Têt?

   _____

   _____

Nombre _____

Días de fiesta vietnamitas
Vocabulario

A. Encuentra las siguientes palabras en la historia.

1. Escribe los nombres de dos lugares a los que la gente de Vietnam va a rezar.

   _____   _____

2. ¿Cuál es la palabra que significa una substancia que produce un olor dulce cuando se quema?

   _____

3. ¿Qué palabra significa parientes de tu familia que vivieron hace muchos años?

   _____

4. ¿Cuál es el nombre de la comida hecha con masa que se rellena con pasta de frijoles y otras comidas?

   _____

B. Escribe las siguientes palabras junto a sus definiciones.

loto	espíritus	en conserva	ciclo
altar	Têt	nacional	ceremonia

1. que pertenece a un país _____

2. planta acuática que produce una semilla que puede comerse _____

3. lugar donde se reza y se dejan ofrendas _____

4. fantasmas _____

5. actividad pública religiosa que tiene un propósito especial _____

6. periodo de tiempo o evento que se repite muchas veces _____

7. forma de procesar fruta para que dure un largo tiempo _____

8. nombre de la celebración de año nuevo en Vietnam _____

C. Nombra cinco comidas que se mencionan en la historia. _____

_____

Días de fiesta vietnamitas

Idea principal y detalles

Los siguientes son temas que se encuentran en la historia. Escribe detalles bajo cada uno de los temas. Escribe un detalle junto a cada letra.

I. Dios de la cocina

    A. _____

    B. _____

    C. _____

II. Altares

    A. _____

    B. _____

    C. _____

    D. _____

III. Cumpleaños de Buda

    A. _____

    B. _____

IV. Festival de otoño

    A. _____

    B. _____

    C. _____

V. Primer día del año nuevo

    A. _____

    B. _____

    C. _____

    D. _____

    E. _____

The Greatest Athlete in the World: The Story of Jim Thorpe

Jim Thorpe and his twin brother, Charlie, were born in Oklahoma. His father was Irish and Native American from the Sac and Fox tribes. His mother was Potawatomi. They lived on a farm on the Sac and Fox reservation.

Thorpe learned to work on the farm. Even though the family worked hard, there was always time for athletic games. His father taught him how to hunt and fish.

Thorpe's father wanted him and his brother to have a good education. When the boys were six, he sent them to a reservation boarding school 25 miles from home. It was a U.S. government school for Native American children.

Thorpe didn't want to go to school, but he stayed because he liked the sports he and his brother played with the other students.

Charlie became ill with pneumonia when the boys were eight. There were few doctors near the reservation and no antibiotics to help people with pneumonia and diseases at that time. Charlie, Jim's brother and best friend, died. Jim wanted to stay home after that, but his father insisted he return to school. He ran away from the school several times and came home.

Then his father sent Jim to a school for Native Americans that was farther away in Kansas. There, Jim learned to play football. When his father was injured in a hunting accident, he traveled home 270 miles on foot. His mother died while he was at home,

James Thorpe, 1888–1953

and Jim was needed to help on the farm. He didn't return to Kansas. Thorpe went to another school for Native Americans in Pennsylvania. At Carlisle, he learned to play football, baseball, and many other sports. He competed in track-and-field events. He played under an outstanding coach, Glenn "Pop" Warner. Thorpe competed against students from the best schools in the United States and won. He led his Carlisle teammates to victory in football and in track-and-field events.

One summer, Jim played on a minor league baseball team to earn some money. After that summer, he went home to help on the family farm because his father had died.

But Jim missed the school and sports, so he returned to Carlisle in 1911. He led his teammates in a winning year in athletic competition. In 1912, he went to Sweden to compete in the Olympics. At the games, he won the gold for the pentathlon and the decathlon. His record number of points in the decathlon was not surpassed for 20 years. King Gustav of Sweden proclaimed him the "greatest athlete in the world."

People everywhere congratulated Thorpe. President William A. Taft sent him a special letter.

Thorpe continued to excel at every sport he tried, including rowing. He bowled and played golf, tennis, handball, hockey, and billiards. He even learned to figure skate. In 1912 at Carlisle, Thorpe played another winning season of football—his favorite sport.

It was discovered that Thorpe was paid to play professional baseball that one summer. This was against the Olympics committee's rules. Thorpe's medals and awards were taken from him, even though people all over the world protested. Writers in magazines and newspapers came to his defense. The athletes who won second place medals in the pentathlon and the decathlon refused to take Thorpe's gold medals. They said he was the greatest athlete. But the committee refused to return Thorpe's medals.

Jim had offers from many teams to play professional baseball. He signed with the New York Giants for $5,000. Even though he was an outstanding player, the coach seldom allowed him to play. Jim went on to play successfully with other teams.

After so many setbacks, these were happy years for Jim, his wife, and children. But tragedy struck again when his son became ill and died at the age of three. Soon after, Jim began playing football as well as baseball, and he was seldom home with his wife and three daughters. His marriage ended in divorce.

Eventually, Jim married again and had three sons. He retired from baseball in 1928 and from football in 1929.

The next years were difficult. He tried different jobs. People took advantage of him, and he didn't manage his money well, giving much of it away. He tried acting in movies, but received very little money and few acting jobs. His second marriage also ended in divorce.

Thorpe's third wife helped him keep track of his money. In 1950, the Associated Press honored him as the greatest football player. He received another award as the greatest athlete in the first half of the twentieth century.

After Jim Thorpe died in 1953, the Olympics committee returned his medals from the 1912 Olympics to his family.

Read & Understand Nonfiction, Spanish/English • EMC 5311 • © Evan-Moor Corp.

Questions About
The Greatest Athlete in the World

1. Why do you think Jim Thorpe liked Carlisle?

_____

_____

2. What medals did Thorpe win at the 1912 Olympic Games in Sweden?

_____

3. Why were Thorpe's Olympic medals and records taken away from him?

_____

4. Do you think it was fair of the committee to take away Jim's gold medals? Why or why not?

_____

_____

5. What professional sports did Jim play after he left Carlisle?

_____

_____

6. Write a two- or three-sentence summary of Jim Thorpe's life.

_____

_____

_____

_____

_____

Name _____

The Greatest Athlete in the World
Vocabulary

A. Write each word next to its definition.

pneumonia   competed   excel   professional   amateur
committee   disqualify   tragedy   protested

1. a person who earns money for a job or a sport _____

2. a group of people who work together on a specific task _____

3. an illness _____

4. objected _____

5. to be superior to others in ability or quality _____

6. a person who takes part in a sport for fun rather than money _____

7. to take away rights or privileges _____

8. engaged in a contest _____

9. terrible or extremely sad event _____

B. Find the following phrases in the story. Read the sentence to let the context help you determine the meaning. Circle the letter of the best definition.

1. *took advantage of*
   a. to unfairly try to gain money or privileges from someone
   b. to take the largest part of something
   c. to attempt to gain a first down in football

2. *so many setbacks*
   a. the distance the football is moved when a penalty occurs
   b. a big defeat or something that is in the way of success
   c. an enormous movement of earth

3. *came to his defense*
   a. to play a defensive position on a football team
   b. to serve in the army
   c. to argue for someone or help him or her

Name _____

The Greatest Athlete in the World

Organizing Information in an Outline

1. Fill in the missing parts in the outline.

    I. Home Life

        A. Was born in the state of _____

        B. Twin brother's name was _____

        C. Worked on the family _____

        D. Had time for _____

   II. At School

        A. Went to _____ school

        B. Didn't like _____

        C. Liked _____

        D. Brother died when he was eight

        E. _____ from school

2. Jim Thorpe was given an award for being the greatest athlete in the first half of the twentieth century. Write four facts from the story that tell why he was given that award.

   III. Named the Greatest Athlete in the First Half of the Twentieth Century

        A. _____

        B. _____

        C. _____

        D. _____

El mejor atleta del mundo: la historia de Jim Thorpe

Jim Thorpe y su hermano gemelo, Charlie, nacieron en Oklahoma. Su padre era irlandés e indígena americano de las tribus Sac y Fox. Su madre era Potawatomi. Vivían en una granja en la reservación Sac y Fox.

Thorpe aprendió a trabajar en la granja. Aún cuando la familia trabajaba muy duro, siempre había tiempo para juegos atléticos. Su padre le enseñó a cazar y pescar.

El padre de Thorpe quería que Jim y su hermano tuvieran una buena educación. Cuando los niños tenían seis años, los mandó a un colegio internado en una reservacion que quedaba a unas 25 millas de su casa. Era una escuela del gobierno de los Estados Unidos para niños indígenas.

Thorpe no quería asistir a la escuela, pero fue porque le gustaban los deportes que él y su hermano jugaban con otros estudiantes.

Charlie se enfermó de pulmonía cuando los niños tenían ocho años. Había muy pocos doctores cerca de la reservación y no había antibióticos para curar a la pulmonía y otras enfermedades comunes de esa época. Charlie, el hermano y mejor amigo de Jim, murió. Jim quería quedarse en casa después de eso, pero su papá insistió en que regresara a la escuela. En varias ocasiones se escapó de la escuela y regresó a su casa.

El padre de Jim lo mandó a una escuela para indígenas que estaba más lejos, en Kansas. Ahí, Jim aprendió a jugar fútbol americano. Cuando su padre se lastimó en un accidente de cacería, Jim regresó a pie a su casa, caminando un total de 432 km (270 millas). Su madre murió mientras él estaba en

James Thorpe, 1888–1953

casa y fue necesario que Jim se quedara para ayudar en la granja. Ya no volvió a Kansas.

Thorpe fue a otra escuela para indígenas americanos en Pennsylvania. En Carlisle, aprendió a jugar fútbol americano, béisbol y muchos otros deportes. También compitió en encuentros de atletismo. Jugó con la ayuda de un excelente entrenador, Glen "Pop" Warner. Thorpe compitió con estudiantes de las mejores escuelas de Estados Unidos y ganó. Llevó a sus compañeros de equipo de Carlisle a la victoria en fútbol americano y en encuentros de atletismo.

Read & Understand Nonfiction, Spanish/English • EMC 5311 • © Evan-Moor Corp.

Un verano, Jim jugó con un equipo de de liga menor de béisbol para ganar dinero. Después de ese verano, fue a su casa a ayudar a su familia en la granja porque su padre había fallecido.

Jim extrañaba la escuela y los deportes, así que regresó a Carlisle en 1911. Llevó a sus compañeros de equipo a un año de victorias en competencias atléticas. En 1912, fue a Suecia a competir en las Olimpiadas. En los juegos ganó la medalla de oro por el pentatlón y el decatlón. Su récord de puntuación en el decatlón no fue superado por 20 años. El Rey Gustavo de Suecia lo proclamó el "mejor atleta del mundo."

La gente de todas partes felicitaba a Thorpe. El Presidente William A. Taft le envió una carta especial.

Thorpe continuó sobresaliendo en todos los deportes que practicaba, incluyendo remo. Jugó boliche, golf, tenis, hockey y billares. Hasta aprendió patinaje sobre hielo. En 1912 en Carlisle, Thorpe jugó en otra temporada exitosa de fútbol americano—su deporte favorito.

Se descubrió que a Thorpe se le había pagado para jugar béisbol profesional ese verano. Eso era contra las reglas establecidas por el Comité Olímpico. A Thorpe le quitaron las medallas y premios, aún cuando gente de todo el mundo protestara. Escritores de revistas y periódicos salieron a su defensa. Los atletas que habían ganado el segundo lugar en el pentatlón y el decatlón se negaron a aceptar las medallas de oro de Thorpe. Decían que él era el mejor atleta. Pero el Comité Olímpico se negó a devolverle las medallas a Thorpe.

Jim tenía ofertas de muchos equipos para jugar béisbol profesional. Firmó un contrato con los Gigantes de Nueva York por $5,000. Aún cuando era un jugador excelente, el entrenador rara vez le permitió jugar. Después Jim jugó satisfactoriamente en otros equipos.

Después de tantos contratiempos, ésos eran años felices para Jim, su esposa y sus hijos. Pero la tragedia tocó de nuevo a su puerta cuando su hijo se enfermó y murió a la edad de tres años. Después de eso, Jim empezó a jugar tanto fútbol americano como béisbol y rara vez estaba en casa con su esposa y sus tres hijas. Su matrimonio terminó en divorcio.

Finalmente, Jim se casó de nuevo y tuvo tres hijos. Se retiró del béisbol en 1928 y del fútbol americano en 1929.

Los siguientes años fueron difíciles. Intentó hacer diferentes trabajos. La gente se aprovechaba de él y él no supo manejar bien su dinero y regaló gran parte. Trató de actuar en películas, pero recibió poco dinero y pocas oportunidades de actuación. Su segundo matrimonio también terminó en divorcio.

La tercera esposa de Thorpe le ayudó a manejar su dinero. En 1950, la Prensa Asociada lo honró nombrándolo el mejor futbolista. Recibió otro premio como el mejor atleta de la primera mitad del siglo veinte.

Después de la muerte de Jim Thorpe en 1953, el Comité Olímpico le devolvió a su familia sus medallas de las Olimpiadas de 1912.

Nombre _____

Preguntas acerca de
El mejor atleta del mundo

1. ¿Por qué crees que a Jim Thorpe le gustaba Carlisle?

   _____

   _____

2. ¿Qué medallas ganó Thorpe en los Juegos Olímpicos de 1912 en Suecia?

   _____

3. ¿Por qué le quitaron sus medallas de oro y sus récords a Thorpe?

   _____

4. ¿Crees que el Comité Olímpico fue justo al quitarle las medallas a Thorpe? ¿Por qué sí o por qué no?

   _____

   _____

5. ¿En qué deportes profesionales jugó Jim después de irse de Carlisle?

   _____

   _____

6. Escribe un resumen de la vida de Thorpe en dos o tres oraciones.

   _____

   _____

   _____

   _____

   _____

Nombre _____

El mejor atleta del mundo
Vocabulario

A. Escribe cada palabra al lado de su definición.

pulmonía   comité   competir   descalificar   sobresalir
tragedia   protestar   aficionado   profesional

1. persona que gana dinero por un trabajo o un deporte _____

2. grupo de personas que trabajan juntas en una actividad específica

_____

3. una enfermedad _____

4. expresar el no estar de acuerdo _____

5. ser superior a otros en alguna habilidad o cualidad _____

6. persona que participa en un deporte por diversión en lugar de hacerlo por dinero

_____

7. quitar los derechos o los privilegios _____

8. tomar parte en un concurso _____

9. evento terrible o muy triste _____

B. Encuentra las siguientes frases en la historia. Lee la oración en el contexto en el que parece para que determines su significado.

1. *se aprovechaba de*
   a. trataba de ganar dinero o privilegios de alguien de manera injusta
   b. tomaba la mayor parte de algo
   c. trataba de ganar la primera jugada en fútbol americano

2. *muchos contratiempos*
   a. la distancia en que se mueve el balón de fútbol cuando hay un castigo
   b. una gran derrota o algo que impide el triunfo
   c. un enorme movimiento de la tierra

3. *salieron a su defensa*
   a. jugaron en la defensa en el equipo de fútbol americano
   b. sirvieron en el ejército
   c. argumentaron a favor de alguien para ayudarle

Nombre _____

El mejor atleta del mundo

Cómo organizar información en un esquema

1. Llena los espacios que faltan.

    I. En su hogar

    A. Nació en el estado de _____.

    B. Su hermano gemelo se llamó _____.

    C. Trabajó en la _____ familiar.

    D. Se dió tiempo para _____.

    II. En la escuela

    A. Asistió a la escuela como _____.

    B. No le gustaba _____.

    C. Le gustaba _____.

    D. Su hermano murió cuando tenía ocho años.

    E. _____ de la escuela.

2. Jim Thorpe ganó un premio por ser el mejor atleta de la primera mitad del siglo veinte. Escribe cuatro datos de la historia que expliquen porqué le fue dado ese premio.

    III. Nombrado el mejor atleta de la primera mitad del siglo veinte

    A. _____.

    B. _____.

    C. _____.

    D. _____.

Read & Understand Nonfiction, Spanish/English • EMC 5311 • © Evan-Moor Corp.

Beak and Feather News

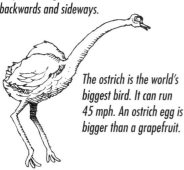

The tiny hummingbird can fly backwards and sideways.

The ostrich is the world's biggest bird. It can run 45 mph. An ostrich egg is bigger than a grapefruit.

All birds, from the giant ostrich to the tiny hummingbird, are warmblooded vertebrates. They have two scaly legs, two wings, a beak, and feathers. Most birds molt once or twice a year. When they molt, they lose and replace all their feathers. The female bird lays eggs that are kept warm by one or both parents until the young birds hatch from the eggs. The parents feed the young until they are ready to leave the nest and hunt for their own food.

Birds live all over the world. Every species of bird has different habits and habitats. Each bird family builds the type of house that suits its lifestyle. Most birds fly, but a few, such as the ostrich, stay on the ground. Many birds migrate long distances to escape from cold winters. They don't carry maps or a compass, but they travel to the same place every year and seldom get lost.

Feet and beaks are adapted to the bird's lifestyle. Some birds have perching toes. Others have webbed toes that help them swim and keep them from sinking into the mud. Raptors have talons with sharp claws and very strong beaks. A seedeater's beak is different from the woodpecker's sharp, pointed drill. Bug eaters, mud probers, and fish scoopers have bills that help them find the kind of food they need.

Here's a closer look at four fascinating members of the feathered fellowship.

Owls

Owls are raptors—birds of prey—that hunt at night. These nocturnal meat eaters soar overhead looking for prey. With their sharp talons, they can attack and carry off small ground animals.

© Digital Stock

Special fringed feathers on the edge of its wings make the owl's flight silent. A mouse or a rabbit won't know the owl is near until it strikes.

The owl's large eyes can see even in the dark. It can see clearly far away and up close, too. The owl sometimes looks like it has eyes in the back of its head. This is because it can turn its head in a half-circle to see directly behind itself. The owl's eyes don't move in the eye sockets, so its head must turn to see anything not directly in front of it.

© Digital Stock

Flamingos

This tall pink bird has a beak that acts like a sieve. It pokes its head into the water upside down, looking for shrimp in the mud. The lower bill pumps out the water the flamingo scoops up. Algae and shrimp remain inside the beak. The pink coloring in the shrimp and algae passes through the flamingo's body and colors the feathers. Thousands of flamingos flock together in warm saltwater lakes and rivers. Males and females use their beaks to push mounds of mud into a nest.

© Digital Stock

Pelicans

This talented fisher has a pouch on its beak. The pouch can stretch to hold the fish the pelican catches. When the pelican spots a fish from the air, it dives at high speed straight down into the water.

When a pelican goes fishing, it takes in water along with the fish. With a beak full of water, it's too heavy to fly. Before the pelican can take off, it tips its head to the side to empty out the water. A grown pelican can eat 11 pounds of fish every day.

Parrots

There are over 300 kinds of parrots. Most parrots are green, but exotic blue, red, yellow, purple, black, and white parrots brighten the world's tropical rainforests, too. The smallest member of the parrot family is the buff-faced pygmy parrot of New Guinea. It's just over 3" (7.5 cm) long. The largest is the hyacinth macaw in South America, which can grow to about 39½" (1 m). Most of the macaw's length is in its long tail feathers.

The parrot's thick tongue and strong, curved beak help it eat nuts, fruits, and seeds. Some parrots use their beaks as a third foot when they climb trees. They have short legs and climb better than they walk.

© Digital Stock

Many parrots, like the African gray parrot, imitate the sounds of other birds. In captivity, parrots can learn to talk.

Read & Understand Nonfiction, Spanish/English • EMC 5311 • © Evan-Moor Corp.

Name _____

Questions About
Beak and Feather News

1. What features do all birds have in common?

   _____

   _____

   _____

2. What is unusual about the owl's head? Why is this unusual feature important?

   _____

   _____

3. Why are most flamingos pink?

   _____

   _____

4. After catching a fish, what does a pelican have to do before it can fly?

   _____

   _____

5. Tell about an unusual way parrots use their beaks.

   _____

   _____

6. Name the largest bird in the world. How large is its egg?

   _____

   _____

Name _____

Beak and Feather News
Vocabulary

1. Use the clues in the article to help you match these words and their meanings.

vertebrates	molt	migrate	raptors
sieve	exotic	captivity	talons

_____ to move from one region to another

_____ claws

_____ the state of being held or imprisoned

_____ strikingly uncommon; rare

_____ animals that have an internal skeleton of bone

_____ to shed feathers

_____ birds of prey

_____ perforated for straining liquids

2. Fill in the blanks using words from the article.

a. Flamingos make mud nests in _____ and _____.

b. The owl's eyes don't move in their _____.

c. Many birds of the same species that fly and stay close together are called

a _____.

d. _____ toes help water birds swim and keep them from sinking into the mud.

e. The tiny hummingbird can fly _____ and _____.

3. Circle the name of the bird that has a beak like a sieve.

California condor   owl   eagle   flamingo   parrot

Name _____

Beak and Feather News

Summarizing Information

1. Read the first paragraph of the article. Write one sentence that summarizes what the information in this paragraph is about.

   _____

   _____

2. Read the second and third paragraphs. Write a one-sentence summary of the information contained in these two paragraphs.

   _____

   _____

3. Birds eat many different kinds of foods: fish, seeds, fruit, small animals, and insects. Write a sentence that states why this is so.

   _____

   _____

4. Reread about the following species of birds in the article. List one way in which each species is adapted to its environment.

   Parrots: _____

   Pelicans: _____

   Flamingos: _____

   Owls: _____

5. Choose your favorite bird named in the article. Tell why you chose this bird.

   _____

   _____

   _____

Noticias de plumas y picos

El pequeñísimo colibrí puede volar hacia atrás y de lado.

El avestruz es el ave más grande del mundo. Puede correr a 45 millas (72.5 km) por hora. Un huevo de avestruz es más grande que una toronja.

Todas las aves, desde el gigantesco avestruz hasta el pequeño colibrí, son vertebrados de sangre caliente. Tienen dos patas con escamas, dos alas, un pico y están cubiertos de plumas. La mayoría de las aves muda las plumas dos veces al año. Cuando las mudan, pierden sus plumas y les crecen plumas nuevas. La hembra pone huevos que son mantenidos tibios por una o por ambas aves hasta que las crías salen de los huevos. Los padres alimentan a las crías hasta que están listas para dejar el nido y buscar su propia comida.

Hay aves en todas partes del mundo. Algunas especies de aves tienen distintos hábitos y hábitats. Cada familia de aves construye el tipo de hogar que satisface su propio estilo de vida. La mayoría de las aves vuelan, pero hay algunos, como el avestruz, que permanecen en el suelo. Muchas aves migran largas distancias para escapar del invierno frío. No tienen mapas ni brújulas, pero viajan al mismo lugar cada año y raramente se pierden.

Las patas y los picos de las aves están adaptados a su estilo de vida. Algunas aves tienen dedos en forma de percha que les ayudan a agarrarse de las ramas. Otros tienen dedos palmeados que les ayudan a nadar y a no hundirse en el lodo. Las aves de rapiña tienen garras en los talones y un pico muy fuerte. El pico de las aves que se alimentan de semillas es diferente del pico filoso del pájaro carpintero. Las aves que se alimentan de insectos, las que buscan comida en el lodo y las que se alimentan de peces tienen picos que les ayudan a agarrar el tipo de comida que necesitan.

Aquí están cuatro fascinantes miembros de la familia de los plumíferos.

Los búhos

Los búhos son aves de rapiña—aves de caza—que

© Digital Stock

cazan de noche. Estos carnívoros nocturnos vuelan a alturas bajas buscando su presa. Con sus talones filosos pueden atacar y llevarse animales terrestres pequeños.

Plumas especiales que parecen flequillo sobre el borde de sus alas le ayudan a volar silenciosamente. Un ratón o un conejo no se da cuenta de que hay un búho cerca hasta que éste lo ataca.

Los ojos grandes del búho le ayudan a ver muy bien de cerca y de lejos. A veces, el búho parece tener ojos detrás de la cabeza. Esto es porque puede mover su cabeza en un medio círculo para ver directamente detrás de él. Los ojos del búho no se mueven en sus órbitas. Por eso es que su cuerpo debe moverse para ver cualquier cosa que no esté directamente en frente.

© Digital Stock

Los flamencos

Esta ave alta y de color rosado tiene un pico que le sirve de colador. Mete su cabeza al revés en el agua para buscar camarones en el lodo. La parte inferior del pico saca el agua que recoge con el pico. Las algas y los camarones se quedan adentro del pico. El color rosado de los camarones y de las algas pasa a través del cuerpo del flamenco y pinta sus plumas. Miles de flamencos se congregan en las aguas tibias de los lagos salados y los ríos. Los machos y las hembras usan sus picos para empujar montículos de lodo y formar nidos.

© Digital Stock

Los pelícanos

Este talentoso pescador tiene una bolsa en su pico. La bolsa puede estirarse para guardar los peces que atrapa el pelícano. Cuando ve un pez desde el aire, el pelícano vuela en picada hacia el agua a una gran velocidad. Al pescar, recoge agua al mismo tiempo que recoge peces. Cuando el pico está lleno de agua, está demasiado pesado para volar.

Antes de emprender el vuelo, el pelícano inclina su cabeza para vaciar el agua. Un pelícano adulto puede comer hasta 5 kilogramos (11 libras) de pescado todos los días.

Los pericos

Hay más de 300 tipos de pericos. La mayoría de los pericos son verdes, pero los exóticos pericos azules, rojos, amarillos, morados, negros y blancos iluminan las selvas tropicales alrededor del mundo. El miembro más pequeño de la familia de los pericos es el perico pigmeo de Nueva Guinea. Mide un poco más de 7.5 cm (3 pulgadas). El más grande es el macaco jacinto de Sudamérica, el cual puede medir hasta 1 metro (alrededor de 39½ pulgadas). La parte más larga del macaco jacinto son las plumas largas de su cola.

La lengua gruesa del perico y su pico curveado y fuerte le ayudan a comer nueces, frutas y semillas. Algunos pericos usan sus picos como un tercer pie cuando trepan en los árboles. Sus patas son cortas y pueden trepar mejor que caminar.

Muchos pericos, como el perico africano gris, imitan los sonidos de otras aves. En cautiverio, los pericos pueden aprender a hablar.

© Digital Stock

Nombre _____

Preguntas acerca de
Noticias de plumas y picos

1. ¿Qué características tienen en común las aves?

   _____

   _____

   _____

2. ¿Qué tiene de inusual la cabeza de los búhos? ¿Por qué es importante esta característica?

   _____

   _____

3. ¿Por qué tienen los flamencos un color rosado?

   _____

   _____

4. Después de atrapar un pez, ¿qué tiene que hacer el pelícano para poder volar?

   _____

   _____

5. Explica de qué manera inusual usan sus picos los pericos.

   _____

   _____

6. Nombra el ave más grande del mundo. ¿Qué tan grandes son los huevos de esta ave?

   _____

   _____

   _____

   Read & Understand Nonfiction, Spanish/English • EMC 5311 • © Evan-Moor Corp.

Nombre _____

Noticias de plumas y picos
Vocabulario

1. Usa las pistas del artículo para ayudarte a relacionar cada palabra con su significado.

vertebrados	colador	mudar	exótica
migrar	cautiverio	talones	de rapiña

_____ moverse de una región a otra

_____ garras

_____ el estar prisionero o cautivo

_____ rara y poco común

_____ animales que tienen un esqueleto interno y huesos

_____ cambiar las plumas

_____ aves que cazan

_____ objeto perforado usado para sacar líquido

2. Completa las oraciones con palabras del artículo.

a. Los flamencos hacen nidos de lodo en _____ y _____.

b. Los ojos de los búhos no se mueven en sus _____.

c. Muchas aves de la misma especie que vuelan y permanecen juntas se llaman

_____.

d. Los dedos _____ de las patas ayudan a las aves de agua a
nadar y no hundirse en el lodo.

e. El pequeño colibrí puede volar hacia _____ y de _____.

3. Encierra en un círculo el nombre del ave que usa el pico como un colador.

cóndor de California   búho   águila   flamenco   perico

Nombre _____

Noticias de plumas y picos
Resumen de información

1. Lee el primer párrafo del artículo. Escribe una oración que resuma su contenido.

_____

_____

2. Lee el segundo y el tercer párrafo. Escribe un resumen de una oración con la información de los dos párrafos.

_____

_____

3. Las aves comen distintos tipos de alimentos: peces, semillas, fruta, animales pequeños e insectos. Escribe una oración que explique por qué.

_____

_____

4. Vuelve a leer la información acerca de las siguientes especies de aves. Describe una forma en la que cada especie se ha adaptado a su ambiente.

Pericos: _____

Pelícanos: _____

Flamencos: _____

Búhos: _____

5. Escoge tu ave favorita del artículo. Explica por qué escogiste esta ave.

_____

_____

_____

   Read & Understand Nonfiction, Spanish/English • EMC 5311 • © Evan-Moor Corp.

Where in the World?

We're off on a mystery vacation. Use the map and the clues in the story to name our destination.

Pack your skis, snow gear, swimsuit, beach towel, and hat. Don't forget the sunscreen. We're heading south. We'll build giant sandcastles, admire the snow-covered Andes Mountains, and check out a few belching volcanoes. There's a very dry desert to cross. In some areas, rain never falls. We'll stop at a green desert oasis where warm springs supply water for plants and animals. We can take a side trip to an island with mysterious stone statues. Weather permitting, we'll cross icy waters to visit the land of the penguins. Watch out for icebergs!

When our boat docks at Arica, we'll spend a day or two on the beach. The ocean currents keep the temperature about the same all year. Our weather on this wintry August day is about the same as it would be on a summer day in December.

The country we are visiting is very skinny. We can leave the beach on the western coast in the morning, and arrive at a mountain resort near the eastern border in time to enjoy lunch.

There's no hurry, so let's take a detour. Instead of skiing today, we can travel about 100 miles (160 kilometers) northeast to Parque Lauca. We'll drive from sea level to an altitude of 13,000 feet (4,000 meters). With our field glasses, we can spot giant condors flying overhead, find grazing vicuña, and track bounding long-eared rabbits. Lago Chungará, one of the highest lakes in the world, is a perfect place to watch flamingos and enjoy a picnic lunch.

Let's travel south when we leave the park so we can photograph herds of vicuña in neighboring parks. We'll need our swimsuits for a soak in one of the area's thermal hot springs.

Farther south we will have a close view of the smoking volcano, Guallatiri. Along the road are flocks of nandú.

Pink Flamingo

Vicuña

Andean Condor

Nandú

Animals seen during our mystery vacation.

(BE-nya del mar), we'll head for mountain lakes. There'll be time for a river-rafting adventure on our way to Puerto Montt. After we hike around the lakes, we'll fly on to Punta Arenas, near the southern end of the country. It's located on the Strait of Magellan. It may rain, so carry your umbrella when you walk around the city. If it's a clear afternoon, our picture from the Cerro del Cruz will be a breathtaking souvenir of this southern city. The next day, a cruise ship will take us to Antarctica to see a penguin rookery. It's the last stop on our visit to a South American neighbor. Adiós.

We'll drive west to Antofagasta, a port on the Pacific Ocean. From there, we'll take a plane to the capital city, Santiago. There isn't much time to tour the old Spanish-style churches and buildings in the city. Our bus leaves early the next morning for a skiing trip in the nearby mountains. After two days of fun in the powdery snow, we'll go on to Valparaíso. A ship is waiting there to take us on a long ocean voyage to Easter Island.

One of the best ways to travel around Easter Island is on horseback. It's very hot. Keep cool with a big straw hat, and take out the camera. You'll want to snap pictures of the giant statues that are 18 feet to 22 feet (5½ to 7 meters) tall. There are many legends about the people who carved these statues. Just who they were is a real mystery.

After we return to Valparaíso and rest a day at the beach resort, Viña del Mar

Name _____

Questions About
Where in the World?

1. What country did you "visit" in this story? _____

2. List five clues that helped you guess the name of the country.

   _____

   _____

   _____

   _____

   _____

3. If you went to this country, which of the activities in the story would you enjoy the most? Explain your answer.

   _____

   _____

   _____

4. Why would you need to take different types of clothing to visit this South American country?

   _____

   _____

   _____

5. This is a very long, narrow country. What are the natural boundaries of the country?

   _____

   _____

Name _____

Where in the World?
Vocabulary

1. Write the letter of each word on the line in front of its meaning.

    a. altitude   _____ an item kept as a reminder of a place visited

    b. strait   _____ the distance above sea level

    c. detour   _____ a strip of water between two larger bodies of water

    d. souvenir   _____ a roundabout way of going somewhere

    e. legend   _____ a breeding place of a group of birds or animals

    f. rookery   _____ an old story that explains what happened

2. Write the missing noun to complete each phrase from the story.

    a. giant _____ flying overhead

    b. wintry August _____

    c. thermal hot _____

    d. _____ stone statues

    e. Spanish-style _____ and _____

3. The nouns below are found in the story. Write the adjective that was used to describe each noun.

    a. _____ vacation

    b. _____ oasis

    c. _____ desert

    d. _____ statues

    e. _____ buildings

4. Choose one of the nouns from the list in number 3 above and write a sentence using it. Share your sentence with some of your classmates.

    _____

    _____

     Read & Understand Nonfiction, Spanish/English • EMC 5311 • © Evan-Moor Corp.

Name _____

What Happened Next?

Reread "Where in the World?" As you read, draw a line on the map from one location to another to show the order in which places were visited. Begin with your arrival in Arica.

¿Dónde estamos?

Estamos disfrutando de unas vacaciones misteriosas. Usa el mapa y las pistas de la historia para que nombres nuestro destino.

Empaca tus esquíes, tu equipo de nieve, un traje de baño, una toalla para la playa y un sombrero. No olvides tu crema protectora para el sol. Vamos hacia el sur. Construiremos unos gigantes castillos de arena, admiraremos los Andes cubiertos de nieve y podremos observar volcanes en erupción. Hay un desierto muy seco que debemos cruzar. En algunas de esas áreas nunca cae lluvia. Nos detendremos en un oasis muy verde, donde las aguas termales tibias proveen agua a las plantas y los animales. Podremos hacer un viaje corto a una isla donde hay misteriosas estatuas de piedra. Si el clima lo permite, cruzaremos las aguas congeladas para visitar la tierra de los pingüinos. ¡Cuidado con los témpanos de hielo!

Cuando nuestro barco llegue a Arica, pasaremos dos o tres días en la playa. Las corrientes del océano mantendrán la misma temperatura todo el año. Nuestro clima en este día frío de agosto es igual que el de un día de verano en diciembre.

El país que estamos visitando tiene una forma muy delgada. Podemos dejar la playa en la costa del oeste en la mañana y llegar a un balneario cerca de la frontera este justo a tiempo para disfrutar del almuerzo.

No hay prisa, así que vamos a desviarnos. Hoy, en lugar de esquiar, podemos viajar unos 160 kilómetros (aproximadamente 100 millas) al noroeste al Parque Lauca. Manejaremos desde el nivel del mar hasta una altura de 4,000 metros (13,000 pies). Con nuestros prismáticos podremos ver los cóndores gigantes volando sobre nuestras cabezas, encontrar vicuñas pastando en el campo y seguir los movimientos de los conejos de orejas largas. El Lago Chungará, un lago que se encuentra a uno de los niveles más elevados del mundo, es el lugar perfecto para observar flamencos y disfrutar de un pícnic.

Flamenco rosado

Vicuña

Cóndor andino

Ñandú

Animales vistos durante nuestras vacaciones misteriosas.

Read & Understand Nonfiction, Spanish/English • EMC 5311 • © Evan-Moor Corp.

Al abandorar el parque nos iremos rumbo al sur, para poder fotografiar manadas de vicuñas en los parques cercanos. Necesitaremos nuestros trajes de baño para disfrutar de las aguas termales del área.

Hacia el sur podremos ver de cerca el humeante volcán Guallatiri. A lo largo de la carretera, veremos bandadas de ñandúes.

Manejaremos hacia el oeste a Antofagasta, un puerto del Océano Pacífico. Desde ahí, tomaremos un avión a la capital, Santiago. No habrá mucho tiempo para pasear por los viejos edificios e iglesias de estilo español. Nuestro autobús parte muy temprano por la mañana para hacer un corto viaje de esquí en las montañas cercanas. Después de dos días de diversión en la nieve, iremos a Valparaíso. Un barco nos esperará allá para llevarnos a un viaje largo a la Isla de Pascua.

Una de las mejores maneras para conocer la Isla de Pascua es a caballo. Hace bastante calor. Mantente fresco con un sombrero de paja y ten a la mano tu cámara. Querrás tomar fotografías de las gigantescas estatuas que miden de 5½ a 7 metros (18 a 22 pies) de altura. Hay muchas leyendas acerca de la gente que labró estas estatuas. Quiénes fueron, sigue siendo un misterio.

Después de regresar a Valparaíso y descansar un día en la playa en Viña del Mar, nos dirigiremos a los lagos de las montañas. Cuando vayamos camino a Puerto Montt, tendremos tiempo de ir a remar. Después de caminar alrededor de los lagos, volaremos a Punta Arenas, hacia el sur del país. Este lugar está en el Estrecho de Magallanes. Tal vez llueva, así que trae tu paraguas cuando salgas a caminar por la ciudad. Si es un día claro, una fotografía desde el Cerro de la Cruz será un impresionante recuerdo de esta ciudad sureña. Al día siguiente, un barco crucero nos llevará a la Antártida a ver las colonias de pingüinos. Es la última parada en nuestra visita a nuestro vecino de América del Sur. Adiós.

Nombre _____

Preguntas acerca de
¿Dónde estamos?

1. ¿Qué país "visitaste"?

   _____

2. Escribe cinco pistas que te ayudaron a adivinar el nombre de este país.

   _____

   _____

   _____

   _____

   _____

3. Si fueras a este país, ¿de cuál de las actividades en la historia te gustaría disfrutar? Explica por qué.

   _____

   _____

   _____

4. ¿Por qué necesitarías llevar diferentes tipos de ropa para visitar este país de Sudamérica?

   _____

   _____

   _____

5. Este país es muy largo y angosto. ¿Cuáles son sus fronteras naturales?

   _____

   _____

Read & Understand Nonfiction, Spanish/English • EMC 5311 • © Evan-Moor Corp.

Nombre _____

¿Dónde estamos?

Vocabulario

1. Escribe la letra que corresponde al significado de cada palabra.

   a. altitud _____ objeto que se guarda para recordar un lugar que se visitó

   b. estrecho _____ distancia desde el nivel del mar

   c. desviación _____ franja de agua entre dos masas de agua más grandes

   d. recuerdo _____ manera más complicada para llegar a un sitio

   e. leyenda _____ lugar donde se crían y habitan grupos de animales o aves

   f. hábitat _____ historia antigua que explica algo que sucedió

2. Escribe el sustantivo que falta para completar cada frase que aparece en la historia.

   a. gigantes _____ de arena

   b. _____ frío de agosto

   c. _____ tibias termales

   d. misteriosas _____ de piedra

   e. _____ y _____ de estilo español

3. Los siguientes sustantivos aparecen en la historia. Escribe uno de los adjetivos que se usa para describirlos.

   a. vacaciones _____

   b. oasis _____

   c. desierto _____

   d. estatuas _____

   e. aguas _____

   f. edificios _____

4. Escoge uno de los sustantivos de la lista del número 3 anterior y escribe una oración. Comparte tu oración con algunos de tus compañeros.

   _____

   _____

¿Qué sucedió después?

Lee la historia "¿Dónde estamos?" de nuevo. Al leerla, traza una línea en el mapa de un lugar a otro para mostrar el orden en el que visitaste cada lugar. Comienza con tu llegada a Arica.

In the year 1890, the town of Tuscumbia, Alabama, had a law about dogs. When one was found wandering around town without its owner, it would be put to death. Lioness, the dog of a famous girl who lived in Tuscumbia, roamed the streets alone one night. When Lioness was killed, people from Europe and all around the United States sent the dog's owner money. They wanted the famous little girl to buy a new dog. The famous little girl had other plans for the funds. The ten-year-old thanked people for their concerns. Then she asked to use the money to send Tommy Stringer, a poor blind boy, to a special school. Helen Keller's lifelong career of giving was off to an early start.

Three years earlier, Helen Keller would not have been able to offer this help. The seven-year-old was trapped inside a dark and quiet world. A fever she had as an infant had left her blind and deaf. She used simple signs to let her family know of her needs, but she did not understand language. She did not know why the people around her moved their lips. She did not know that things had names. The trouble she had communicating frustrated Helen. In anger, she dashed fragile objects across the room, threw wild temper tantrums, and even locked her mother in the pantry.

Helen's parents knew they must do something about their wild child! They found Helen a tutor. Annie Sullivan had a challenge on her hands. First, she "tamed" Helen by not giving in to her tantrums. Then she taught her all about language. Annie traced patterns on Helen's palm with her finger. At first, Helen did not grasp that the patterns stood for words. But when she began to understand, there was no stopping Helen. She learned so quickly that she became famous worldwide for her accomplishments. She mastered not only English, but also French, German, Greek, and Latin. She later wrote that language freed her. Helen would spend the rest of her life freeing others with her words.

Annie stayed with Helen for fifty years. She took Helen on long walks, quiet picnics, and zooming toboggan rides. She spelled in Helen's hand and translated countless books into Braille for Helen to read. By 1905, Helen had graduated from college with honors, written a book about her life, and learned to speak. Upon graduation, Helen became a member of the Massachusetts Commission for the Blind.

Annie and Helen next hit the road. They were invited to Washington, D.C., Europe, and Japan. At each stop they shook hands with presidents, prime ministers, kings, and princes. Most importantly, they spoke to crowds of people. Helen gave other disabled people hope by speaking of the independence she now experienced. Sometimes she spoke of the unfair treatment of women, the poor, and others who struggled for justice. Always, Helen Keller asked her audiences to treat themselves and all other people with dignity and respect.

When Annie Sullivan died in 1936, Helen missed her dearly. She began writing a book about Annie. When her notes were destroyed in a house fire, she began a new book. In 1955, *Teacher* was published.

Helen lived for 32 years after Annie died. With the help of a new assistant, Polly Thomson, she continued to spread hope around the globe. When soldiers in World War II were blinded in battle, Helen visited them in the hospital. When the American Foundation for the Blind was formed, Helen and Polly raised funds for the organization. They visited Scotland and Ireland, South Africa, and the Middle East. They spoke to crowds and supported laws that helped the disabled and disadvantaged.

In 1960, Helen's friend and companion Polly Thomson died. Helen was old and fragile herself by then. She suffered a series of strokes, and was seldom seen in public during the next eight years. In 1968, Helen Keller died. At the time of her death, she had written four books and worked for several foundations for the blind. She had given speeches and visited the disabled around the world. She had been the subject of three movies. Her lifelong determination to succeed and her concern that all others have the chance to live a full life earned Helen Keller the title "America's First Lady of Courage."

Read & Understand Nonfiction, Spanish/English • EMC 5311 • © Evan-Moor Corp.

Questions About **Helen Keller**

1. Do you think the people who gave young Helen Keller money to buy a new dog were upset when she wanted to spend the money on something else? Why or why not?

_____

_____

_____

2. When Helen was a young girl, why did it seem unlikely she would grow into a woman who would help other people?

_____

_____

_____

3. Why did Helen Keller become known as "America's First Lady of Courage"?

_____

_____

4. Why do you think Helen wanted to write a book about Annie Sullivan?

_____

_____

5. Helen could not do two things that most people can do easily—see and hear. Still, she could do some very remarkable things. List things Helen did in her lifetime that many people will never do.

_____

_____

_____

_____

Name_____

Helen Keller
Root Words

The **root word** (base word) is the main part of a word before prefixes or suffixes are added. Write the root words of these words from the story.

1. countless _____

2. wandering _____

3. graduation _____

4. determination _____

5. frustrated _____

6. communicating _____

7. accomplishments _____

8. organization _____

9. disadvantaged _____

10. assistant _____

Writing Sentences

Use each of these words from the story in a sentence of your own.

destroyed   tantrum   career   fragile

1. _____

_____

2. _____

_____

3. _____

_____

4. _____

_____

Name_____

Helen Keller
Symbolic Actions

Before Helen Keller understood language, she used simple actions to communicate. She pretended to slice and butter a piece of bread when she wanted to eat. She imitated putting on reading glasses when she wanted her father. If you had to use actions to communicate the following information, what actions would you choose? The first one has been done for you as an example.

1. You are outside and want to go inside. *Imitate knocking on a door.*_____

2. You want to go for a drive._____

3. You want to read a book. _____

4. You want to listen to music. _____

5. You want to watch a movie. _____

6. You want to visit a friend. _____

7. You want to play basketball. _____

8. You want to go shopping. _____

9. You want to go to school. _____

10. You want a drink. _____

Helen Keller

En el año 1890, la ciudad de Tuscumbia, Alabama, tenía una ley acerca de los perros. Si un perro sin dueño se encontraba vagando por la ciudad, se mataba al perro. Leona, la perra de una niña famosa que vivía en Tuscumbia, anduvo suelta por las calles de Tuscumbia una noche. Cuando mataron a Leona, gente de todas partes de Europa y los Estados Unidos le mandó dinero a la dueña. Querían que la niña famosa comprara un perro nuevo. Pero la niña tenía otros planes para los fondos. La niña de sólo diez años le agradeció a la gente su preocupación. Entonces le preguntó a la gente si podía usar el dinero para mandar a Tommy Stringer, un niño ciego muy pobre, a una escuela especial. La carrera de devoción y ayuda de Helen Keller acababa de empezar.

Tres años antes, Helen Keller no hubiera podido ofrecer esa ayuda. La pequeña de siete años estaba atrapada en un mundo de oscuridad y silencio. Una fiebre que había sufrido durante su infancia la había dejado ciega y sorda. Usaba señales sencillas para comunicarle a su familia lo que necesitaba, pero no entendía lo que era el lenguaje. No sabía por qué la gente a su alrededor movía los labios. No sabía que las cosas tenían nombre. Sentía frustración al no poder tener comunicación. Cuando se enojaba, tiraba cosas en su habitación, se entregaba a rabietas y en una ocasión encerró a su mamá en la despensa.

¡Los papás de Helen sabían que tenían que hacer algo con esa niña tan salvaje! Por fin, ellos encontraron una maestra particular para Helen: Annie Sullivan. Sullivan se enfrentaba a un gran reto. Primero "domesticó" a Helen al no ceder a sus caprichos. Después le enseñó todo lo referente al lenguaje. Annie trazaba patrones en la palma de la mano de Helen con su dedo. Al principio, Helen no entendía que los patrones significaban palabras, pero cuando empezó a comprender, no hubo manera de detenerla. Aprendió tan rápido que se hizo famosa mundialmente por sus logros.

 Read & Understand Nonfiction, Spanish/English • EMC 5311 • © Evan-Moor Corp.

Aprendió no sólo inglés, sino también francés, alemán, griego y latín. Después escribió acerca de cómo el lenguaje la había liberado. Helen pasaría el resto de su vida liberando a otros con sus palabras.

Annie permaneció junto a Helen durante cincuenta años. La llevaba a largas caminatas, tranquilos pícnics y juegos veloces de tobogán. Deletreaba en la mano de Helen y le traducía muchísimos libros a Braille para que Helen los leyera. Para 1905, Helen ya se había graduado de la Universidad con honores, había escrito un libro acerca de su vida y había aprendido a hablar. Al graduarse, Helen se convirtió en socia de la Comisión de Massachusetts para los Ciegos.

Después Annie y Helen salieron de viaje. Fueron invitadas a Washington, D.C., Europa y Japón. En cada parada tuvieron la oportunidad de estrechar la mano de presidentes, primeros ministros, reyes y príncipes. Aún más importante, tuvieron la oportunidad de hablar con mucha gente. Helen les dio esperanzas a otras personas discapacitadas al hablarles de la independencia que ahora ella experimentaba. A veces hablaba del trato injusto que se les daba a las mujeres, a los pobres y a otros que luchaban contra la injusticia. Helen Keller siempre le pedía a su público que se tratara a sí mismo, así como a otras personas, con dignidad y respeto.

Cuando Annie Sullivan murió en 1936, Helen la extrañó muchísimo. Comenzó a escribir un libro acerca de Annie. Cuando sus notas se destruyeron en un incendio en su hogar, ella empezó un nuevo libro. En 1955 se publicó *Maestra*.

Helen vivió 32 años después de la muerte de Annie. Con la ayuda de su nueva asistente, Polly Thomson, continuó repartiendo su mensaje de esperanza alrededor del mundo. Cuando los soldados de la segunda guerra mundial quedaron ciegos como resultado de las batallas, Helen fue a visitarlos al hospital. Cuando se formó la Fundación Americana para los Ciegos, Helen y Polly reunieron fondos para la organización. Visitaron Escocia e Irlanda, Sudáfrica y el Medio Oriente. Hablaron con mucha gente y apoyaron leyes que ayudaban a los discapacitados y los poco privilegiados.

En 1960, murió la amiga y compañera de Helen, Polly Thomson. Helen tenía ya una edad avanzada y estaba muy frágil de salud. Sufrió una serie de embolias y durante los siguientes ocho años se le vio pocas veces en público. En 1968, Helen Keller murió. Cuando murió, ya había escrito cuatro libros y trabajado para varias fundaciones para los ciegos. Había dado discursos y visitado a discapacitados alrededor del mundo. También, su vida había servido de tema para tres películas. Su determinación para triunfar y su preocupación por que otros tuvieran la oportunidad de vivir una vida plena le ganó a Helen Keller el título de "la Primera Dama en valentía de América".

Nombre _____

Preguntas acerca de
Helen Keller

1. ¿Crees que la gente que le dio a Helen Keller dinero para comprar un perro nuevo se enojó al enterarse que ella quería gastar el dinero en otra cosa? ¿Por qué sí o por qué no?

   _____

   _____

   _____

2. Cuando Helen era una niña pequeña, ¿por qué crees que era poco probable que ella pudiera crecer y conventirse en una mujer que podría ayudar a otras personas?

   _____

   _____

   _____

3. ¿Por qué se convirtió Helen Keller en "la Primera Dama en valentía de América"?

   _____

   _____

4. ¿Por qué crees que Helen Keller quería escribir un libro acerca de Annie Sullivan?

   _____

   _____

5. Helen no podía hacer dos cosas que la mayoría de la gente puede hacer fácilmente— ver y oír. Aún así, ella podía hacer otras cosas de manera admirable. Haz una lista de cosas que Helen logró durante su vida que muchas otras personas nunca podrán hacer.

   _____

   _____

   _____

Read & Understand Nonfiction, Spanish/English • EMC 5311 • © Evan-Moor Corp.

Nombre _____

Helen Keller
Raíz de las palabras

La raíz de una palabra es la parte principal de una palabra antes de que se le agreguen prefijos o sufijos. Escribe la raíz de las siguientes palabras de la historia.

1. mundialmente _____

6. comunicarse _____

2. vagando _____

7. privilegiados _____

3. graduarse _____

8. organización _____

4. determinación _____

9. discapacitada _____

5. frustrada _____

10. asistente _____

Escritura de oraciones

Usa cada una de las siguientes palabras de la historia para escribir una oración.

destruyó   rabieta   carrera   frágil

1. _____

_____

2. _____

_____

3. _____

_____

4. _____

_____

Nombre _____

Helen Keller
Acciones simbólicas

Antes de que Helen Keller entendiera el concepto del lenguaje, usaba gestos sencillos para comunicarse. Ella hacía el gesto de rebanar y poner mantequilla en un pan cuando quería comer y de ponerse lentes para leer cuando quería ver a su padre. Si tú tuvieras que usar acciones para comunicar la siguiente información, ¿qué acciones escogerías? La primera está resuelta para ti como ejemplo.

1. Estás afuera y quieres ir para dentro. _Hacer el gesto de tocar la puerta._

2. Quieres ir a pasear en automóvil. _____

3. Quieres leer un libro. _____

4. Quieres escuchar música. _____

5. Quieres ver una película. _____

6. Quieres visitar a un amigo. _____

7. Quieres jugar basquetbol. _____

8. Quieres ir de compras. _____

9. Quieres ir a la escuela. _____

10. Quieres beber algo. _____

284 Helen Keller/Spanish   Read & Understand Nonfiction, Spanish/English • EMC 5311 • © Evan-Moor Corp.

A Biography of John Muir

John Muir was born in Dunbar, Scotland, a coastal town on the North Sea. In February 1849, 10-year-old John, a brother, a sister, and his father sailed across the Atlantic Ocean to America. John's father had heard that there was good farmland in the new state of Wisconsin. The Muirs took a riverboat up the Hudson River to Albany, New York. Then they continued west on the Erie Canal boat to Buffalo and went on to Milwaukee through the Great Lakes. Their travels didn't end there. They traveled another 100 miles into the wilderness by horse and wagon.

John Muir, 1838–1914

The Muirs cleared 80 acres near the Fox River and planted corn and wheat. In November, the rest of the Muir family arrived in Wisconsin. John, his brothers, and his sisters plowed, chopped weeds, hoed, and cut crops by hand. John's father was very strict. The children weren't allowed any breaks during the day, and they worked so hard that their health suffered. Even so, John managed to keep track of the many varieties of birds he saw. He studied nearby wildflowers whenever he could. After the land was worn out from the crops that had been planted, the Muirs moved six miles away and started a new farm.

John wanted to read, but his father thought books were worthless. He didn't allow John to stay up late with his books. He told John he had to get up early in the morning if he wanted to read. It was often too cold to read in the early morning, so John worked on inventions in the cellar. One of his inventions was an early-rising machine. This device kept track of the hours, days of the week, and the months. He whittled all the parts from wood. When it was time to get up, a rod tipped the bed upright, and John greeted the day standing up.

In 1860, when he was 22 years old, Muir took his inventions to the fair in Madison, Wisconsin, and won prizes. His exhibit led to a job in a machine shop and classes at the University of Wisconsin. Muir worked on farms in the summer and taught school in the winter so he could attend the University of Wisconsin when he had time. Muir was interested in all kinds of things. His interest in botany motivated a journey to Canada to study the plants that grew there. When Muir returned to the United States, he went to work in a sawmill in Indianapolis, Indiana, where the owners of the mill gave him time to study plants. In his spare time, Muir invented better ways to make wooden tools. One evening at work, a piece of metal flew into his eye. He couldn't see out of that eye, and the other eye became temporarily blind, too.

When his sight returned, John left Indiana and walked 1,000 miles to the Gulf of Mexico, learning about people, nature, and plants. Then he took a boat to California. He arrived in California in 1868 and went to Yosemite Valley. While working as a sheepherder and in a sawmill, John hiked and climbed the mountains, studying glaciers and plants. He began to write about nature for magazines and newspapers.

People all over the world read his stories. Tourists who came to California on the train wanted to see Muir's Yosemite. Many visitors were famous politicians and writers. Muir took President Theodore Roosevelt camping in Yosemite.

In 1889, Robert Underwood Johnson, the editor of *Century* magazine, wanted to see the wildflowers in Yosemite. John explained that sheep had grazed them away The two men joined forces to save Yosemite. John wrote articles, and Johnson went to Washington, D.C., to convince important people in the government to make Yosemite a national park.

In 1890, Congress passed a law creating Yosemite National Park. The following year, President Harrison set aside more land in the western states for national forests. Another president, Theodore Roosevelt, preserved millions of acres in the west for forests and parks.

Muir's writings about plants and nature made people realize it was important to save our forests and areas like Yosemite. His books *The Mountains of California* (1894) and *Our National Parks* (1901) were very popular.

Muir founded the Sierra Club, an organization dedicated to the protection of land, trees, plants, and water. The club is still active today.

John Muir died on December 24, 1914. A stand of giant redwood trees in California was named Muir Woods to honor his work to preserve our natural resources.

Name _____

Questions About *John Muir*

1. List five different kinds of work that John Muir did.

_____

_____

_____

2. How could you tell that learning was of high importance to John?

_____

_____

3. Describe John's early-rising machine.

_____

_____

4. What was Muir's role in saving Yosemite?

_____

_____

_____

5. Do you think Muir was a good writer? Tell why you have that opinion.

_____

_____

6. Do you think it's important to preserve natural areas in our country? Why or why not?

_____

_____

_____

John Muir
Vocabulary

A. Write the number of the word next to its definition.

1. varieties   _____   started

2. cellar   _____   the study of plants

3. whittle   _____   many different kinds

4. botany   _____   a slow-moving body of ice

5. exhibit   _____   a group of people who join together; a club

6. temporarily   _____   an underground room

7. glacier   _____   to cut and trim a piece of wood

8. founded   _____   a show or display of objects

9. politicians   _____   for a short period of time

10. organization   _____   a story about a person's life

11. biography   _____   elected officials

B. Circle each adjective below that you think describes John Muir.

lazy	ingenious
studious	hardworking
concerned	adventurous
stingy	

C. Find the words in the story to fill in the blanks. The clues will help you decide which words to choose.

1. Parks and national forests help protect our _____

   _____.

   Clue: Two words that mean land, water, forests, plants, and minerals

2. Muir Woods is a _____ of giant redwood trees.
   Clue: A five-letter word that means group or area

3. John Muir worked on his _____ very early in the morning.
   Clue: New ideas for doing something

Name _____

John Muir

Going Places

A. John Muir hiked and traveled to different places. Fill in the blanks below using the best answers from the places listed in the story. You may need to reread the story to find the answers. For fun, use a globe or a map to trace John Muir's travels.

1. John Muir was born in the country of _____.

2. Dunbar, the town where Muir was born, is located by the _____ Sea.

3. Muir crossed the _____ Ocean to come to America.

4. Muir traveled up the _____ River, along the

   _____ Canal, and across the _____ Lakes to reach

   his new home.

5. John's family cleared ground for a farm near the Fox River in _____.

6. Muir traveled north to the country of _____ to study plants.

7. Muir walked 1,000 miles to the Gulf of _____.

8. John went to _____ Valley in California.

B. Write names of places in the story that match the following headings. The number after the heading tells how many you should write.

Rivers (2) _____

States (4) _____

_____

Large Bodies of Water (4) _____

_____

Canal (1) _____

Biografía de John Muir

John Muir nació en Dunbar, Escocia, una ciudad costera en el Mar Norte. En febrero de 1849, John, quien tenía 10 años, un hermano, una hermana y su padre se embarcaron y cruzaron el Océano Atlántico hasta llegar a los Estados Unidos. El padre de John se había enterado de que en el nuevo estado de Wisconsin había buenas tierras de siembra. Los Muir tomaron un barco que los llevó río arriba por el Río Hudson hasta Albany, Nueva York. Después continuaron hacia el oeste en el Canal del Erie a Buffalo y siguieron hacia Milwaukee a través de los Grandes Lagos. Sus viajes no terminaron ahí. Viajaron otras 100 millas por tierras deshabitadas a caballo y en carreta.

John Muir, 1838–1914

Los Muir limpiaron 80 acres cerca del Río Fox y plantaron maíz y trigo. En noviembre, el resto de la familia Muir llegó a Wisconsin. John, sus hermanos y sus hermanas araron, cortaron la maleza y cosecharon a mano. El padre de John era muy estricto. A los niños no se les permitía descansar durante el día y trabajaban tanto que su salud lo resintió. Aún así, John encontró la manera de observar con atención todas las variedades de aves a su alrededor. Estudiaba las flores silvestres a su alrededor cada vez que tenía la oportunidad. Cuando la tierra ya estaba gastada por todas las cosechas, los Muir se mudaron a una distancia de casi seis millas y establecieron una nueva granja.

John quería leer, pero su padre pensaba que los libros eran inservibles. No permitía que John se quedara leyendo hasta tarde. Le decía a John que si quería leer, tenía que levantarse temprano por la mañana. A menudo hacía demasiado frío por la mañana para leer, así que John trabajaba en sus inventos en el sótano. Uno de sus inventos fue una máquina para levantarse temprano. Ese aparato registraba las horas, los días de la semana y los meses. Para crearlo, talló todas las partes de madera. Cuando era hora de levantarse, una barra golpeaba ligeramente la cama y hacía que se enderezara. John recibía el nuevo día de pie.

En 1860, cuando tenía 22 años, Muir llevó todos sus inventos a la feria de Madison, Wisconsin, y ganó varios premios. Gracias a su exhibición, se le presentó la oportunidad de trabajar en un taller de mecánica y asistir a clases en la Universidad de Wisconsin. Muir trabajó en granjas durante el verano y enseñó en la escuela durante el invierno para poder asistir a la Universidad de Wisconsin cuando tuviera tiempo. Él estaba interesado en toda clase de cosas. Su interés en la botánica lo motivó a viajar a Canadá para estudiar las plantas que ahí crecían. Cuando regresó a los Estados Unidos, fue a trabajar a un aserradero en Indianápolis, Indiana, donde los dueños de la planta le daban tiempo para estudiar las plantas. En su tiempo libre, Muir inventaba mejores formas de hacer herramientas de madera. Una noche cuando trabajaba, una pieza de metal le saltó al ojo. No pudo ver con ese ojo y el otro también se le cegó temporalmente.

Cuando recobró la vista, John dejó Indiana y caminó 1,600 km (1,000 millas) hasta llegar al Golfo de México, estudiando la gente, la naturaleza y las plantas. Después tomó un barco rumbo a California. Llegó a California en 1868 y fue al Valle de Yosemite. Mientras trabajaba como pastor y en un aserradero, John caminaba y escalaba las montañas, estudiando los glaciares y las plantas. Entonces empezó a escribir acerca de la naturaleza para revistas y periódicos.

Gente de muchas partes del mundo leía sus historias. Los turistas que llegaban en tren a California querían ver el Yosemite de Muir. Muchos visitantes eran políticos y escritores famosos. Muir llevó al Presidente Theodore Roosvelt a acampar en Yosemite.

En 1889, Robert Underwood Johnson, editor de la revista *Century (El Siglo)* quería ver las flores silvestres de Yosemite. John le explicó que las ovejas se las habían comido como pastura. Los dos hombres se unieron en un esfuerzo por salvar a Yosemite. John escribió artículos y Johnson fue a Washington, D.C., a convencer a gente importante en el gobierno de que Yosemite se debía convertir en un parque nacional.

En 1890, el Congreso aprobó una ley para crear el Parque Nacional de Yosemite. El año siguiente el Presidente Harrison apartó más terrenos en los estados del oeste para bosques nacionales. Otro presidente, Theodore Roosevelt, reservó millones de acres en el oeste para bosques y parques.

Los escritos de Muir acerca de las plantas y la naturaleza hicieron que la gente se diera cuenta de la importancia de salvar nuestros bosques y zonas como Yosemite. Sus libros, *The Mountains of California* (*Las montañas de California,* 1894) y *Our National Parks* (*Nuestros parques nacionales,* 1901) fueron muy populares.

Muir fundó el Club de la Sierra, una organización dedicada a la protección de la tierra, los árboles, las plantas y el agua. El club aún está activo hoy en día.

John Muir murió el 24 de diciembre de 1914. Un grupo de árboles gigantes de secoya fue dedicado en honor a su trabajo por la preservación de nuestros recursos naturales.

Nombre _____

Preguntas acerca de *John Muir*

1. Haz una lista de cinco triunfos alcanzados por John Muir.

   _____

   _____

   _____

2. ¿Cómo sabes que el aprendizaje era algo muy importante para John?

   _____

   _____

3. Describe la máquina para levantarse temprano de John.

   _____

   _____

4. ¿Qué hizo Muir para salvar a Yosemite?

   _____

   _____

   _____

5. ¿Crees que Muir fue un buen escritor? Explica por qué lo crees.

   _____

   _____

6. ¿Crees que es importante preservar las áreas naturales de nuestro país? ¿Por qué sí o por qué no?

   _____

   _____

   _____

Nombre _____

John Muir
Vocabulario

A. Escribe el número de la palabra junto a su definición.

1. variedades   _____ iniciar
2. sótano   _____ el estudio de las plantas
3. tallar   _____ muchos tipos diferentes
4. botánica   _____ un cuerpo de hielo que se mueve lentamente
5. exhibición   _____ un grupo de gente que se reúne; un club
6. temporalmente   _____ un cuarto bajo el suelo
7. glaciar   _____ dar forma a una pieza de madera
8. fundar   _____ una muestra de objetos
9. políticos   _____ por un corto período de tiempo
10. organización   _____ una historia de la vida de una persona
11. biografía   _____ oficiales electos

B. Encierra en un círculo los adjetivos que describan a John Muir.

perezoso   ingenioso

estudioso   trabajador

preocupado   aventurero

avaro

C. Busca las palabras de la historia que completen los espacios en blanco. Las pistas te ayudarán a encontrar las respuestas.

1. Los parques y los bosques nacionales ayudan a proteger nuestros

_____ _____.

    Pista: Dos palabras que incluyen tierra, agua, bosques, plantas y minerales.

2. Muir Woods (el Bosque Muir) es un _____ de gigantescos árboles de secoya.

    Pista: Palabra de cuatro letras que significa espacio o extensión.

3. John Muir trabajó en sus _____ muy temprano por la mañana.

    Pista: Nuevas ideas para hacer algo.

John Muir

A viajar

A. John Muir caminó y viajó a diferentes lugares. Llena los espacios en blanco con las mejores respuestas acerca de los lugares que se mencionan en la historia. Si lo necesitas, lee la historia de nuevo para encontrar las respuestas. Para que sea más divertido, usa un globo terráqueo o un mapa para trazar los viajes de John Muir.

1. John Muir nació en el país de _____.

2. Dunbar, la ciudad donde Muir nació, se localiza cerca del Mar _____.

3. Muir cruzó el Océano _____ para llegar a América.

4. Muir viajó en el Río _____, a lo largo del Canal de

   _____ y a través de los _____ Lagos para llegar a su nuevo hogar.

5. La familia de Muir limpió las tierras cerca del Río Fox en _____ para establecer una granja.

6. Muir viajó al norte de _____ para estudiar plantas.

7. Muir caminó 1,000 millas rumbo al Golfo de _____.

8. John fue al Valle de _____ en California.

B. Escribe los nombres de los lugares de la historia que se relacionen con los siguientes encabezados. El número a un lado de cada encabezado indica cuántos nombres debes escribir.

Ríos (2) _____

Estados (4) _____

_____

Grandes cuerpos de agua (4) _____

_____

Canal (1) _____

Answer Key

Tasmanian Devils
English
Page 7
1. at night
2. The pads help them climb trees.
3. They clean up the Earth and keep bacteria and germs from spreading.
4. Their ears turn red, and they stomp their feet, turn to show teeth, scream, click teeth, and give off smelly fluids.
5. Answers will vary. Possible answers are mean, smelly, noisy, bad tempered, hungry.
6. Australia

Page 8
Categories—Answers will vary. Possible answers are:
carnivorous: lions, tigers, dogs
nocturnal: skunks, hippopotamuses, owls
scavenger: hyenas, crows, vultures
marsupial: kangaroos, opossums, koalas
Word Meanings
1. a   2. c   3. b   4. c

Page 9
Answers will vary.
1. a. They thought they would harm farm animals. They are noisy, mean, unpleasant animals to have as neighbors.
   b. They realized that they were useful. They clean the Earth and keep disease and germs from spreading.
2. They need to eat large amounts of food. If they lived in groups there wouldn't be enough food.
   They won't eat eachother.
3. Tigers, some snakes, etc.
4. Elephants, elk, wolves, whales, chimpanzees, etc.

Tasmanian Devils
Spanish
Page 12
1. de noche
2. Las patas acolchonadas les ayudan a subirse a los árboles.
3. Limpian la tierra e impiden que la bacteria y los gérmenes se reproduzcan.
4. Sus orejas se ponen rojas. Pisotean con fuerza y giran de un lado a otro para mostrar sus dientes. Gritan y chasquean los dientes y arrojan un líquido apestoso.
5. Las respuestas pueden variar. Pueden incluir malo, sucio, feo, hambriento, etc.
6. Australia

Page 13
Categorías—Las respuestas pueden variar. Respuestas posibles incluyen:
Carnívoros: leones, tigres, perros
Nocturnos: zorrillas, hipopótamos, búhos
Carroñeros: hienas, cuervos, aves de rapiña
Marsupiales: canguros, zarigüeyas (comadrejas, opósumes), koalas
Significado de palabras
1. a   2. c   3. b   4. c

Page 14
Las respuestas pueden variar.
1. a. Pensaban que podían lastimar a los animales de la granja. Eran ruidosos, malos, desagradables como vecinos.
   b. Se dieron cuenta que eran útiles. Limpiaban la tierra e impedían que se extendieran enfermedades y gérmenes.
2. Necesitan grandes cantidades de comida. Si vivieran en grupos, no tendrían suficiente comida.

Así no se comerán entre sí.
3. Tigres, algunas serpientes, etc.
4. Elefantes, lobos, chimpancés, ballenas, etc.

Japanese Celebrations
English
Page 17
1. Answers will vary; may include the idea of sexual equality; accept any reasonable and defensible response.
2. He was grateful his prayers were answered and people were no longer suffering and ill.
3. on January 1
4. Answers will vary.
5. New Year–d   Hina Matsuri–c, h
   Children's Day–i   Boy's Day–a, e
   Gion Festival–b, f Tanabata–g

Page 18
1. holiday, festival, celebration
2. emperor, empress, ladies-in-waiting, the minister of state, court musicians, courtiers
3. to a religious shrine
4. sculptures
5. j, c, f, i, g, h, a, d, e, b

Page 19
1. strong, courageous fish
2. brightly colored carp kite
3. painted porcelain faces
4. huge decorated boxes
5. bare winter trees
6. enormous ice and snow sculptures
Answers to the bottom section will vary.

Japanese Celebrations
Spanish
Page 22
1. Las respuestas pueden variar; pueden incluir la idea de igualdad de los sexos (los géneros); acepte cualquier respuesta razonable y válida.
2. Estaba agradecido que sus rezos hubieran sido escuchados y la gente ya no sufriera de esa enfermedad.
3. El primero de enero.
4. Las respuestas pueden variar.
5. Año nuevo–d   Jina Matsuri–c, h
   Día de los niños–i   Día del niño–a, e
   Festival de Gion–b, f Tanabata–g

Page 23
1. día especial, día de fiesta, celebración, festividad
2. el emperador y la emperatriz, las damas de compañia, el ministro de estado, los músicos de la corte y los caballeros
3. a capillas religiosas
4. esculturas
5. j, c, f, i, g, h, a, d, e, b

Page 24
1. coloridos y tradicionales
2. enorme y colorido
3. pintadas
4. enormes, decoradas
5. secos
6. grandes
Las respuestas pueden variar.

We Shall Overcome
English
Page 27
1. Students' responses will vary but should include the idea that those involved in the civil rights movement hoped to overcome or conquer the injustices being experienced by black Americans.

2. Martin probably chose to approach reform through love because the approach fit with his Christian upbringing. Also, not mentioned in the story, Martin was influenced by the work of Ghandi in India.
3. Students' responses will vary but should be supported by clear opinion.
4. Martin was willing to go to jail because he believed it was morally correct to break unjust laws. He felt strongly enough that injustices must be corrected that he was willing to undergo personal hardships.
5. Students' responses should be supported by logic.

Page 28
1. movement   5. prohibited
2. crusaders   6. civil rights
3. boycott   7. discrimination
4. abolish   8. civil disobedience

Page 29
Facts include the following:
Determined: Continued a boycott for over a year
Continued to work for reform after buses integrated
Continued work even after being imprisoned several times
Loving: Did not resort to anger or hate when his own home was bombed
Led and encouraged peaceful demonstrations
Referred to the power of love in many speeches
Intelligent: Completed extensive schooling, earning many honors
Presented speeches that became classics of American history
Able to organize a massive movement for civil rights
Strong: Continued his mission in the face of death threats
Able to lead large groups of people
Led a movement that required both physical and mental strength
Leader: Nobel Peace Prize winner
Main organizer of and featured speaker at massive March on Washington
Organizer of countless marches, sit-ins, and kneel-ins
Became the voice of the civil rights movement
Hardworking: Printed and distributed thousands of fliers in Montgomery
Traveled extensively giving speeches
Marched countless miles

We Shall Overcome
Spanish
Page 32
1. Las respuestas pueden variar, pero deben incluir la idea de que aquellos que participaban en los movimientos en defensa de los derechos civiles querían acabar con las injusticias en contra de los afroamericanos.
2. Martin probablemente eligió la reforma a través del amor porque esa tendencia estaba de acuerdo con su educación cristiana. También, aunque no se mencionan en la historia, las enseñanzas de Ghandi en la India habían tenido gran influencia en Martin.
3. Las respuestas pueden variar, pero deben ser apoyadas por opiniones claras.

4. Martin estaba dispuesto a ir a la cárcel porque él creía que era moralmente correcto violar leyes injustas. Creía con firmeza que se debían corregir las injusticias, por lo que estaba preparado a sufrir privaciones y dificultades personales.
5. Las respuestas pueden variar, pero deben apoyarse en la lógica.

Page 33
1. movimiento
2. defensores
3. boicot
4. abolir
5. prohibido
6. derechos civiles
7. discriminación
8. desobediencia civil

Page 34
Los datos deben incluir la siguiente información:
Determinado: Continuó el boicot por más de un año.
Continuó trabajando por reformas después de que los autobuses se integraron.
Continuó trabajando aún después de haber sido encarcelado varias veces.
Compasivo: Nunca actuó con coraje o con odio, aún cuando su propia casa fue atacada.
Dirigió y fomentó manifestaciones pacíficas.
Se refería al poder del amor en todos sus discursos.
Inteligente: Completó todos sus estudios, obteniendo muchos honores.
Presentó discursos que se convirtieron en clásicos de la historia americana.
Organizó un movimiento masivo a favor de los derechos civiles.
Fuerte: Continuó su misión a pesar de las amenazas de muerte que recibió.
Fue capaz de organizar a grupos grandes de gente.
Estuvo a cargo de un movimiento que requería de fuerza física y mental.
Líder: Ganador del Premio Nobel de la Paz.
Organizador principal y orador de la marcha masiva de Washington.
Organizador de incontables marchas y protestas pacíficas.
Se convirtió en la voz del movimiento de defensa de los derechos civiles.
Trabajador: Imprimió y distribuyó miles de hojas de información en Montgomery.
Viajó muchísimo para dar discursos.
Marchó por muchas millas.

Hooray for Weeds!
English
Page 37
A. 1. vitamins, minerals
2. nutritious
3. calcium
4. topsoil
5. tea, dandelion
6. chickweed
7. prickly
8. fires
B. 1. Keep sediment from clogging streams, ponds, and rivers. Provide calcium that is absorbed by algae, which is eaten by fish.
2. Gardeners have plans for their gardens and don't want weeds popping up where they want flowers or vegetables. Weeds usually die after a few months and look brown and unattractive in the garden.
3. When the wind blows, it must go around tall weeds. When it does, it deposits soil rather than blowing it away. Weeds hold soil down so it can't be washed or blown away.

Page 38
A. 10, 6, 5, 8, 4, 9, 2, 7, 1, 3
B. Sentences will vary.

Page 39
Answers will vary but possible answers could include:
1. Weeds are used for food and medicine for people and animals.
Weeds provide nutritious vitamins and minerals to plants, animals, and people.
Weeds provide food for insects.
Chickweed can be cooked and eaten.
All the parts of the dandelion can be eaten.
Dandelions contain vitamins A and C and minerals.
Bees gather nectar and pollen from weed flowers.
Weeds provide plants, animals, fish, and people with calcium.
Decaying weeds add minerals and vitamins to the soil.
Weeds absorb calcium that is needed by people and animals.
Calcium is passed along in the food chain from weeds to animals, to algae, to fish, to people.
Prickly weeds provide shelter and protection from predators for small animals.
Weeds are soil builders.
Weeds hold soil in place, keeping the waterways clean for fish and animals.
Weeds hold soil in place and prevent floods by keeping sediment from blocking streams.
Weeds loosen the soil for burrowing animals and other plants.
The wind slows to go around giant weeds, and it leaves some of the soil it is carrying near the weeds.
2. Answers will vary but might include opinions such as:
Too many weeds will crowd out flowers and vegetables so they can't grow.
Weeds grow very fast. If the weeds aren't pulled out of the garden, there will be more weeds than flowers. If the roots of weeds take all the vitamins and minerals from the soil, there won't be enough nutrients left for the flowers and vegetables.
Weeds look ugly in the garden.
A garden looks well-planned and organized when weeds aren't growing everywhere.

Hooray for Weeds!
Spanish
Page 42
A. 1. vitaminas, minerales
2. nutritiva
3. calcio
4. capa de la superficie del suelo
5. té, diente de león
6. capiquí
7. espinosa
8. incendio
B. 1. El calcio de las malezas es absorbida por las plantas marinas cuando las lluvias las llevan hasta las ríos o al mar; los peces utilizan este calcio.
Las raíces de las malezas sujetan la tierra, evitando que enturbie las aguas.
2. La maleza invade los jardines y les da más trabajo a los jadineros.
3. Las raíces de la maleza ayudan a sujetar la capa de la superficie del suelo.

Page 43
A. 10, 6, 5, 8, 4, 9, 2, 7, 1, 3
B. Las oraciones pueden variar.

Page 44
Las respuestas pueden variar, pero en general pueden incluir:
1. La maleza se usa como comida y como medicina para las personas y los animales.
Proveen de vitaminas y minerales nutritivos a las plantas, los animales y las personas.
Sirve de alimento para los insectos.
El capiquí puede cocinarse y usarse como comida.
Todas las partes del diente de león se pueden comer.
El diente de león contiene vitaminas A y C y minerales.
Las abejas juntan néctar y pólen de las flores de la maleza.
Cuando la maleza se seca, agrega minerales y vitaminas al suelo.
Las raíces de la maleza absorben calcio, el cual necesitan las personas y los animales.
El calcio pasa de la maleza por toda la cadena alimenticia, a los animales, a las algas, a los peces y a las personas.
La maleza espinosa puede cobijar conejos, aves y otros animales pequeños.
La maleza reconstituye el suelo.
La maleza mantiene el suelo en su lugar, así manteniendo limpios los ríos y cauces para los peces y los animales.
2. Las respuestas pueden variar, pero pueden incluir opiniones y hechos como éstos: Los jardineros pueden decir que nos les gusta la maleza porque les da más trabajo. Es cierto, porque la maleza invade los jardines y esparce sus semillas y así nacen más malezas.

Indiana Sundays
English
Page 47
1. b
2. A "newest-addition cousin" is a baby cousin.
3. Yes, the author did enjoy her afternoons spent on her grandparent's farm. Statements from the story that prove it are "...I adored summer Sunday afternoons," and "...I was the most reluctant to say good-bye to another Indiana Sunday."
4. The phrase means that aunts and uncles realized they needed to get home and get ready for Monday morning.
5. 2, 4, 5, 1, 3, 7, 6

Page 48
Adjectives
1. room—huge, enclosed
noontime meal—large, loud, long
metal box—tall, rickety, old
bell—huge
2. Answers will vary.
Word Meaning
4, 3, 1, 8, 7, 2, 5, 9, 6
Page 49
Answers will vary.

Indiana Sundays
Spanish
Page 52
1. b
2. Todos querían decidir a qué deberían jugar.
3. Sí, la autora disfrutaba las tardes en la casa de los abuelos. Las afirmaciones de la historia que comprueban esto son: "adoraba los domingos por la tarde..." y "yo era la que más se resistía a decir adiós."

4. Esa frase significa que los tíos y las tías aceptaban la idea de que era hora de irse a casa para prepararse para el día siguiente, lunes.

5. 2, 4, 5, 1, 3, 7, 6

Page 53
Adjetivos
1. habitación—grande, cerrada
   almuerzo—pesado, fuerte, grande
   caja—destartalada
   campana—enorme
2. Las respuestas pueden variar.

Vocabulario
4, 3, 1, 8, 7, 2, 5, 9, 6

Page 54
Las respuestas pueden variar.

Marian Anderson
English
Page 57
1. One possible answer is that the teacher recognized her talent and wanted her to have the opportunity for fame and recognition.
2. The school did not accept African-American students.
3. Hotels, trains, and restaurants were segregated so she couldn't always stay and eat near the places where she sang.
4. to study music and learn languages
5. African Americans were not allowed to perform there.
6. She was the first African American invited to sing a major role there.
7. Answers may vary but are likely to agree that she was brave because she pursued her dream despite the obstacles of discrimination and segregation.

Page 58
1. application
2. enroll
3. career
4. foreign
5. retired
6. languages
7. recognition
8. appointed
9. segregated
10. discriminated
11. competition
12. composer

Page 59
1. Set A: 4, 3, 2, 1
   Set B: 4, 2, 1, 3
   Set C: 3, 1, 4, 2
2. Answers will vary.

Marian Anderson
Spanish
Page 62
1. Una respuesta posible es que la maestra reconocía su talento y quería que tuviera la oportunidad de la fama y el reconocimiento.
2. La escuela no aceptaba estudiantes afroamericanos.
3. Hoteles, trenes y restaurantes estaban segregados, así que ella nunca podía hospedarse y comer cerca de los lugares donde cantaba.
4. Viajó, para estudiar música y aprender idiomas.
5. A los afroamericanos no se les permitía presentarse ahí.
6. Marian fue la primera afroamericana que fue invitada a cantar en un papel importante.
7. Las respuestas pueden variar, pero en general deben explicar que Marian fue valiente porque persiguió sus objetivos a pesar de la discriminación y la segregación.

Page 63
1. solicitud
2. inscribirte
3. carrera
4. extranjero
5. retiró
6. idiomas
7. reconocimientos
8. nombrada
9. segregados
10. discriminaba
11. competencia
12. compositor

Page 64
1. Grupo A: 4, 3, 2, 1
   Grupo B: 4, 2, 1, 3
   Grupo C: 3, 1, 4, 2
2. Las respuestas pueden variar.

Gold, Gold, Gold!
English
Page 67
1. easily shaped; doesn't dissolve in water or body fluids; has a high melting point; reflects sunlight; conducts electricity
2. It costs more to take the gold out than it is worth.
3. *Apollo* spacecraft was coated with gold to protect it from solar heat. Astronauts' faceplates are covered with gold so the sun won't injure their eyes.
4. Answers will vary.
5. South Africa
6. Scoop gravel into a pan. Swirl it and wash with water. Light gravel washes out, and gold stays in the pan.

Page 68
A. 1. roll—to press flat
   2. piece—a part of something
   3. see—to use the sense of sight
   4. new—recently made, not used
   5. not—a word used to make a negative statement
   6. karat—a measurement of pureness of gold
   7. so—in order that
B. Sentences will vary.

Page 69
Students' maps should look like this:

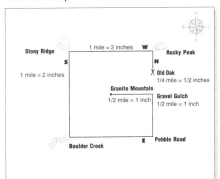

Students should underline "rocky," "stony," "boulder," "pebble," and "granite."

Students should circle "pebble" and "gravel."

Gold, Gold, Gold!
Spanish
Page 72
1. se moldea fácilmente; no se disuelve con el agua o con los fluídos del cuerpo; tiene un punto de fusione temperatura alto—hierve a una temperatura muy alta; refleja la luz del sol; conduce electricidad
2. Es más costoso extraerlo que lo que vale el oro.
3. La nave espacial Apolo estaba cubierta de oro para protegerla del calor del sol. Los astronautas tenían una lámina de oro sobre las cubiertas de sus cascos protectores de la cara para que el sol no les lastimara sus ojos.
4. Las respuestas pueden variar.
5. Sudáfrica
6. La grava se saca del agua en una bandeja redonda. Se agita la bandeja y se lava el contenido con agua. La grava más ligera se va con el agua mientras el oro se queda.

Page 73
A. 5, 2, 5, 4, 1, 1, 2, 4, 3, 3
B. Las respuestas variarán.

Page 74
Así deben ser los mapas de los estudiantes.

roca, rocosa y *granito* se refieren a rocas; *pedregal* y *cantera* se refieren a piedras; *grava* se refiere a piedras muy pequeñas.

Actividad adicional: Las historias van a variar.

The Story of Matthew Brady
English
Page 77
1. They had them painted.
2. The person being photographed had to sit without moving for 30 minutes.
3. Answers will vary but may include ideas such as: They wanted others to see their photos; it was a new, exciting invention and they wanted to be a part of it; having their photos displayed in Brady's studio furthered their fame.
4. He thought it was important to preserve a record of the war for history.
5. They didn't want to be reminded about the war.
6. The government didn't take care of them and money was not given to restore them.
7. His photographs of famous people left a record of what they really looked like. His pictures of the Civil War show us what the war was like.

Page 78
A. 1. vapors
   2. portrait
   3. priceless
   4. accurate
   5. adjustments
   6. engravings
   7. daguerreotypes
   8. retreat
   9. studio
   10. gallery
B. 1. damage
   2. advance
   3. popular
   4. bright
   5. sell
   6. won
   7. excellent
   8. started
   9. few

Page 79
Before:
2. Expose it to iodine vapors.
4. Wait for the plate to turn yellow.
After:
7. Expose the picture to heated mercury.
9. Protect the picture in a glass-covered box.

1830s Daguerreotypes introduced in France.
1844 Brady opened photo studio in New York City.
1851 Brady won a silver medal at the World's Fair in England for his daguerreotypes.
1860 American Civil War began; Brady went to photograph battles.
1871 Congress agreed to buy 2,000 of Brady's war photographs.
1881 Brady closed his studio in Washington, D.C.

The Story of Matthew Brady
Spanish
Page 82
1. Se retrataba con retratos pintados.
2. La persona que era fotografiada tenía que permanecer quieta sin moverse por 30 minutos.
3. Las respuestas pueden variar, pero pueden incluir ideas como: querían que otros vieran sus fotos; era un invento nuevo e interesante y querían ser parte de él; el tener sus fotos en el estudio de Brady los haría aún mas famosos.
4. Pensaba que era importante preservar las memorias de la guerra para la historia.
5. No querían recordar la guerra.
6. El gobierno no las cuidó y no hubo dinero para restaurarlas.
7. Sus fotografías de gente famosa dejan hoy en día evidencia de cómo eran estas personas en realidad.

Page 83
A. 1. vapor
2. retrato
3. expander
4. exacto
5. ajustes
6. grabados
7. daguerrotipos
8. retirarse
9. estudio
10. galería

B. 1. dañar
2. avanzar
3. popular
4. brillante
5. vender
6. ganar
7. excelente
8. continuar
9. pocos

Page 84
Antes:
2. Exponerla a vapores de yodo (o una solución de sal).
4. Esperar que la lámina se vuelva amarilla.
Después:
7. Exponer el retrato a mercurio caliente.
9. Proteger el retrato en una caja de cristal.

1830s Los daguerrotipos son introducidos en Francia.
1844 Brady abre un estudio fotográfico en la ciudad de Nueva York.
1851 Brady gana una medalla de plata en la Feria Mundial de Inglaterra por sus daguerrotipos.
1860 Comienza la Guerra Civil americana; Brady va a fotografiar las batallas.
1871 El Congreso acepta comprar 2,000 fotografías de la guerra tomadas por Brady.
1881 Brady cierra su estudio en Washington, D.C.

Freedom Celebration
English
Page 87
1. General Order #3 was important because it brought word to the slaves of Galveston, Texas, that they were free.
2. Responses may include all or several of the following: the slaves of Galveston were overjoyed. They sang, talked, prayed, jumped, and shouted. Some met to discuss what they had heard, hardly believing it. Many walked or ran away from the work they had been doing. Many celebrated with song, dance, and food.
3. The first celebrations were held in Galveston and the surrounding areas.
4. The tradition spread because people moved away but brought their traditions with them, honoring Juneteenth wherever they happened to be. Others probably observed their celebrations and joined in or imitated them, pleased to honor freedom.
5. Responses may include any three of the following, or students may respond with their own Juneteenth traditions: Today, people celebrate with parades, speeches, music, prayer, food, dance, plays, poetry, and sporting events. Two long-standing Juneteenth traditions are barbecue and red soda pop.
6. Students should infer that the author feels people should remember how important it is to be free. One way to remember is to honor this holiday.

Page 88
A. 1. celebrating
2. celebrity
3. celebration
4. celebrants
5. celebrate

B. Students' responses will vary.
1. a special gathering or party to celebrate something
2. taking part in special activities or festivities
3. people who take part in a festivity celebrating a special occasion
4. widely known; famous
5. a person who is widely known and/or honored for a specific achievement

Page 89
1. Answers will vary.
2. Answers will vary but should reflect joyful feelings or other strongly emotional feelings.

Freedom Celebration
Spanish
Page 92
1. La orden general #3 era importante porque les informó a los esclavos de Galveston, Texas, que ya eran libres.
2. Las respuestas pueden incluir todas o algunas de las siguientes oraciones: Los esclavos de Galveston estaban muy contentos. Cantaron, hablaron, bailaron, rezaron, brincaron y gritaron. Algunos se reunieron para hablar de lo que habían escuchado, casi sin poder creerlo. Muchos caminaron o corrieron de sus trabajos. Muchos celebraron con canciones, bailes y comida.
3. Las primeras celebraciones tuvieron lugar en Galveston y a sus alrededores.
4. Las tradiciones se dieron a conocer porque la gente se mudó a otros lugares y se llevó consigo sus tradiciones. Otros probablemente observaron sus tradiciones y se les unieron o los imitaron, contentos de celebrar la libertad.
5. Las respuestas pueden incluir cualquiera de las siguientes tres opciones o los estudiantes pueden escribir sus propias respuestas: Hoy en día, la gente celebra con desfiles, discursos, música, rezos, comida, baile, representaciones teatrales, poesía y eventos deportivos. Dos tradiciones famosas del "diezdejunio" son la carne asada y soda de frutas rojas.
6. Los estudiantes deben inferir que el autor cree que la gente necesita recordar la importancia de ser libre. Una forma de hacerlo es a través de este día de fiesta.

Page 93
A. 1. celebró
2. celebridad
3. celebra
4. celebración
5. celebraron

B. Las respuestas pueden variar:
1. reunión o fiesta especial donde se recuerda un acontecimiento
2. participar en una fiesta o celebración
3. efectuar o participar en una fiesta o celebración
4. tomar parte en una fiesta o celebración
5. persona que es ampliamente conocida y/o respetada por sus logros

Page 94
1. Las respuestas pueden variar.
2. Las respuestas pueden variar, pero deben reflejar sentimientos de alegría o de fuertes emociones.

Memory Books
English
Page 97
1. 1. collect supplies 2. measure
   3. cut 4. measure 6 sections
   5. fold 6. punch holes 7. tie together
2. paper, scissors, yardstick or meterstick, pencil, hole punch, ribbon or yarn
3. Answers will vary.
4. 4, 5, 2, 6, 1, 3

Page 98
1. Any five of the following words: create, decorate, draw, paint, cut, measure, mark, fold
2. Any three of the following verbs: can decorate, could write, will fold, has moved, would like, can be mailed
3. gently wrap
   carefully fold
   fold evenly
Sentences will vary; verbs should be underlined.

Page 99
Syllables

memory 3	holiday 3	measure 2
narrow 2	decorate 3	panel 2
masterpiece 3	summary 3	collage 2
treasure 2	accordion 4	envelope 3
photograph 3	create 2	author 2

Word Meaning
a. collage
b. panel
c. summary
d. masterpiece
e. create

Memory Books
Spanish
Page 102
1. 1. Reúne los materiales. 2. Mide.
   3. Recorta. 4. Mide. 5. Dobla. 6. Haz agujeros. 7. Átalos juntos.
2. papel, tijeras, regla o metro, lápiz, perforadora, estambre o listón
3. Las respuestas pueden variar.
4. 4, 5, 2, 6, 1, 3

Page 103
1. Cinco palabras de la siguiente lista: mide, divide, pon, dobla, usa, introduce, envuélvelo, enhebra, escoge, escribe, pinta, dibuja, haz
2. Tres conjugaciones de la siguiente lista: puedes poner, puedes usar, puedes doblarlas, puedes escribir, puedes decorar
3. suavemente introduce
   cuidadosamente dobla
   correctamente doblarlas

Page 104
Sílabas

recuerdo 3	delgado 3	maestra 3
tesoro 3	fotografía 5	fiesta 2
decorar 3	relato 3	acordeón 3
crear 2	medida 3	paneles 3
collage 2	sobre 2	autor 2

Significado de palabras

a. decorar   d. medida
b. paneles   e. fotografía
c. fiesta

```
M I R C R D B C V I L M M T P L M C P Y
E T T F X E C X M Ñ O A A E E R F R H P
D I P I G C L P A E R V S Z B Z E W T
I I A E R O J A K O G S U O L C B A P V
D O N S L R E A T D P R L O M R T I
A O E T O A M N O Q Y R K O P L D B S O
Á B P O V E N C I P H Y W K X A Z N Q N
I U Y B R E C U E R D O P W I G K H X V
A F T O E R M A C O R D E Ó N E V I U M
U O E Q B E A C I F O T O G R A F I A X
U F A I R B P L S D E R T R S I K N X Z
E Y I P X V S O B R E M F P A N E L E S
```

Nancy Lopez and Family
English
Page 107

1. She was eleven years old.
2. This event proved she could play as well as he could. It marked an important step in her progress as a golfer. It was important to Domingo because, as her loving father and coach, he shared in her successes.
3. Her school had no girls' golf team. They didn't want to allow a girl to play on the boys' team, but with the help of an attorney, Nancy persuaded them. The local country club didn't want to sponsor Nancy because she was Mexican American, but a club in Albuquerque was glad to do it.
4. She was sad and distracted. She may have been thinking that her mother would have wanted her to win, and was trying too hard.
5. She worked hard. We know this because she practiced every day. She was not afraid of a challenge. At the age of twelve, she competed in and won a statewide tournament. When the school said she couldn't play, she went back and tried again to persuade them, and did. Family was important to her. When she lost her mom, her game suffered. She didn't give up easily.
6. The author wanted the reader to understand that family is an important part of Nancy Lopez's life.

Page 108
Sentences for each item will vary.

A. 1. leading   3. failures
   2. amateur   4. unskilled
B. 1. competitors   3. competitive
   2. competition   4. competed

Page 109
Answers will vary.

Nancy Lopez and Family
Spanish
Page 112

1. Tenía once años.
2. Porque pudo comprobar que podía jugar muy bien, al igual que su papá. Marcó un paso importante en su progreso como golfista. Era importante para Domingo porque, como padre cariñoso y orgulloso y entrenador, compartía sus triunfos.
3. Su escuela no tenía un equipo femenil de golf. No quisieron aceptarla en el equipo de varones, pero con la ayuda de un abogado lo logró. El club local no quiso patrocinarla porque era mexicoamericana, pero el club de Albuquerque lo hizo con ganas.
4. Estaba triste y distraída. Posiblemente estaba pensando que a su madre le hubiera gustado que ganara y se esforzaba demasiado.
5. Trabajó muy duro. Esto es evidente porque practicaba todos los días. No tenía miedo de enfrentar retos. A los doce años ganó el primer torneo estatal. Cuando en su escuela no le permitieron jugar, ella trató de nuevo y los convenció. La familia era importante para ella. Cuando perdió a su mamá, afectó su habilidad de jugar. No se dejaba vencer fácilmente.
6. El autor quería que el lector entendiera que la familia era una parte importante en la vida de Nancy López.

Page 113
A. Los antónimos son:
   1. contenta   3. avergonzado
   2. aficionados   4. prohibió
B. 1. competidores   3. competitiva
   2. competencia   4. compitió

Page 114
Las respuestas pueden variar.

Animal Skyscrapers
English
Page 117

1. Accept any facts given in the story.
2. strong hooves, patterned body makes it difficult to see young when in tall grass, good eyesight, watch out for each other
3. They know giraffes can see any predators or problems a mile away.
4. Oxpeckers travel on the back of the giraffe, taking off insects, dry skin, and loose hair. The giraffe provides insects for the oxpecker to eat.
5. The giraffe habitat is decreased, and many giraffes are killed for food, hides, and tail hair.
6. The tourists want to see wild animals. This motivates Africans to protect the animals because tourists spend money, providing jobs for Africans.
7. There are laws to protect them, and land has been set aside for giraffe habitat.

Page 118
1. a. crops   e. ruminant
   b. blood vessels   f. habitat
   c. irregular   g. moisture
   d. extraordinary   h. graze
2. tourist
3. gallop
4. herder

Page 119
1. I. B. Other animals know they can spot danger a long way away.
   II. A. Each pattern is different.
     B. Some have close-together, straight-edged spots.
     C. Others have irregular spots.
     D. A few are a single color.
   III. A. Stomachs have four sections.
     B. Food mixed with saliva is swallowed whole.
     C. Brings up lumps of food, chews, and swallows again.
     D. Food is digested in the fourth section.
2. I. The giraffe has short hair that always looks clean.

Animal Skyscrapers
Spanish
Page 122

1. Acepte como respuestas cualesquiera de los datos que se proporcionan en la historia.
2. Fuertes pezuñas, cuerpo cubierto de figuras con patrones que hace difícil ver a las jirafas pequeñas cuando la maleza no las cubre completamente, buena vista para cuidarse entre sí.
3. Porque saben que las jirafas pueden ver predadores o problemas hasta a una milla de distancia.
4. Las aves picabuey viajan en la espalda de las jirafas y les quitan insectos, piel seca y pelo suelto. La jirafa proporciona los insectos con los que estas aves se alimentan.
5. El hábitat de la jirafa se ha reducido y muchas jirafas han sido exterminadas para obtener su piel o el pelo de su cola, o como comida.
6. Los turistas quieren ver animales silvestres. Esto motiva a los africanos a proteger los animales porque los turistas gastan dinero y proporcionan empleos.
7. Hay leyes que las protegen y extensiones de tierra que han sido destinadas como hábitats.

Page 123
1. a. cosechas   e. rumiante
   b. vasos sanguíneos   f. hábitat
   c. irregular   g. humedad
   d. extraordinario   h. pastar
2. turista
3. trotar
4. pastor, ganadero

Page 124
1. I. B. Otros animales saben que ellas pueden advertir el peligro a una milla de distancia.
   II. A. Cada patrón es diferente.
     B. Algunas tienen unas manchas juntas con bordes rectos.
     C. Otras tienen manchas irregulares.
     D. Algunas tienen manchas de un color.
   III. A. Sus estómgos tienen cuatro secciones.
     B. La comida mezclada con saliva se traga entera.
     C. Devuelve los pedazos de comida, los mastica y se los traga de nuevo.
     D. La comida es digerida en la cuarta sección del estómago.
2. I. La jirafa tiene pelo corto que siempre se ve limpio.

Holidays in India
English
Page 127

1. The sister ties a bracelet on her brother's wrist and places a circle of red powder on his forehead.
The brother gives the sister presents and makes a pledge to care for her. They eat special treats.
2. It is believed that Lakshmi, the goddess of wealth and beauty, will bring good luck to well-lighted places.
3. to give thanks for the rice harvest and the rains
4. Cattle help the farmers grow and harvest the rice.
5. There are costumed people and decorated animals. There are decorated camels and horses and elephants with flowers painted on their trunks.
6. A mela is a village fair. People buy, trade, and sell goods. There are shows, dances, and singing around campfires.
7. Hindus include animals in their festivities. Animals are honored for their work and given special treats.

Page 128
A. 1. designs 3. plow
2. religions 4. preparations
B. 1. rahki 5. popular
2. holy 6. ponggal
3. harvest 7. pledge
4. route 8. goddess

Page 129
Answers will vary. Two answers for each holiday are needed.
Brother and Sister Day
sister ties a bracelet on her brother's wrist
sister places a red circle on her brother's forehead
special treats
brother gives sister presents
brother promises to protect sister
Ponggal
celebrate rice harvest
give thanks for rain
clean and paint house
new clothes
paint designs on floor and in front of the house
ponggal is made
offering left for gods to thank them for rain and rice
give money to repair temple
honor cattle—bathed, horns painted, decorated with flowers and feathers, paraded, play music for them, given ponggal
Diwali
honors Lakshmi, the goddess of wealth and beauty
houses cleaned and decorated with lights
lights along streets and buildings
special foods
visitors
Republic Day
a great parade of people and animals
elephants' trunks are painted with flowers
camels and horses groomed
people and animals come from long distances to march in the parade
president and crowds watch the parade

Holidays in India
Spanish
Page 132
1. La hermana ata un brazalete en la muñeca de su hermano. También le pone un pequeño círculo de polvo rojo en la frente y se reparten regalos. El hermano le da regalos a su hermana y le promete cuidarla. También comen comidas especiales.
2. Se cree que Lakshmi, la diosa de la fortuna y la belleza, trae buena suerte a los lugares que están bien iluminados.
3. Para dar gracias por la cosecha de arroz y por las lluvias.
4. Las vacas ayudan a los campesinos a sembrar y cosechar el arroz.
5. Hay gente uniformada y con disfraces y animales decorados. Hay camellos y caballos decorados y elefantes que tienen la trompa pintada de flores.
6. El *mela* es una feria de pueblo. La gente llega de lejos para comprar, intercambiar y vender sus productos. Hay espectáculos y bailes y la gente canta alrededor de fogatas.
7. Los hindúes incluyen a los animales en sus celebraciones. Los animales son honrados por su trabajo y se les da comida especial.

Page 133
A. 1. diseños 3. arado
2. religiones 4. preparaciones

B. 1. rakhi 5. popular
2. sagrado 6. ponggal
3. cosechar 7. promesa
4. ruta 8. diosa

Page 134
Las respuestas pueden variar. Se necesitan dos respuestas por cada celebración.
Día del hermano y la hermana:
la hermana ata un brazalete en la muñeca de su hermano
la hermana le pone un punto rojo a su hermano en la frente
comidas especiales
el hermano le da regalos a su hermana
el hermano promete proteger a su hermana
Ponggal
celebran la cosecha de arroz
dan gracias por las lluvias
pintan y limpian las casas
ropa nueva
pintan diseños en el piso y el frente de la casa
se prepara ponggal
ofrenda a los dioses para agradecerles por la lluvia y el arroz
dan dinero para reparar los templos
se honran las vacas—se bañan, se decoran, se pintan, tienen decoraciones de flores y plumas
hay un desfile, se toca música, a los animales se les da ponggal
Diwali
se honra Lakshmi, la diosa de la fortuna y la belleza
las casas se pintan y se decoran con luces
se ponen luces en las calles y los edificios
comidas especiales
visitantes
Día de la república
un gran desfile de gente y animales
se pintan las trompas de los elefantes con flores
se peinan los camellos y los caballos
la gente viene de muchas partes para participar y ver el desfile
el presidente y la gente ven el desfile

Laurence Yep
English
Page 137
1. Laurence's parents showed that reading and books were important. They read to their children and had their children read to them. Mr. Yep built a sandbox that helped to stimulate Laurence's imagination.
2. His family did not live near other Chinese American families. He did not speak Chinese as well as other Chinese Americans his age.
3. Laurence liked science fiction. He felt he had something in common with characters who found themselves in strange worlds. That was how he felt about being Chinese and American.
4. When Laurence was growing up, he felt he didn't belong to either the Chinese or the American cultures. Many of his books have characters that have to adjust to new places and different customs.
5. He did not do well in journalism classes. A teacher suggested that he was better at writing fiction than reporting.

Page 138
1. editor 7. student
2. grocer 8. teacher
3. philosopher 9. author
4. participant 10. parent
5. citizen 11. journalist
6. spectator

Page 139
Answers will vary.

Laurence Yep
Spanish
Page 142
1. Los padres de Laurence le enseñaron que los libros eran muy importantes. Les leían a sus hijos y hacían que sus hijos les leyeran. El señor Yep construyó una caja de arena que ayudó a Laurence a despertar su imaginación.
2. Su familia no vivía cerca de otras familias chino-americanas. Él no hablaba chino tan bien como otros niños chino-americanos de su edad.
3. A Laurence le gustaba la ciencia ficción. Él sentía que tenía algo en común con los personajes que se encontraban de repente en mundos extraños. Así era como se sentía al ser chino y americano.
4. Cuando Laurence estaba creciendo, no se sentía ni chino ni americano. Los personajes de muchos de sus libros tenían que adaptarse a lugares nuevos y costumbres diferentes.
5. No le fue bien en las clases de periodismo. Un maestro le sugirió que era mejor que se dedicara a escribir ficción que reportajes de noticias.

Page 143
1. editor 7. estudiante
2. tendero 8. maestro
3. filósofo 9. autor
4. participante 10. padre
5. ciudadano 11. periodista
6. espectador

Page 144
Las respuestas pueden variar.

Cesar Chavez
English
Page 147
1. He hoped to find a better job there.
2. The growers didn't pay much because there were thousands of people who needed jobs and would work for almost nothing.
3. Entire families of farm workers were crowded together in shacks or tents. They got their water from irrigation ditches. The water was filthy and unsafe to drink, making people sick.
4. Cesar Chavez wasn't satisfied with his life as a farm worker because he was angry about his family's sufferings and felt sad for all the other farm workers. He wanted a better quality of life for his family and for the farm workers.
5. Fred Ross understood the farm workers' problems and offered solutions to improve their lives. Cesar was thrilled to be part of a group that was finally taking action.
6. The strike of 1965 was a success because people from all over the country supported the farm workers. The growers agreed to raise the farm workers' wages.

Page 148
Across	Down
4. Arizona	1. English
6. eagle	2. union
7. muscles	3. shacks
9. violence	4. adobe
10. boycott	5. farm
11. water	8. California

Page 149
Answers will vary but they should be supported by causes and solutions taken from the story.

300

Cesar Chavez
Spanish
Page 152
1. Buscaba nuevas oportunidades de trabajo.
2. Los dueños no pagaron mucho porque había miles de gentes que necesitaban trabajar y lo harían por muy poco dinero.
3. Los trabajadores vivían en espacios pequeños o campamentos. Traían agua sucia de las zanjas de irrigación. Mucha gente se enfermaba al beberla.
4. A César le molestaba ver el sufrimiento de su familia y le entristecía ver la vida de los otros trabajadores agrícolas. Quería una mejor calidad de vida para su familia y para los trabajadores agrícolas.
5. Fred Ross entendía los problemas de los trabajadores y les ofrecía soluciones para mejorar su vida. César se sentía emocionado al formar parte de un grupo quería hacer algo para solucionar sus problemas.
6. Los dueños de las tierras de cultivo aceptaron aumentar el salario de los trabajadores agrícolas.

Page 153

Horizontal	Vertical
3. campamento	1. Arizona
6. inglés	2. músculos
7. sindicato	3. California
8. adobe	4. águila
10. violencia	5. agua
11. granja	9. boicot

Page 154
Las respuestas pueden variar, pero deben ser apoyadas por las causas y las soluciones.

Dancing to the Drum
English
Page 157
1. A powwow gathers together many Native Americans in pride and celebration. Crafts, dances, songs, and food of the Native American culture are shared.
2. Powwows are organized in celebration of a special event such as the birth of a child, a good harvest, or just in celebration of life.
3. The Drum is an actual drum and also singers and dancers. The Drum is important to a powwow because it orchestrates all of the songs and dances that are performed.
4. Native American art probably incorporates so many symbols from nature because the lives of Native Americans before the arrival of Europeans were closely linked to nature. Things from nature provided people with food, shelter, and recreation. Ancient Native American religions also worshiped nature and assigned meaning to many natural weather events and land formations.
5. **Arena:** drumming, songs, dances, blanket song, contributing gifts, war dance, honoring a special family, sharing gifts, dancing and singing competitions

Crafts Fair: elders sharing stories and skills, selling handmade items, paintings and jewelry that use natural materials, playing traditional games, eating traditional foods such as fry bread

Page 158
2, 5, 1, 3, 6, 4, 7
1. reservation   4. celebration
2. ceremonial   5. harvest
3. respect

Page 159
Answers will vary.

Dancing to the Drum
Spanish

Page 162
1. El powwow reúne a muchos indígenas en una celebración de cultura y orgullo. Se comparten artesanías, danzas, canciones y comida de las culturas indígenas.
2. El powwow es una celebración que puede realizarse por un motivo especial como el nacimiento de un bebé o una buena cosecha, o puede ser sólo para celebrar la vida.
3. El Tambor tiene dos funciones. Es el tambor mismo y también los cantantes y bailarines que danzan y cantan a su alrededor. El Tambor es importane porque organiza y proporciona la música de todas las canciones y bailes del powwow.
4. Los colores y los símbolos que se usan en el arte indígena incorporan símbolos de la naturaleza porque antes de la llegada de los europeos estaban muy conectados a la naturaleza. La naturaleza les proveía comida, hogar y recreación. Las antiguas religiones también adoraban a la naturaleza y tenían significados para los eventos climáticos y las formaciones de la tierra.
5. **Arena:** tambores, canciones, danzas, canción de la cobija, regalos y contribuciones, danza de la guerra, honrar a la familia especial, compartir regalos, competencias de canto y baile.
Feria de artesanías: los ancianos comparten historias y enseñan conocimientos, se venden cosas hechas a mano, pinturas y joyería hechas de productos de la naturaleza, se juegan juegos tradicionales, se sirven platillos tradicionales como el pan frito.

Page 163
2, 5, 1, 3, 6, 4, 7
1. reservacíon   4. celebración
2. ceremonial   5. cosecha
3. respeto

Page 164
Las respuestas pueden variar.

Rachel Carson
English
Page 167
1. She took an exciting biology class and decided that she wanted to study that subject.
2. the sea
3. Some insects become immune to DDT, causing larger quantities of the poison to be used. DDT doesn't disappear or decompose quickly, so DDT is passed along the food chain to other animals. Animals sicken and often die when they absorb DDT. Birds' eggs break easily and the young are deformed or born dead.
4. If the pesticides were banned, the companies that manufactured them would lose money and possibly go out of business.
5. Scientists researched and investigated DDT; Congress studied the reports, and laws were passed banning the use of DDT in the United States.
6. Answers will vary. We might have continued to use DDT and harm animal life and people.

Page 168
1. d, e, a, c, b
2. a. money earned for work
   b. a person hired to work for another
   c. not for a long time
   d. lasting forever
   e. surroundings
3. temporary, permanent

4. contamination
Page 169
Responses will vary.

Rachel Carson
Spanish
Page 172
1. Tomó una clase muy interesante de biología y decidió que quería estudiar esa materia.
2. el mar
3. Algunos insectos se habían hecho inmunes al DDT, ocasionando que se usaran largas cantidades de este veneno. El DDT no desaparece o se descompone rápidamente, así que se pasa en la cadena alimenticia a otros animales. Los animales se enferman y en ocasiones mueren cuando absorben esta sustancia. Los huevos de las aves se rompen fácilmente y las avecillas nacen deformes o muertas.
4. Si todos los pesticidas se prohibieran, las compañías que los fabrican perderían dinero y se quedarían sin poder hacer negocios.
5. Los científicos investigaron el DDT; el Congreso estudió los informes y se aprobaron leyes prohibiendo el uso del DDT en los Estados Unidos.
6. Las respuestas pueden variar. Tal vez hubiéramos continuado usando el DDT y dañando la vida animal y vegetal.

Page 173
1. d, e, a, c, b
2. a. dinero que se gana por trabajar
   b. una persona que es contratada para trabajar
   c. por un tiempo determinado
   d. que dura para siempre
   e. lo que está alrededor
3. temporal, permanente
4. contaminación

Page 174
Las respuestas pueden variar.

Napkin Rings
English
Page 177
1. paper towel rolls, paper, wrapping paper or self-adhesive paper, glue, scissors, pen or pencil, ruler, other decorations
2. glue
3. Answers will vary.

Page 178
A. 4, 3, 2, 1, 5
B. 1. Decorate the paper if using plain paper.
   2. Cut a piece of paper 2½" x 5½" (6.5 x 14 cm).
   3. Put glue on the outside of the roll.
   4. Center the strip of paper around the roll.
C. 2, 4, 1, 3, 5

Page 179
Answers will vary.

Napkin Rings
Spanish
Page 182
1. El cartón de un rollo de toallas de cocina desechables, papel, papel para envolver, papel autoadhesivo o papel que tú hayas decorado, cualquier decoración adicional que quieras agregar, pegadura, tijeras, una pluma o lápiz, una regla (o metro) y otras decoraciones
2. pegadura
3. Las respuestas pueden variar, pero en general deben referirse a decoraciones apropiadas para días de fiesta e incluir el material necesario y los pasos a seguir para hacer las decoraciones.

Page 183
A. 4, 3, 2, 1, 5
B. 1. Decora el papel si usas un papel sin dibujos.
2. Corta una pieza de papel de 6.5 x 14 cm (2½" x 5½").
3. Pon la pegadura en el exterior del rollo.
4. Centra la tira de papel alrededor del rollo.
C. 2, 4, 1, 3, 5

Page 184
Las respuestas pueden variar.

Maria Tallchief
English
Page 187
1. Possible responses may include:
Ruth Tall Chief: gave Maria the opportunity to learn piano and ballet because she felt music and dance were important, and she wanted her girls to have careers on stage; was the force behind the move to California to provide her girls with greater opportunity to perform.
Madame Nijinska: made Maria work hard and develop her talent; her influence caused Maria to decide to be a ballerina.
George Balanchine: taught Maria to use her strengths and become an even better dancer; invited her to join his company which became vary popular, thus increasing Maria's popularity.
2. Possible responses may include:
Similarities: performing in front of an audience; require practicing to improve skills; much traveling to perform
Differences: Concert pianists may perform alone; ballet is most often done with other dancers. Ballet is more demanding physically. Ballet requires costumes; being a pianist does not. A pianist plays an instrument; ballet dancers perform with their bodies.
3. Possible responses may include: talented, artistic, graceful, elegant, hardworking, determined, enchanting, brilliant, electrifying, industrious, etc.

Page 188
A. Students' responses will vary.
B. 1. determined   4. retired
2. electrifying   5. strengths
3. original

Page 189
Answers will vary.

Maria Tallchief
Spanish
Page 192
1. Las respuestas pueden incluir:
Ruth Tall Chief: le dio a Maria la oportunidad de aprender piano y ballet porque creía que la música y el baile eran importantes; quería que sus hijas tuvieran una carrera sobre el escenario; fue la fuerza que las empujó a mudarse a California para darle a sus hijas la oportunidad de actuar.
Madame Nijinska: hizo que Maria trabajara duro y desarrollara su talento; su influencia hizo que Maria se decidiera a ser bailarina.
George Balanchine: le enseñó a Maria a usar su fuerza y convertirse en la mejor bailarina; la invitó a que se uniera a su compañía, la cual se hizo muy popular, aumentando así la popularidad de Maria.
2. Las respuestas pueden incluir:
Semejanzas: actuar en frente de un público; requiere práctica para mejorar los conocimientos; requiere viajar
Diferencias: Los pianistas de concierto actúan solos; el ballet, por lo general, se ejecuta con otros bailarines. El ballet es más exigente físicamente. El ballet requiere de trajes especiales; el piano no. El pianista toca un instrumento; los bailarines actúan con su cuerpo.
3. Las respuestas pueden incluir: talentosa, artística, graciosa, elegante, determinada, encantadora, brillante, electrizante, trabajadora, etc.

Page 193
A. Las respuestas pueden variar.
B. 1. decidido   4. retiró
2. electrizante   5. rápidamente
3. originales

Page 194
Las respuestas pueden variar.

City of Mystery
English
Page 197
1. The Aztecs; City of the Gods
2. As tall as a 20-story building; 500,000 square feet
3. because no one knows who built the city or what language they spoke
4. The people didn't know how to make artifacts from metals. They used stone.
5. Opinions will vary.
6. Answers will vary. Possible answers: the people were angry at the rulers of the city; there was a war with other people; there were earthquakes or natural disasters

Page 198
A. 9, 3, 7, 10, 8, 5, 4, 1, 6, 2
B. 1. scattered   4. foreigners
2. ceramic   5. writing
3. murals

Page 199
Responses will vary.

City of Mystery
Spanish
Page 202
1. Los aztecas: La ciudad de los dioses.
2. Tan alta como un edificio de 20 pisos; 46,451 metros cuadrados (500,000 pies cuadrados).
3. Porque nadie sabe ni quién construyó la ciudad ni qué idioma hablaban.
4. La gente no sabía cómo hacer artefactos de metal. Usaban piedras.
5. Las opiniones pueden variar.
6. Las respuestas pueden variar. Respuestas posibles: La gente estaba enojada con los que gobernaban la ciudad; hubo una guerra contra otro(s) pueblo(s); hubo temblores o desastres naturales.

Page 203
A. 9, 3, 7, 10, 8, 5, 4, 1, 6, 2
B. 1. repartidas   4. forasteros
2. barro   5. escritura
3. murales

Page 204
Las respuestas pueden variar.

Love That Chocolate!
English
Page 207
1. all year
2. from 5 to 6 months
3. Answers should be *yes* only if you are located in a tropical climate. Students elsewhere should indicate that the temperatures where they live are too cold much of the year.
4. as money
5. sugar, orange water, white rose powder, cloves, and other spices
6. the top section; the section with fats, oils, and sweets

Page 208
A. 1. tropical   5. calories
2. pod, trunk   6. thrives
3. pruned   7. pulp
4. fertilizer   8. bitter
B. aromatic
C. Answers will vary. Possible answers are:
Smell—sweet, aromatic, pleasant
Taste—mouthwatering, sweet, delicious
Appearance—deep brown, creamy, smooth

Page 209
Answers will vary.

Love That Chocolate!
Spanish
Page 212
1. todo el año
2. de 5 a 6 meses
3. Las respuestas pueden ser afirmativas sólo si viven en un clima tropical. Los estudiantes en otros lugares deben indicar que las temperaturas de las áreas donde viven son demasiado bajas la mayor parte del año.
4. como dinero
5. azúcar, agua de naranja, polvo de rosa blanca, clavo y otras especies
6. en la parte de arriba, donde se encuentran las grasas, los aceites y los azúcares

Page 213
A. 1. tropicales   5. calorías
2. vainas, tronco   6. crece
3. podan   7. pulpa
4. fertilizante   8. amargo
B. fragante
C. Las respuestas pueden variar. Las respuestas pueden incluir:
Olor—dulce, fragante, agradable
Sabor—rico, dulce, delicioso
Apariencia—café oscuro, cremoso, dulce

Page 214
Las respuestas pueden variar.

Toads
English
Page 217
1. Their bodies are heavier and they have shorter legs.
2. When the eyes blink, they push against the roof of the mouth and the food is pushed from the mouth into the body.
3. It's attached to the front. It can reach out farther.
4. to lay eggs
5. smooth skin, no poisonous glands, tubercules on hind feet, stays underground most of the time
6. The song of the male Fowler's toad isn't pleasant. The song of the American toad is melodious. The American toad has spots on its chest and belly. The Fowler's toad does not.

Page 218
1. metamorphosis
2. toxic, toxins
3. estivate
4. a. melodious   c. nocturnal
b. external   d. gelatin-like material
5. having two lives

Page 219
Surinam Toad
habitat: water, tropical
size: 6" (15 cm)
color: brown or gray

legs/feet/body: webbed hind feet; star-shaped tips on front feet
food: small fish, other water animals
eggs: pressed into skin on female's back
Bonus: American Toad
habitat: Eastern U.S. and Canada
size: 1 to 2 inches (2.5–5 cm)
color: brownish olive spots on belly and chest
legs/feet/body: may list general characteristics of all toads
food: beetles, insects, grubs, worms, slugs
eggs: hatch after 3 days

Toads
Spanish
Page 222
1. Su cuerpo es más pesado y tiene las patas más largas.
2. Cuando cierran los ojos (parpadean), empujan contra el paladar y de ahí la comida se empuja de la boca al cuerpo.
3. Está pegada al frente. Puede alcanzar más lejos.
4. para poner huevos
5. piel suave, las glándulas no son venenosas, tiene tubérculos en las patas traseras, queda bajo el suelo la mayor parte del tiempo
6. Los sonidos o canciones del sapo de Fowler no son agradables. La canción del sapo americano es muy melodiosa. El sapo americano tiene manchas en el estómago y en el pecho. El sapo de Fowler no tiene manchas.

Page 223
1. metamorfosis
2. tóxico, toxina
3. estivar
4. a. melodioso   c. nocturnos
   b. externa   d. gelatinosa
5. que tiene dos vidas

Page 224
Sapo de Surinam
hábitat: agua, tropical
tamaño: 15 cm (6")
color: café o gris
patas/cuerpo: patas traseras palmeadas; patas delanteras con puntas en forma de estrella
comida: come peces pequeños y otras criaturas de agua
huevecillos: empuja los huevos sobre la espalda de la hembra

Actividad adicional:
Sapo americano
hábitat: este de los Estados Unidos y Canadá
tamaño: de 2.5 a 5 cm (de 1 a 2 pulgadas)
color: generalmente con manchas de verde olivo con café en el pecho y el estómago
patas/cuerpo: puede enlistar las características generales de los sapos
comida: escarabajos, insectos, gusanos, moscas
huevecillos: se abren después de tres días

Jesse Owens
English
Page 227
1. The teacher in junior high school misunderstood J. C. when he said his name and wrote "Jesse."
2. He tied the world record for the 100-yard dash at 9.4 seconds. He set the following world records:
   26' 8½" running broad jump, 220-yard hurdles in 22.6 seconds
3. Hitler was angry that the black athletes had won so many medals. He wanted to prove his idea that they were inferior to Germans.

4. They couldn't eat in many restaurants, live in some neighborhoods, or sit at the front of a bus.
5. The Medal of Freedom recognized Owens's achievements as an athlete and as a person who strove for success despite the obstacles of poverty and racial prejudice.

Page 228
A. 1. competed, relay
   2. sophomore
   3. discrimination
B. 1. dictator
   2. successful
   3. legendary
   4. befriended
   5. amateur, professional
   4. recognized
   5. exhibitions

Page 229
Answers will vary.

Jesse Owens
Spanish
Page 232
1. En la secundaria el maestro no entendió bien su nombre "J. C." y escribió "Jesse".
2. Empató el récord mundial de las 100 yardas en 9.4 segundos; rompió el récord mundial del salto largo con un salto de 26 pies y 8½ pulgadas;
   y terminó la carrera de vallas de 220 yardas en 22.6 segundos.
3. Hitler se enojó porque los atletas negros habían ganado tantas medallas. Él quería comprobar su teoría de que ellos eran inferiores a los alemanes.
4. No podían comer en muchos restaurantes, vivir en muchos vecindarios o sentarse en el frente del autobús.
5. La Medalla de la Libertad reconocía sus logros como atleta y como persona que luchó hasta triunfar, a pesar de los obstáculos de pobreza y prejuicios raciales a los que se enfrentó.

Page 233
A. 1. compitió, relevos
   2. segundo
   3. discriminación
   4. amigo
   5. aficionado, profesional
B. 1. dictador
   2. exitoso
   3. legendario
   4. reconocido
   5. exhibiciones

Page 234
Las respuestas pueden variar.

Vietnamese Holidays
English
Page 237
1. Têt is celebrated according to the phases of the moon.
2. to please him so that he will take good reports about the family to the Jade Emperor in Heaven
3. They set up an altar and pictures. They set out food, candles, and incense. They invite the souls of their ancestors to share New Year's Eve dinner. They pray for their ancestors.
4. a. January, February
   b. 3, 7
   c. kind, arguments
   d. cleaned, decorated, blossoms
5. It's believed that the first visitor can bring good luck or bad luck. By choosing the person, they can be sure that it is a person who will bring good luck to the household.

Page 238
A. 1. temples, pagodas
   2. incense
   3. ancestors
   4. moon cakes
B. 1. national
   2. lotus
   3. altar
   4. spirits
   5. ceremony
   6. cycle
   7. preserved
   8. Têt

C. Any five of the following: dumplings filled with pork and green beans, preserved fruits, noodles, sweet rice cakes with beans, fruits, lotus seeds, moon cakes—a pastry filled with sesame or bean paste

Page 239
Answers will vary.
I. A. Honored with a special offering to make him happy
    B. At the end of year thought to take reports to the Jade Emperor in Heaven about the family
    C. If the Kitchen God is pleased, the family believes he will praise them
II. A. Pictures are arranged
    B. Food is set out
    C. Candles and incense
    D. Ancestors are invited to share the New Year's Eve dinner
III. A. Buddhists celebrate his birthday every year
    B. Captive birds and fish are set free
IV. A. Children parade with lanterns
    B. Everyone eats moon cakes
    C. Everyone admires the moon
V. A. People go to temples and pagodas
    B. People pray to gods
    C. People pray for their ancestors and a good new year
    D. Children given red envelopes
    E. Family has special treats of lotus seeds and preserved fruit

Vietnamese Holidays
Spanish
Page 242
1. Têt se celebra de acuerdo con los ciclos de la luna.
2. Se honra para que lleve buenas noticias de ellos al Emperador Jade en el cielo.
3. En cada casa se arregla un altar con fotografías de los antepasados. También se pone comida junto con velas e incienso. La familia invita a los espíritus de los antepasados a compartir la cena del Año Nuevo. Reza por los antepasados.
4. a. enero, febrero
   b. 3, 7
   c. noble, problemas
   d. limpia, decora, flores
5. Se cree que el primer visitante a la casa durante Têt trae buena o mala suerte para el año venidero. La familia tiene mucho cuidado en invitar a una persona especial que les traerá buena suerte.

Page 243
A. 1. templos, pagodas
   2. incienso
   3. antepasados
   4. pasteles de luna
B. 1. nacional
   2. loto
   3. altar
   4. espíritu
   5. ceremonia
   6. ciclo
   7. en conserva
   8. Têt
C. Cualesquier cinco comidas de entre las siguientes: empanadas rellenas de puerco y ejotes, frutas en conserva, fideos, pasteles de arroz dulces, semillas de loto, pasteles de luna—un pastelillo relleno con ajonjolí o pasta de frijoles

Page 244
Las respuestas pueden variar.
I. A. Honrarlo con una ofrenda especial para hacerlo feliz.
    B. Se cree que al final del año informa al Emperador Jade acerca de la familia.
    C. Si el dios de la cocina está contento, la familia cree que él los elogiará.

II. A. Se ponen fotografías.
   B. Se pone comida.
   C. Velas e incienso.
   D. Se invita a los antepasados a compartir la cena del año nuevo.
III. A. Los budistas celebran su cumpleaños cada año.
   B. Las aves y los peces en cautiverio se dejan libres.
IV. A. Los niños desfilan con linternas.
   B. Todos comen pasteles de luna.
   C. Todos admiran la luna.
V. A. La gente va a los templos y las pagodas.
   B. La gente les reza a los dioses.
   C. La gente reza por sus antepasados y por un buen año nuevo.
   D. A los niños se les regalan sobres rojos.
   E. La familia tiene bocadillos de semillas de flor de loto y frutas en conserva.

The Greatest Athlete in the World
English
Page 247
1. He liked the sports and the coach.
2. pentathlon, decathlon
3. He had been paid to play baseball, which was against Olympic rules.
4. Answers will vary.
5. baseball and football
6. Answers will vary but may include ideas such as: He was a Native American.
   He had many hardships in life.
   He was a gifted athlete in many sports.
   He had Olympic medals taken away.
   He was voted the greatest athlete of the first half of the twentieth century.

Page 248
A. 1. professional   6. amateur
   2. committee   7. disqualify
   3. pneumonia   8. competed
   4. protested   9. tragedy
   5. excel
B. 1. a
   2. b
   3. c

Page 249
1. I. A. Oklahoma
      B. Charlie
      C. farm
      D. athletic games
   II. A. boarding
      B. school
      C. sports
      D. no answer needed
      E. Ran away
2. Answers will vary. Possible answers are listed.
   A. Led his teammates to victory in football and track-and-field
   B. Won the pentathlon and the decathlon in the 1912 Olympic Games
   C. He was an outstanding baseball player
   D. He was an outstanding football player

The Greatest Athlete in the World
Spanish
Page 252
1. Le gustaban los deportes y el entrenador.
2. Pentatlón y el decatlón.
3. Porque le habían pagado por jugar béisbol, lo cual iba en contra de las reglas olímpicas.
4. Las respuestas pueden variar.
5. Béisbol y fútbol americano.
6. Las respuestas pueden variar, pero pueden incluir lo siguiente:
   Era indígena-americano.
   Pasó por muchas dificultades en su vida.
   Fue un atleta destacado en muchos deportes.

Le quitaron las medallas olímpicas.
Votaron por él como el mejor atleta de la primera mitad del siglo veinte.

Page 253
A. 1. profesional   6. aficionado
   2. comité   7. descalificar
   3. pulmonía   8. competir
   4. protestar   9. tragedia
   5. sobresalir
B. 1. a
   2. b
   3. c

Page 254
1. I. A. Oklahoma
      B. Charlie
      C. granja
      D. juegos atléticos
   II. A. internado
      B. la escuela
      C. el deporte
      D. no requiere respuesta
      E. Se escapó
2. Las respuestas pueden variar, pero pueden incluir:
   A. Llevó a sus compañeros de equipo a la victoria en fútbol americano y carreras de pistas.
   B. Ganó el pentatlón y el decatlón en los juegos olímpicos de 1912.
   C. Fue un destacado jugador de béisbol.
   D. Fue un destacado jugador de fútbol americano.

Beak and Feather News
English
Page 257
1. warmblooded vertebrates, two scaly legs, two wings, a beak, feathers, molt, lay eggs
2. An owl can turn its head in a half-circle. The owl's eyes don't move in the eye sockets, so this helps it see things not directly in front of it.
3. The pink coloring in shrimp and algae passes through the flamingo and colors its feathers.
4. empty the water out of its pouch
5. Parrots use their beaks as a third foot to climb trees.
6. ostrich; bigger than a grapefruit

Page 258
1. migrate, talons, captivity, exotic, vertebrates, molt, raptors, sieve
2. a. lakes, rivers
   b. sockets
   c. flock
   d. webbed
   e. backwards, sideways
3. flamingo

Page 259
1. Answers will vary. Possible answer: All birds have characteristics in common.
2. Answers will vary. Possible answer: The different physical characteristics of birds help them adjust to different environments.
3. Answers will vary. Possible answer: In order to survive, birds have learned to eat the food that is available in their habitats.
4. Answers will vary. Possible answers:
   Parrots—can use their beak as a third foot for climbing; strong beak and thick tongue for eating nuts, seeds, fruits
   Pelicans—an expanding pouch on its beak to hold fish
   Flamingos—a beak like a sieve for straining food from mud
   Owls—sharp claws, feathers for silent flight, excellent vision
5. Answers will vary.

Beak and Feather News
Spanish
Page 262
1. Son vertebrados de sangre caliente, tienen dos patas con escamas, dos alas, un pico, están cubiertos de plumas, ponen huevos.
2. El búho puede mover su cabeza en un medio círculo para ver directamente detrás de él. Los ojos del búho no se mueven en sus órbitas, y por eso es que su cuerpo debe moverse para ver cualquier cosa que no esté directamente en frente.
3. El color rosado de los camarones y de las algas pasa a través del cuerpo del flamenco y pinta sus plumas.
4. Inclina su cabeza para vaciar el agua del pico.
5. Los pericos usan sus picos como un tercer pie cuando trepan en los árboles.
6. avestruz; más grande que una toronja

Page 263
1. migrar, talones, cautiverio, exótica, vertebrados, mudar, de rapiña, colador
2. a. lagos, ríos
   b. órbitas
   c. bandada
   d. palmeados
   e. atrás, lado
3. flamenco

Page 264
1. Las respuestas pueden variar.
   Pueden incluir que todos las aves tienen características en común.
2. Las respuestas pueden variar. Pueden incluir que las diferentes características físicas les ayudan a adaptarse al ambiente.
3. Las respuestas pueden variar. Posible respuesta: Para sobrevivir, las aves han aprendido a comer lo que hay a su alrededor.
4. Las respuestas pueden variar. Posibles respuestas incluyen:
   Pericos—pueden usar sus picos como un tercer pie cuando trepan en los árboles y su pico curveado y su lengua gruesa para comer nueces, frutas y semillas.
   Pelícanos—tienen una bolsa en el pico que puede estirarse para guardar los peces que atrapan.
   Flamencos—sus picos sirven de colador para separar la comida del lodo.
   Búhos—tienen talones filosos, plumas que les ayudan a volar silenciosamente, vista excelente.
5. Las respuestas pueden variar.

Where in the World?
English
Page 267
1. Chile
2. Answers will vary. Possible answers are south, Andes Mountains, skinny country, Pacific Ocean, Capital–Santiago, vicuña, Strait of Magellan, Antarctica, any of the city names, South America
3. Answers will vary.
4. find many different climates and possible activities
5. the Andes Mountains, the Pacific Ocean

Page 268
1. d, a, b, c, f, e
2. a. condors   d. mysterious
   b. day   e. churches, buildings
   c. springs
3. a. mystery   d. giant, mysterious, stone
   b. green, desert e. old, Spanish-style
   c. dry
4. Sentences will vary.